SE ◄────────► NW

星山丘陵上面 (富士火山麓扇状地堆積物の堆積面)

新東名高速道路

大宮断層撓曲崖

潤井川沖積低地

口絵1上：富士川河口断層帯の一つ、大宮断層　断層の南西側が隆起して台地（星山丘陵）となったため、土地利用の違いがはっきりと分かる。右方は、富士山麓に広がる富士・富士宮市街地（富士市滝土付近の上空から・小山真人撮影）
口絵1下：大宮断層に伴う撓曲崖。比高が約80mある（富士市山本・狩野謙一撮影）

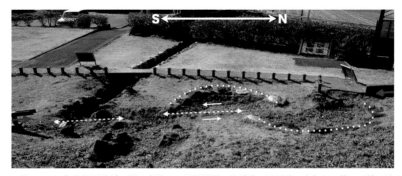

S ◄────────► N

口絵2：1930年北伊豆地震に伴い変位した**丹那断層**の地震跡。図両端の赤矢印を結んだ線が地震断層通過部。両白矢印は左横ずれ変位の指標となる旧水路と楕円形の塵捨場の石組み（破線）、写真外右方に断層を掘削したトレンチがある（函南町畑字上乙越の丹那断層公園・狩野謙一撮影）

口絵3：伊豆東部火山群の大室山スコリア丘（写真中央の薄茶色の小山）から4000年前に流れ広がった溶岩が、伊豆高原（写真下部）と城ヶ崎海岸（写真下端）をつくり出した。遠景に富士山（中央）と箱根山（右上）が見える

（小山真人撮影）

口絵4：南海トラフ巨大地震で想定される
レベル1、レベル2（ケース①）の静岡県内の津波高の予測

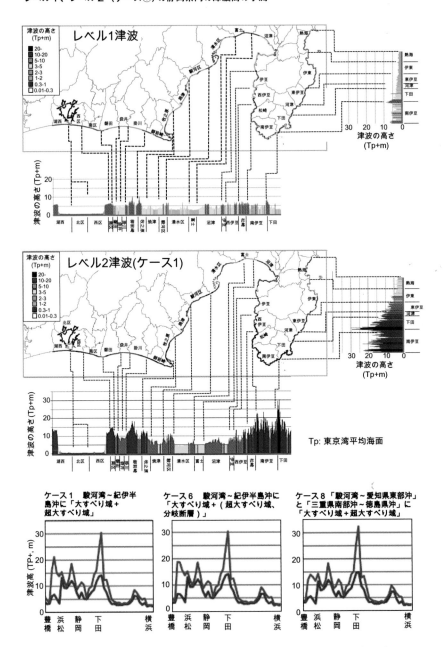

Kitamura, A. Examination of the largest-possible tsunamis (Level 2) generated along the Nankai and Suruga troughs during the past 4000 years based on studies of tsunami deposits from the 2011 Tohoku-oki tsunami. Progress in Earth and Planetary Science. 3:12 (2016). https://doi.org/10.1186/s40645-016-0092-7 Fig. 4と Fig. 5を日本語訳

静岡の
大規模自然災害
の科学

静岡大学防災総合センター

岩田孝仁

北村晃寿

小山真人

はじめに

　私たちの暮らす日本列島では、意表を突くかのように災害が起き、これまで多くの犠牲者を出してきた。1995年の阪神・淡路大震災、2011年の東日本大震災、2017年の九州北部豪雨災害、2018年の西日本豪雨災害、2019年の台風19号では関東から東北地方一帯の広域に豪雨災害が発生した。数えだすと切りがない。これは海と陸のプレートに囲まれ、中緯度地帯の温暖湿潤気候に位置する日本列島の宿命かもしれない。

　災害とは、地震や火山、大雨など、それぞれ原因となる外力があり、それに抗することができずに結果として構造物の破壊や犠牲者を出し、さらに社会システムそのものをマヒさせてしまう。こうした災害を防ぐことが防災であり、これまでも様々な分野で多くの努力が成されてきた。

　一方、私たちの生活する地域の環境は近年大きく変わってきた。特に、1950年代以降の日本の高度成長期には、単なる人口増だけではなく産業活動の拡大に伴い、都市郊外の元来は遊水池的機能があった低地や軟弱地盤の分布する地域にも都市的土地利用が拡大していった。その過程で、地盤の造成や排水機能の整備などが行われてきた。現代社会は、こうした施設面での整備や対策が少しずつ進んだおかげで、気象災害の面でも日常のちょっとした大雨などは気にしなくても生活でき、産業活動も維持できるようになってきた。地震や津波も同様で、一定の耐震レベルの確保や海岸防潮堤の整備により、私たちの暮らす環境が自然災害の外力に対しては少しずつ安全になってきた。しかし、そこにはひとたび限界を超える外力が襲うと、太刀打ちできない脆弱さが潜んでいる。こうしたことに私たちが気づかなくなってしまっていることが現代社会の大きな課題である。

　2011年の東日本大震災の後、様々な分野で安易に「想定外」の言葉が使われるようになった。しかし、その本質は想像力がそのレベルに及んでいなかっただけである。災害を想定外で片付けてしまわないためには、まずは災害の外力が加わった時に私たちの身の回りの環境でどんなことが起きるのかを、想像力たくましく考えておくことが重要である。そこには一定の科学的なリテラシーを持って考えることが必須である。そうすることによりおのずから対策は見えてくる。後は確実に実行しておくこと、それが防災である。

　本書は、静岡大学防災総合センターに関わる最前線の研究者が分担して執筆にあたり、静岡という地で災害を考える際に必要となる様々な知見を科学

として捉え、分かりやすく解説を行った。その先には災害による被害を防ぐという防災の視点が盛り込まれている。

　第Ⅰ部では、静岡県でも南海トラフ巨大地震を考える上での大きな転機となった2011年の東北地方太平洋沖地震に関して、いったい何が起きたのか、そして大きな被害に至った巨大津波について地球科学など学術的知見からのレビューを行った。第Ⅱ部では、地震学や地質学的な背景を基にして、静岡県及びその周辺の地震、地質、津波について概説した。特に、南海トラフ巨大地震・津波の履歴に関する最新情報など、これからの防災を考える上で重要な研究成果についても紹介している。第Ⅲ部では、火山学からの視点で、静岡県に存在する富士山や伊豆東部火山群がどのようにして生まれ、どのような活動を繰り返してきたか、今後予想される噴火に対する防災対策をどう考えるべきかについて、これまでの学術的成果に基づきレビューを行った。第Ⅳ部では、静岡県内の自然災害や防災について解説を行った。特に、全国に先駆けて地震防災対策を行ってきた静岡県など関係機関のこれまでの取り組みの背景と対策の変遷、津波防災や土砂災害対策などの具体的な防災対策、さらに未来を見据えた地質資源の活用として災害時にも活用できる分散型エネルギー供給などにも言及している。

　静岡県にお住いの方だけでなく、各地域や行政で活躍する多くの方に本書を手にとってもらい、安全で安心して暮らせる持続可能な地域社会の実現に向けて、本書の意図する地域の地球科学的な生い立ちや災害環境をよく知り、過酷な事態に遭遇した時に身近な環境で何が起きるのかを考えていただきたい。さらに、近年の人口減少社会に合わせ、市街地のコンパクト化など街づくりそのものを見直す地域も増えている。そうした機会にぜひ自然災害に対する安全性とは何か、津波や洪水、土砂災害、地盤災害など様々な防災上の視点も取り入れ、人々の暮らす街の安全そのものを見直す機会にしていただきたい。そうしたヒントを探すためにも本書を活用いただければ幸いです。

　災害で犠牲者を出さないことを目指して。

　本書の出版に際しては静岡大学未来社会デザイン機構から出版助成金をいただいた。心からお礼申し上げる。

　　　　　2020年3月　静岡大学防災総合センター長　岩田孝仁

目次 contents

1920年以降の静岡県における
主な自然災害と本書で取り上げた世界各地の巨大災害

1923年	関東地震	1978年	伊豆大島近海の地震
1930年	北伊豆地震	1983年	日本海中部地震
1935年	静岡地震	1989年	手石海丘の噴火
1944年	東南海地震	1995年	兵庫県南部地震(※阪神・淡路大震災)
1945年	三河地震	1999年	トルコのコジャエリ地震
1946年	南海地震	2004年	スマトラ島沖地震・巨大津波
1958年	狩野川台風	2009年	駿河湾の地震
1960年	チリ地震	2011年	東北地方太平洋沖地震・巨大津波(※東日本大震災)
1964年	アラスカ地震		
1966年	梅ヶ島災害	2011年	静岡県東部の地震
1974年	伊豆半島沖地震	2013年	スーパー台風ハイヤンに伴う高潮
1974年	七夕豪雨	2016年	熊本地震

グレーの災害は、静岡県内で発生

1920年以降の静岡県における主な自然災害等

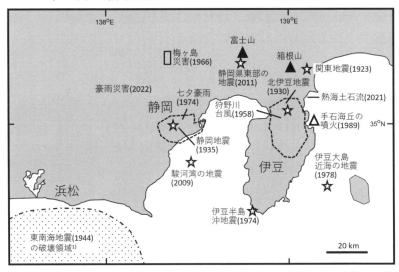

☆印は震源を示し、点線内の範囲は狩野川台風と七夕豪雨の影響のあった地域を示す

1)武村 雅之・虎谷 健司, 2015, 1944年東南海地震の広域震度分布の再評価と被害の特徴.
日本地震工学会論文集, 15, 2-21.

地質年代表と静岡県に関係した主な事象

地質時代	数値の単位は100万年前		事象
先カンブリア時代			約46億年前　地球の形成 約40億年前　地球表層にある岩石の最古の年代
古生代	541	カンブリア紀	
	485.4	オルドビス紀	
	443.8	シルル紀	
	419.2	デボン紀	
	358.9	石炭紀	
	298.9	ペルム紀	
中生代	251.9	三畳紀	
	201.3	ジュラ紀	約2億年前　現存する海洋プレートでの最古の年代 約1億8000万年前　太平洋プレートの誕生
	145	白亜紀	イザナギ（クラ）プレートのユーラシアプレートへの沈み込み開始 領家帯・三波川帯の形成 約7000〜6500万年前　イザナギ（クラ）プレートの沈み込みの終結 6600万年前　白亜紀末の巨大隕石の衝突
新生代	66	古第三紀	約5200万年前　伊豆・小笠原・マリアナ海溝での太平洋プレートの沈み込み開始 約5000万年前　インド大陸のアジア大陸への衝突開始 約3000万年前　プロト伊豆・小笠原・マリアナ弧の断裂と四国海盆の形成開始 （フィリピン海プレートの拡大） 約3000万年前　日本海の拡大開始
	23.03	新第三紀	約1700〜1500万年前　伊豆・小笠原弧の本州への衝突開始　日本海の急速な拡大 「対曲（屈曲）」構造が発達、糸静線・フォッサマグナの形成
	2.58	第四紀	約330〜200万年前　赤石山脈の隆起の開始、本格的な隆起は140〜100万年前に開始 約250万年前　丹沢ブロック（地塊）が本州弧に付加し、ブロックの南にプレート境界が形成 約200万年前　本州への伊豆ブロックの衝突が始まり、60万年前までに現在見られる伊豆半島の原形が形成 約75万年前以降　箱根火山地帯で火山活動 24万〜13万年前　箱根火山中央部にカルデラ形成 約20〜10万年前　有度丘陵を構成する地層の堆積 約15万年前　伊豆東部火山群の活動開始 約12万年前　最終間氷期（最高海水準は現在より6-9ｍの高さに到達） 約10万年前　一碧湖の形成 約10万年前　古富士火山の活動開始 約10万年前　有度丘陵の隆起開始 約3〜1.9万年前　最終氷期最盛期 約1.9万年前　北半球高緯度の大陸氷床の融解 1.7万年前　新富士火山の活動開始 7303〜7165年前　鬼界カルデラの巨大噴火による鬼界アカホヤ火山灰の降下 7000年前　海水準が現在よりも1〜2ｍの高さに到達 4000年前　大室山の噴火、伊豆高原・城ヶ崎海岸の形成 約3200年前（紀元前1210–1187年）　カワゴ平火山の噴火によるカワゴ平降下軽石の降下 西暦約400年　安政型地震の発生 684年　白鳳地震 864年　富士山の貞観噴火 869年　貞観津波 887年　仁和地震 1096年　永長東海地震 1099年　康和地震 1361年　正平（康安）地震　御前崎の隆起 1498年　明応地震、今切口の形成 1703年　元禄関東地震 1707年　宝永地震、大谷崩（静岡市）の発生、白鳥山（富士宮市）の斜面崩壊、富士山の宝永噴火 1771年　八重山津波（先島諸島） 1854年　安政東海地震、白鳥山（富士宮市）の斜面崩壊 1923年　大正関東地震

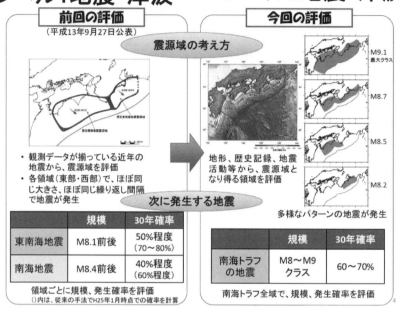

2013年南海トラフの地震活動の長期評価（第二版）概要資料
（地震調査研究推進本部地震調査委員会より）

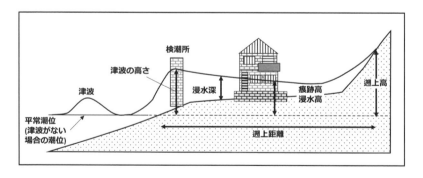

津波の規模に関する用語
気象庁 (https://www.jma.go.jp/jma/kishou/know/faq/faq26.html) と
藤原 (2015, 津波堆積物の科学) を参照

東北地方太平洋沖地震と
巨大津波

The 2011 off the Pacific coast of Tohoku Earthquake and the mega-tsunami

第 I 部の流れ　　　　　　　　　　　　　　　　　　　　北村晃寿

　2011年3月11日午後2時50分頃、静岡キャンパスの自分の研究室にいた私は、経験したことのない長時間かつ長波長の揺れを感じた。遂に、南海トラフで海溝型地震が起きたのかと思った。しかし、左隣の同僚がインターネットで調べ、震源は東北地方沖の日本海溝であることを教えてくれた。その直後、右隣の里村幹夫先生（地震の専門家で、現在静岡大学名誉教授）が、小走りで部屋に戻って来た。別の建物で会議を行っていたが、地震の情報収集のため、戻って来たのだ。震源が日本海溝と知らせたところ、大変に驚いていた。その50分後、巨大津波が東北地方太平洋沿岸を襲い、驚くべき映像を目にした。数日後、福島第一原子力発電所が危険な状態と政府が発表した。日本の高い技術力ならば対処可能と思っていたが、複数の原子炉建屋の爆発という衝撃的な映像が配信された。

　この東日本大震災は、我が国の自然災害に対する意識を抜本的に変え、それを教訓に、国は南海トラフ巨大地震に関する方針を「想定外のない想定」に変更し、2012年8月には被害想定を発表した。そこでは、これまで防災対策の対象としてきた「東海地震、東南海地震、南海地震とそれらが連動するマグニチュード8程度のクラスの地震・津波」を「レベル1の地震・津波」とし、「あらゆる可能性を考慮した最大クラスの巨大な地震・津波」を「レベル2の地震・津波」としたのである。この公表を基に、静岡県では南海トラフ巨大地震への対策を講ずることとなり、今日に至る。したがって、静岡県の自然災害に対する防災を考える際には、東北地方太平洋沖地震とそれによる巨大津波に関する知識は不可欠であるから、それらに関する学術的知見を本書の第I部でレビューする。

　第1章では東北地方太平洋沖地震の概要を解説する。第2章では東北地方太平洋沖地震の巨大津波の残した津波堆積物について解説し、加えて869年の**貞観地震**による津波堆積物について解説する。また、「東北地方太平洋沖地震に伴う巨大津波の波形の特徴」と「津波と高潮の波形の相違」をコラムで解説する。

　本書で用いる「イベント」という用語の意味について
　一般的には「イベント」は"明るいイメージの催し"を指す。一方、本書で用いる「イベント」は、地震、津波、噴火、地殻変動、巨大隕石落下などの極くまれな自然現象を指し、この用法は国際的なものである。したがって、誤解しないように留意いただきたい。

第1章

2011年3月11日
東北地方太平洋沖地震の概要

The 2011 off the Pacific coast of Tohoku Earthquake

三井雄太 （固体地球物理学）

東北地方太平洋沖地震の大きさ

　2011年3月11日に発生した**東北地方太平洋沖地震**は、日本列島の地表に大きな変動をもたらした。防災科学技術研究所が設置した地震計の記録によれば、宮城県・福島県・茨城県などでは地表の最大加速度が重力加速度を大きく上回っており、浮き上がるような揺れが生じた。
　国土地理院の**衛星測位システム（GNSS）観測網**は、この変動を克明に記録した。図1に、宮城県の気仙沼観測点における、3次元地表変位の例を示す。

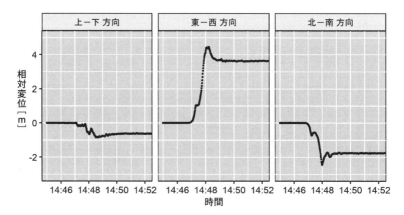

【図1】国土地理院のGNSS観測網が捉えた、東北地方太平洋沖地震に伴う3次元地表変位（宮城県気仙沼市）。2011年3月11日の14時47分頃から14時50分頃にかけて、数mの動きがあった（GPS Solutions社の解析したデータを使用）

14時47分頃から約3分間にわたって**地震波**による揺れが続き、一定の変位量に収束していったことが分かる。特に東向きの変位は大きく、3m以上に達している。地震波による揺れが収まった後にこのような大きな変位が残るのは、固い物体（弾性体）中の断層運動による地震波放射の近地項[1]の影響であり、地震の震源が観測点に近かったことを表す。

　この東北地方太平洋沖地震は、記録に残る中で日本史上最大の地震だった。どれほどの大きさの地震であったかについて、地震学で世界標準として用いられる「**地震モーメント**」および「**モーメントマグニチュード（Mw）**」に基づいて説明する。

　「地震モーメント」は、地下の岩石の固さ（剛性率）・断層のすべり量・断層の面積を掛け合わせた値であり、地震学者の安芸敬一によって提唱された[2]。この値は、地震の際に観測された地表の動きを力学に基づいて**逆問題解析**（インバージョン）することで、推定できる。気象庁の推定によれば、東北地方太平洋沖地震の「地震モーメント」は、1995年1月17日に発生した**兵庫県南部地震**の約1400倍、2016年4月16日に発生した**熊本地震**の約1000倍だった。「地震モーメント」は、地震で解放されるエネルギーにほぼ比例すると考えられるので、東北地方太平洋沖地震は熊本地震の約1000倍のエネルギーを解放した、と言ってもよい。

　「モーメントマグニチュード（Mw）」は、「地震モーメント」の常用対数を取って定数を引き、1.5で割った値として、地震学者の金森博雄らによって定義された[3,4]。この指標を用いると、東北地方太平洋沖地震がMw9.0、兵庫県南部地震がMw6.9、熊本地震がMw7.0となる。近100年間に発生した世界中の地震の中で、東北地方太平洋沖地震（Mw9.0）は、1960年のチリ地震（Mw9.5）、1964年のアラスカ地震（Mw9.2）、2004年のスマトラ沖地震（Mw9.1）に次ぐ、4番目の大きさの巨大地震だった。

東北地方太平洋沖地震はどのような地震だったか

　東北地方太平洋沖地震の断層すべりは、地表から測って小さな角度での逆断層型（上盤側がせり上がり、下盤側がずり落ちる）だったことが、地震波や地表の動きの解析から分かっている。図2に、国土地理院のGNSS観測網が捉えた東北地方太平洋沖地震時の地表変位（水平成分）と、地震波の逆問題解析に基づく**断層モデルの例**[5]を示す。観測データと逆問題解析に基づく

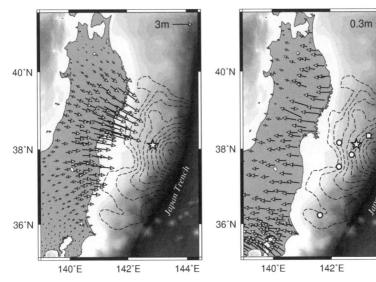

【図2】東北地方太平洋沖地震に伴う日本列島の地表変位の水平成分（矢印）。点線は、断層のすべり量[5]を表す（5m間隔の等値線）。星印は、東北地方太平洋沖地震が始まった震央を表す。白黒コンターは海底の深さを表し、黒いほど深い。ほぼ南北に連なる深い領域が日本海溝(Japan Trench)

【図3】2011年3月11日に東北地方太平洋沖地震が起こる前の、1997年2月から2011年2月にかけての地表変位の水平成分（矢印）。丸印は、この間に発生したMw6.8以上のプレート境界地震の震央を表す。四角印は、2011年3月9日に発生したプレート境界地震（Mw7.3）の震央を表す

【図4】東北地方太平洋沖地震が発生した、プレート沈み込み帯の概念図。通常時・プレート境界地震・余効変動の「動きの向き」のイメージを、黒矢印で図上に記した。実際には、固着するプレート境界の範囲内にも不均質があり、より小さな地震やそれらの余効変動も発生する

断層モデルは、多くの研究により提示されており、いずれも太平洋の海底下で最大数十mの断層すべりがあったことを主張している。特に、**日本海溝**近くの浅部領域で大きな断層すべりが生じたこと、および、その浅部領域から遠く離れた日本列島に近い側の深部領域で強い地震波が放射されたことが、本地震の特徴である[6]。このうち、浅部領域の大きなすべりが、巨大な津波の発生につながった。東北地方太平洋沖地震の発生後には、断層領域の周辺で**余震**と呼ばれる小さな地震が多数発生したが、この余震の中にすらMw7を超える(熊本地震よりも大きな)ものが複数含まれていた。

　それでは、東北地方太平洋沖地震が発生する前の通常時には、地表はどのように動いていたのだろうか？ 図3に、1997年2月から2011年2月にかけての、東北地方の地表の動き(水平成分)を示す。東北地方太平洋沖地震時の動き(図2)とは逆に、西向きの動きをしていたことが分かる。東北地方太平洋沖地震が発生する以前から、この西向きの動きについて多くの研究がなされていた[7,8]。

　図2や図3が示す地表の動きは、まとめて以下のように解釈されている[9]。図4に、簡単な概念図を示す。東北地方から見て東の沖合の海底にある日本海溝から、**太平洋プレート**の岩盤が、東北地方を含む陸側プレート(北米プレート、あるいは、オホークプレートと分類される)の岩盤の下へ西向きに沈み込んでいる。通常時は、両プレート間の境界が固着しているため、沈み込む太平洋プレートに引きずられて陸側プレートも西に動く。プレート境界にたまる歪みが限界値に達すると、歪みを解消するためにプレート境界が断層となってすべり、陸側プレートは東に動く。このような地震は**プレート境界地震**と呼ばれ、東北地方太平洋沖地震はその典型例である。

　プレート境界地震は、東北地方太平洋沖地震(Mw9.0)のような巨大地震ばかりではない。東北地方太平洋沖地震が起こる以前にも、兵庫県南部地震や熊本地震と同程度、あるいは、それ以上の大きさのプレート境界地震が岩手県・宮城県の沖合(東北地方太平洋沖地震の断層領域中心から北側)で発生してきた。例として、1896年には明治三陸地震と呼ばれるMw8に達する大きな地震があり[10]、1年以内にMw7を超える地震が複数生じた。1930年代以降にもMw7超の地震が宮城県沖でたびたび発生したが、それらを合わせても、プレート沈み込みによってもたらされたであろう歪みの1/4程度しか解放されていないことが、東北地方太平洋沖地震の5年前には指摘されていた[11]。また、プレート境界地震であったかどうかは不明だが、869年に貞観

地震、1611年に慶長三陸地震と呼ばれる大きな地震があったことは古くから知られていた。これらの正確な規模も不明だが、貞観地震でマグニチュード8.3程度などの推定が東北地方太平洋沖地震の発生以前になされていた[12]。さらにこの地域では、プレート境界だけでなく日本海溝の東側（太平洋プレート内）でも、1933年に昭和三陸地震と呼ばれるマグニチュード8を超える地震が発生している[13]。東北地方太平洋沖地震の断層領域南端側の福島県沖・茨城県沖も、プレート境界地震の活動がそれぞれに活発だった。

　図3に、1997年から東北地方太平洋沖地震までに発生した、東北地方沖の5つのプレート境界地震の**震央**（地震が始まった場所の真上の地点）を示す。1997年2月から2011年2月の間には、4つの地震が発生した。2003年10月31日の福島県沖地震（Mw6.9、北緯37.83度・東経142.70度）、2005年8月16日の宮城県沖地震（Mw7.1、北緯38.15度・東経142.28度）、2008年5月8日の茨城県沖地震（Mw6.8、北緯36.23度・東経141.61度）、2008年7月19日の福島県沖地震（Mw6.9、北緯37.52度・東経142.26度）である。さらに、東北地方太平洋沖地震の2日前の2011年3月9日には、宮城県はるか沖地震（Mw7.3、北緯38.33度・東経143.28度）が発生した。この地震後の小さな余震が広がった先で東北地方太平洋沖地震が発生したことから、この宮城県はるか沖地震が東北地方太平洋沖地震の引き金になったという考えがある[14]。さらに、上記のMw7級地震による断層すべりが東北地方太平洋沖地震の震央を3方向から取り囲んでいることが、東北地方太平洋沖地震の巨大化に寄与した、とする考えもある[15]。

　これらの地震の発生は、プレート境界の**固着**の程度が不均質であることを反映している。これらの地震が発生してもなお、東北地方は西向きに動き続けており（図3）、プレート境界の歪みはたまり続けていた。このことは、GNSS観測による地表変位のデータからだけでなく、過去の地震活動からも示唆されている[16]。その後、たまっていた歪みのかなりの部分は、東北地方太平洋沖地震の発生により解放されたと推定されている[17]。しかし、後述の**余効変動**の存在により、ある程度以上の精度での定量的な議論は難しい。

　東北地方太平洋沖地震の余震は、プレート境界のもの、陸側プレート内のもの、太平洋プレート内のものが東北地方の太平洋沖で広範囲に発生した[18]。それだけにとどまらず、北海道から九州、あるいは東北地方の日本海沖で、東北地方太平洋沖地震の後に活発な地震活動が誘発された[19]。そのうちの1つが、富士山南麓における静岡県東部の地震活動である（第Ⅱ部第3章参照）。

東北地方太平洋沖地震とスロー地震

　地震は、断層が高速にすべる現象である。断層がすべる速度は、地震波の解析からある程度推定可能で、秒速1m前後が典型的な値とされている[20]。一方で、それより数桁小さな速度で断層が動く現象も何種類か知られている。このような現象は、**スロー地震**、**ゆっくり地震**、あるいはサイレント地震などと総称されてきた（本章では、スロー地震と呼ぶ）。ごく小規模なスロー地震は、1960年代から1970年代には既に存在が知られていたが[21,22]、衛星測位システムGNSSや地震観測網の発展に伴い、1990年代後半からプレート沈み込み帯で多数報告されるようになった[23,24]。なお、火山の下で発生するスローな変動や微動については1930年代から報告がある[25]が、スロー地震という言葉はほとんどの場合、非火山性のものを指す。

　一口にスロー地震といっても、自発的スロースリップイベント・超低周波地震・低周波微動など、地震以上に多様な現象として観測されている。かつては、地震が発生するプレート境界断層の深部延長領域でスロー地震は発生する、と考えられていたが[26]、報告が増えるにつれ、スロー地震は様々な場所で様々な様態で発生する、という多様性の認識が広まりつつある[27]。スロー地震は、これまで発見された中で世界最大級のものでもMwが7.5に満たず、地震のようにMw8やMw9に達するものは報告されていない。そのため、地表のGNSSで観測されるほどの断層の歪みが、大きな地震を伴わずスロー地震のみで解放されるような領域は、ほとんど存在しないと考えられる。一方で、スロー地震が大きな地震を誘発する、あるいは、大きな地震の発生前後にスロー地震の活動が変化する、という可能性はある[28]。

　東北地方太平洋沖地震とスロー地震との関係については、2種類の議論がなされている。1つは、2011年3月11日に東北地方太平洋沖地震が発生する直前、2008年や2011年2月に震源域の近傍でスロー地震が発生していた、という議論である[29]。もう1つは、東北地方太平洋沖地震の震源域がスロー地震の発生しない領域に対応する、という議論である[30]。両者は一見すると矛盾しているが、議論の対象としているスロー地震が東北地方太平洋沖地震発生前のものか、発生後のものか、という違いがある。このことは、現象の空間分布だけでなく、時間変化についても考慮する必要があることを示唆している。

余効変動

　大きな地震の後には、多数の余震と並行して、余効変動と呼ばれるゆっくりした地表変位が続くことが知られている（図4）。この余効変動は、地震と比べて小さなものにとどまることもあるが、プレートの沈み込み帯においては必ずしもそうではない[31]。図5に、東北地方太平洋沖地震の発生後、8年間（〜2019年3月まで）の地表変位の水平成分を示す。特に、東北地方の北部では、東北地方太平洋沖地震による変位（図2）と同程度以上の大きさの余効変動が既に生じている。このように大きな余効変動の存在は、地震間に蓄積された分の変位が地震ですべて元に戻る、という単純な考え方が実際には成り立たないことを示唆する。

　この問題は、地表変位の上下成分においてより顕著となる。図6に、東北地方太平洋沖地震に伴う上下変位（GNSSデータ）を示す。東北地方の太平洋側沿岸に、大きいところで約1mの沈降が見られる。それでは、地震前には逆に太平洋側沿岸が隆起していたかというと、そのようなことはなく、過去約10年間のGNSSデータからも、約100年間の水準測量データからも、東

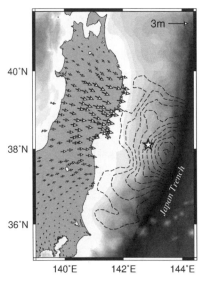 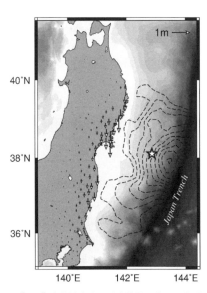

【図5】東北地方太平洋沖地震後、8年間の日本列島の余効変動（矢印のスケールは図2と等しい）

【図6】東北地方太平洋沖地震に伴う日本列島の地表変位の鉛直成分（矢印）

北地方の太平洋側沿岸は全体として沈降し続けていたことが知られている[32]。この傾向だけから考えると、東北地方の太平洋側沿岸は一方的に沈降し続けることになってしまう。しかし実際には、余効変動による隆起が長い間続くことで、沿岸の沈降を補うことが予想されている[33]。東北地方太平洋沖地震の余効変動が今後どれくらい続くか不明であるが、現在までに観測されている余効変動の速度の回帰分析からは、宮城県・山形県・岩手県南部などで100年以上継続すると推定される[34]。

　余効変動の主な物理メカニズムとして、地震ですべった断層の延長部がゆっくりすべる**アフタースリップ**と、地震によって生じた応力不均質をアセノスフェア（プレート下の柔らかい領域）の岩石が動くことで補う**粘弾性緩和**との、2種類が挙げられている[35]。前者のアフタースリップについては、余震や隣接領域の地震を誘発する効果があるとされ、東北地方沖のプレート境界では東北地方太平洋沖地震の発生以前から重要視されていた[36]。また、後者の粘弾性緩和は、地球内部の岩石の流動性（粘性率）を知るための指標として、固体地球科学の様々な分野の研究者に注目されている。しかし、この2種類のメカニズムが引き起こす地表変位の空間パターンが似通っていることから、実際の余効変動を対象に、どちらがどれくらい効いているかという切り分けをするのは一般に困難である。

　東北地方太平洋沖地震の余効変動に関しては、上記の困難な問題について多くの研究が取り組んでいる[37,38]。基盤となっているのは、3次元粘弾性体の変形に関する静力学シミュレーション技術である。加えて、船上のGNSS観測と船−海底間の音響測距を結合させた、**海底地殻変動観測**のデータも重要な役割を果たしている[39,40]。この観測技術により、陸上のGNSS観測に基づく地表変位だけでなく、沖合の海底変位の様子がわずかながらも分かるようになった。この海底地殻変動観測は、実は東北地方太平洋沖地震よりも約10年前からデータ蓄積が始まっていた。時々刻々の変位が記録される陸上観測に比べ、海底観測のデータ数は極めて少ない（1年間に数個程度）という問題があったが、近年の技術向上によって徐々にデータ数は増えつつあり、西南日本の南海トラフでの歪み蓄積モニタリングも進んでいる[41]。この他のアプローチとして、**機械学習**の一種である再帰型ニューラルネットワークを用いた、余効変動の時空間発展の特徴抽出も試みられている[42]。

第2章

東北地方太平洋沖地震・
貞観地震による津波堆積物

Tsunami deposits caused by
The 2011 off the Pacific coast of Tohoku Earthquake

北村晃寿（第四紀環境学）

はじめに

　第Ⅱ部第5章で、地質学的証拠をもとに、静岡県における南海トラフの巨大地震・津波について述べるが、その証拠の中で重要な役割を果たすのは津波堆積物である。2004年**インド洋大津波**や2011年**東北地方太平洋沖地震**の巨大津波は遡上した場所に堆積物をもたらした。これを**津波堆積物**といい、その調査・研究から津波堆積物に関する多くの知見が得られた。これらの知見は、産業技術総合研究所の藤原治氏による「津波堆積物の科学（東京大学出版会）」[1)]や同研究所の澤井祐紀氏による「地層中に存在する古津波堆積物の調査（地質学雑誌）」[2)]にまとめられている。本章では、これらを含む研究を基に津波堆積物の特徴を紹介する。それに先立ち、必要最小限の堆積物に関する基礎知識と専門用語を説明しておく。

堆積物に関する基礎知識

　堆積物は生成過程から、**砕屑性堆積物**（さいせつ）、**生物的の堆積物**、**火山性堆積物**、**化学的堆積物**に分類される。砕屑性堆積物は、岩石の破砕によって形成された砕屑粒子からなる堆積物で、粒子の大きさを基に礫、砂、泥に区分される。礫と砂、砂と泥の境界はそれぞれ2mm、0.063mm（1/16mm）である（図1）。生物的堆積物は生物が生成したものが集まってできた堆積物で、例えば、サ

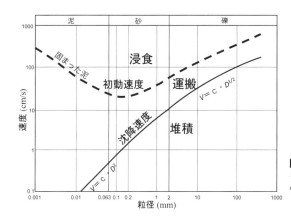

【図1】Hjulstrom (1935)[32] を基に作成した砕屑物粒子の水中での挙動を示した図

ンゴなどから形成された石灰岩がある。火山性堆積物は火山活動によって形成された堆積物である。化学的堆積物は、主に化学的過程によって水溶液から沈殿した堆積物で岩塩や鍾乳石などが代表例である。津波堆積物の供給源は主に海岸周辺の堆積物なので、砕屑性堆積物を主体とし、かつ運搬・堆積過程も砕屑性堆積物における過程と同じである。要するに津波堆積物の理解には砕屑性堆積物の知識で十分である。

津波は波長が数10kmから100 km、周期が10分から1時間に達するため、一方向の強い流れとみなせる。流れによる粒子の移動開始を初動と言い、その時の力の関係は次の式で表せる。

|流体の慣性力| ＞ |重力－浮力| ＋ |底面摩擦＋抗力|

「| |」の記号は絶対値を示す。動き出した粒子の運搬様式は次の2つに区分される。

1. 流れの中を懸濁・浮遊状態で運搬
2. 底面を滑動、転動、躍動しながら運搬

動き出した粒子の堆積過程の理解には**沈降速度**の理解が不可欠である。流体中での粒子の沈降運動は、はじめは外力と流体の粘性抵抗の差で加速するが、ある速度に達すると粘性抵抗と外力が等しくなり、一定速度で沈降する。この速度を**終端速度**という。水中で動きにくさを感じるのは、水の持つ粘性抵抗のためである。一方、日常生活で動きにくさを感じないのは、空気の粘性抵抗が極めて小さいからであり、ゆえに空気中での物体の落下速度は水中よりも遥かに大きくなり得る。

沈降に関わる外力は重力と浮力であり、津波堆積物の研究では、水と粒

子の密度にそれぞれ1.0g/cm³と2.7 g/cm³を用いる。2.7 g/cm³は石英の密度であり、これは砕屑性粒子の主体が石英だからである。直径0.1mm以下の粒子では主に粘性抵抗が沈降を妨げ、直径0.2mm以上の粒子では主に慣性抵抗が沈降を妨げる。慣性抵抗は沈降粒子の背後に生じる渦のもたらす抵抗である。そして、粒子の大きさ(D)と沈降速度(V)の関係は次の式で表される。

直径0.1mm以下の粒子 $V = c \cdot D^2$

直径0.2mm以上の粒子 $V = c \cdot D^{1/2}$

cは定数で重力加速度、水と粒子の密度、水の粘性率から求められる。具体的な数値で示すならば、直径0.1mmと2mmの粒子の沈降速度は毎秒約1cmと10cmである（図1）。この沈降速度の違いで、様々なサイズの粒子を含む流れから堆積物が沈降する時には，上方へ向かって細粒化する構造がつくられる。これを**級化構造**という。

　粒子の初動の流速は、粒子が小さいほど遅くなるように思えるが、実は違う。泥質物は粒子間の結合力と底面の滑らかさで、動きにくくなるのだ。これは、肌に塗った化粧や日焼け止めに使うクリームが汗で流れにくいことと同じ状況である。結果的に、最も動きやすい粒子は直径約0.2mmである。
さて、津波堆積物は地層の一種である。地層とは、堆積物や堆積岩からなる層状岩体なので、本と携帯電話に例えて地層の用語を説明する。本と携帯電話を交互に重ねて、横から見ると、縞模様の層（本）と縞模様のない層（携帯電話）が交互に繰り返す。本と携帯電話の境界は明瞭なので、地層に関しては**層理面**という。実際の地層では、構成粒子の大きさや色調、縞模様の有無などで層理面を認定する。層理面に挟まれた部分を**単層**という。1冊の本、1台の携帯電話は単層に当たる。

　本の側面に見られる"縞模様"の最小単位は1枚の紙である。地層に見られる"縞模様"の場合には、肉眼で観察できる最小の層構造が最小単位となり、**葉理**という。その厚さは通常1cm以下で、一連の物理的条件の中のより小さい変動で形成される。葉理の集合体を**層理**という。本のように、層理が層理面と平行な構造を**平行層理**と言う。地層では、層理面に対して層理が斜めになっていることがあり、これを**斜交層理**という。

　葉理と層理面は堆積面であり、流水下では、水底に沿って移動する粒子によって、堆積面は流れの状況に応じて地形を変える。この地形を**ベッドフォーム**という。海浜に良く見られるさざ波状のベッドフォームは、波長60cm以上、波高5cm以上のものを**デューン**あるいはメガリップルといい、波長60cm未

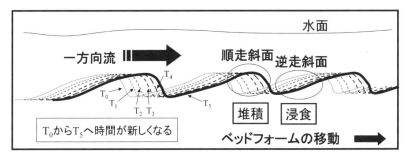

【図2】一方向の流れの下でのベッドフォーム（カレントリップル）の形成過程

満、波高5cm未満のものを**リップル**という。これらのさざ波状のベッドフォームにおいて、下流方向に傾いた斜面を**順走斜面**といい、上流方向に傾いた斜面を**逆走斜面**という。順走斜面は流速が低下するので堆積場であり、一方、逆走斜面は浸食場である（図2）。順走斜面には、流速の変動で葉理が形成され、地層として保存されたものが斜交層理である。斜交層理は順走斜面であるので、その傾斜方向は下流方向を示す。なお、一方向の流れで形成されるデューンやリップルは、順走斜面の方が逆走斜面よりも高角である。つまり、流れと平行な断面では、さざ波は非対称な形を取る。一方、流れが行きつ戻りつを繰り返す波の下では対称な形のデューンやリップルがつくられる。前者を**カレントリップル**といい、後者を**ウェーブリップル**という。

津波堆積物の特徴

　海から遡上する流れは津波と高潮があり、それらは内陸に様々なサイズの堆積物を運ぶ（図3A）。津波や高潮による砂層の保存されやすい場所は、迅速に埋没すること、堆積後の擾乱が少ないこと、安定した堆積が続くこと、の条件にかなう所であり、海岸砂丘の陸側にある湿地や池は理想的な場所である。

　堆積物の起源が津波によるのか、高潮によるのかの識別は、津波堆積物の研究にとって最重要課題である。大津波は主に海溝で発生するので、海溝に面していない西ヨーロッパや北米東岸では津波を経験することはごくまれであった。この500年間を見ても、1755年の**リスボン地震**による津波がポルトガルのリスボン周辺に大被害を出したくらいである。そのため、津波堆積物

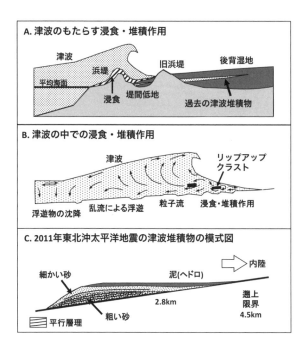

A. 津波のもたらす浸食・堆積作用

津波
浜堤
旧浜堤
後背湿地
平均海面
浸食
堤間低地
過去の津波堆積物

B. 津波の中での浸食・堆積作用

津波
リップアップ
クラスト
浮遊物の沈降
乱流による浮遊
粒子流
浸食・堆積作用

C. 2011年東北沖太平洋地震の津波堆積物の模式図

内陸
細かい砂
泥(ヘドロ)
2.8km
遡上
限界
4.5km
平行層理
粗い砂

【図3】 津波と津波堆積
物の挙動

の研究は活発ではなかったが、2004年インド洋大津波の激甚災害を契機に研究が活発化した。その後、東北地方太平洋沖地震の巨大津波と2013年のスーパー台風ハイヤン（台風30号）による大規模な高潮の発生で、津波堆積物の理解がさらに向上した。このように津波堆積物の研究は途上にある。そこで、津波堆積物の知見を時系列的に3段階に分けて記す。

第1段階：東北地方太平洋沖地震以前

　重要な知見は以下の3点である。
(1)津波の波長が非常に長いため、遡上流によって形成された「斜交層理や粒子**ファブリック**を持つ層」と、戻り流によって形成された「斜交層理や粒子ファブリックを持つ層」の累重、あるいは級化構造を示す層の累重が見られる場合がある(図4)[1,2]。そして、これらの層の境界には**マッドドレイプ**という薄い泥層がしばしば見られ、これは遡上流と戻り流が入れ替わる間に懸濁・浮遊物が沈降・堆積したものである。これらの地層の累重を**多重級化構造**という。

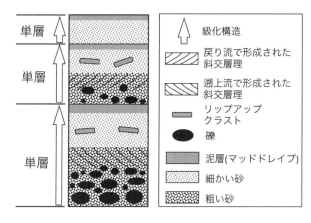

【図4】津波堆積物に見られる多重級化構造の模式図

凡例:
- 級化構造
- 戻り流で形成された斜交層理
- 遡上流で形成された斜交層理
- リップアップクラスト
- 礫
- 泥層(マッドドレイプ)
- 細かい砂
- 粗い砂

単層 / 単層 / 単層

　粒子ファブリックは、粒子の空間的配置のことである。例えば、ディスク状または細長い粒子は、流水に対して最も抵抗が少ない配置で堆積する。その配置は長軸が上流側に傾き、**覆瓦構造**（ふくが）あるいは**インブリケーション**という。この構造はファブリックの1つである。

　(2)津波は強い流れを生じるので、高潮よりも地表面をより深くまで浸食する。その結果、津波堆積物には、浸食された土壌の塊などからなる**リップアップクラスト**を含むが(図4)、高潮堆積物ではリップアップクラストを含むケースはごくまれである[3]。

　リップアップクラストとは、水底の泥質堆積物が流水で引き剥がされ下流で再堆積した礫サイズの泥塊である。前に述べたが、泥質堆積物は流れに対する抵抗が大きいので、"流れる"時は泥質堆積物の結合の弱い箇所から引き剥がされ、礫サイズのブロック状になって運搬される。泥質堆積物は水をかなり含むので、同じ大きさの礫よりも密度が低く、より長距離を運搬される。

　(3)津波を発生させた地震で隆起や沈降が起きた場合には、堆積環境の変化を反映して、津波堆積物の上下で生物の種組成の変化が見られることがある。この地殻変動と津波堆積物のセットは、高潮堆積物や遠隔地からの津波による津波堆積物では見られないので、津波の発生源の特定もできる。このような事例としては、北米大陸太平洋岸[4]やチリ地震の震源域周辺の海岸湿地[5]、関東地震の震源域周辺の神奈川県小網代湾[6]から報告されている。

　(1)と(2)を基に津波の中での浸食・堆積作用が推定されている(図3B)。

第2段階：東北地方太平洋沖地震からスーパー台風ハイヤンまで

　東北地方太平洋沖地震の巨大津波による津波堆積物の研究から以下の知見が得られた。

　この巨大津波は、北海道南部から千葉県北部の各地の海岸低地に津波堆積物や津波石をもたらした（図5）。これらの堆積物からの知見は、静岡県の防災上、極めて重要である。なぜならば、東日本の太平洋岸と静岡県では海岸平野や海底地形の状況、潮汐による干満の差、砕屑物粒子の組成などが共通するからである。

　本章の著者の北村は、2011年4月30日に、当時東北大学に在籍していた若山典央氏（静岡大学理学部地球科学教室の卒業生）と共に彼の自家用車を使い、仙台市若林区荒浜付近で津波堆積物を調査した[7]。同地域を選んだ理由は、インターネットでコンサルタント会社が行った調査映像を見て、津波に影響を与える人工物が少ない場所であることを知ったからである。調査は3か所で行い、そのうちの1カ所の状況について説明する。

　図6の場所は海岸線から1.36km にあり、津波高は約3m である。写真の奥

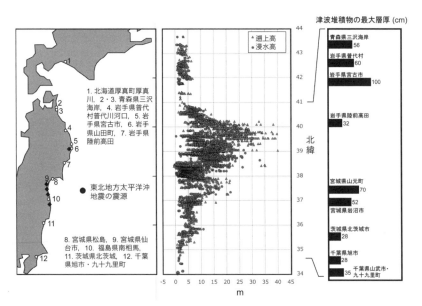

【図5】東北地方太平洋沖地震による巨大津波の各地の浸水高・遡上高および津波堆積物の最大層厚と貞観地震の津波堆積物（◆）の分布[31]

【図6】東北地方太平洋沖地震による津波堆積物の遠景．宮城県仙台市若林区大沼の海岸線から1.4 kmの地点2で北村が撮影

【図7】地点2の津波堆積物の写真．遡上流と平行方向の断面。北村撮影

　の車は津波に流されたもので、田んぼの中にある。堆積物の表面にはカレントリップル（波長6～8cm、波高1～2cm）が見られ、遡上流で形成されたことを示す。津波堆積物は白色中粒砂層とそれを覆う塊状泥層から構成される（図7）。砂層は明瞭な侵食面で旧地表面（稲刈り後の田んぼ）を覆い、層厚約20cmで、粒子の大きさがそろっており、平行葉理を持つ。砂層の下部には黒色の泥からなるリップアップクラストが見られる。試料を採取し、研究室で粒度を測定した結果、平均粒径は0.9～0.3mmの範囲で、**級化構造**を示していること、内陸に向かって粒径が減少することが確認された（図8）。

　塊状泥層はカレントリップルを覆い、厚さ2cm程度である。この泥層は津波を黒くした物質である。塊状泥層と砂層の境界は極めて明瞭である。

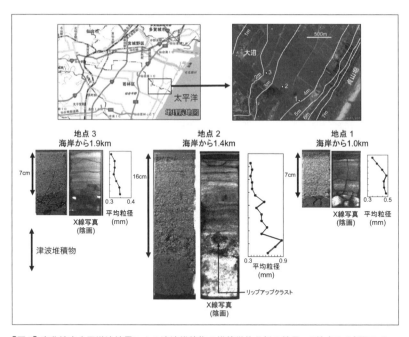

【図8】東北地方太平洋沖地震による津波堆積物の堆積学的分析の結果。3地点から採取したコア試料を半裁し、その断面の写真とX線写真を撮影。X線写真では平行層理が見られる。平均粒径は級化構造（上方に向かって細粒化）と内陸部への細粒化が見られる。地図は国土地理院のホームページ（https://www.gsi.go.jp/）から作成

　私を含め、仙台平野周辺の津波堆積物を調査した研究者にとって意外だったのは、貝類などの海洋生物の遺骸が見られないことであった。採取した砂質堆積物を顕微鏡で観察したが、微小な海洋生物の遺骸も見つからなかった。この海洋生物の欠如については後で詳しく述べる。

　津波堆積物の存在は、その供給源では堆積物が侵食されたことを意味する。侵食は海岸線から1kmほど内陸でも起きている。そこでは、水田よりも約1m高い道路を超えた津波が、地面を約2m侵食した窪みが見られた（図9）。窪みには、松の大木の根の部分が落ち込み、松は遡上する津波の方向を向いていた。窪みの海側斜面には地表から約20cmの深さに厚さ約20cmの砂層があり、これが869年の貞観津波の津波堆積物である。図10は海岸近くの被災状況であり、引き裂かれかけた電柱から津波の流れの強さがうかがい知れる。

　上記の北村の現地調査と先行研究を踏まえると、仙台平野周辺の津波堆積

【図9】東北地方太平洋沖地震に伴う津波による浸食の様子と貞観津波堆積物。北村撮影

【図10】東北地方太平洋沖地震に伴う津波による被害状況。北村撮影

物の主な性状は次のようにまとめられる。

　(1)津波堆積物の砂粒子の主な供給源は海浜と砂丘である。さらに海底堆積物に由来する微化石をほとんど含まないことから、沖合の堆積物による陸上津波堆積物への寄与はほとんどないと考えられている[8]。なお、旧河道では噴砂が発生しており、この砂も砂粒子の供給源になっているが[9]、量的には少ない。

　(2)泥粒子の主な供給源は水田の土壌である[8]。

　(3)津波堆積物は1層からなり、級化構造を示し、基底面は明瞭な侵食面である。平行層理が発達し、リップアップクラストを含む。

　(4)津波堆積物は内陸へ向かって薄層化・細粒化する[10,11]。

　(5)厚さ0.5cm以上の砂質津波堆積物の分布の陸側末端は、遡上限界（津波浸水の陸側末端）が2.5km以下の場所（海岸の丘陵地帯）では、浸水域の90%に位置する。一方、遡上限界が2.5km以上の場所（平坦地）では、57〜

場所	最大層厚 (cm)	浸水高・遡上高	多層構造	海生生物の含有	リップアップクラスト	出典
北海道厚真町厚真川	20	浸水高3.53 m	6層	珪藻	なし	太田ほか, 2012
青森県三沢海岸	56	津波高 平均5.8 m, 最大8.8 m	1層の砂層 平行葉理と級化構造を示し、まれに斜交葉理. まれに2層の砂層	なし	なし	Nakamura et al., 2012; Koiwa et al. 2014
岩手県普代村普代川河口	60	遡上高23 m	1層の砂層、級化構造	なし	なし	瀬尾・大串, 2012
岩手県宮古市	>100	津波高28.1 m	1層の無層理の級化構造か 1層の逆級化ー級化構造	なし	あり	Yamada et al., 2014
岩手県陸前高田	31.5	津波高14-15 m	1-4層の遡上流による砂層	介形虫	なし	Naruse et al., 2012
宮城県仙台市・山元町	70	複数の地点のデータなので記載せず	1層の砂層. 平行葉理と級化構造. 複数の砂層まれ.	わずかな微化石	あり	Goto et al., 2011; 北村・若山, 2011; 宍倉, 2011; Abe et al., 2012; Takashimizu et al., 2012
茨城県北茨城市関南・鹿島港	28	津波5.5 m	1-4層のマッドドレイプの挟み	貝殻片	なし	山田・藤野, 2013
千葉県山武市・九十九里町	35	津波高6 m以上	マッドドレイプで境される4つの級化構造を示す砂層	貝類	なし	藤原ほか, 2012

【表1】東北地方太平洋沖地震に伴う巨大津波による各地の津波堆積物の特徴

76%に位置する[12]。

　次に、仙台平野以外の各地（北海道厚真町から千葉県九十九里浜までの約800km）における2011年東北地方太平洋沖地震の津波堆積物の研究を項目ごとにまとめる（表1）。

最大層厚

　浸水高が25mに達する場所もあるが、津波堆積物の厚さはせいぜい1mである（図5）。浸水高に比べて津波堆積物の厚さが案外薄いのは、供給源（海浜）に砕屑物粒子が十分にあったとしても、海水中に浮遊できる砂・泥の粒子の量には水理学的な限界があるためである。

堆積物の内部構造

　北海道厚真町では、6層の平行層理の発達した砂層が累重し、各層の境界に薄い泥層がある。砂層には、部分的に斜交層理が見られ、その大半は遡上流によって形成されたが、戻り流で形成されたものもある[13]。

　青森県三沢海岸では、1層の砂層からなり、平行層理を持ち、級化構造を示し、まれに斜交層理が見られる[14]。同県の上北平野では、1層の砂層からなり、平行層理を持ち、級化構造を示し、わずかだが2層の場所もある[15]。

　岩手県普代村の津波堆積物は、1層の砂層からなり、無層理ないし平行層理が発達し、級化構造を示す[16]。岩手県宮古市では1層の砂層で級化ないし逆級化―級化構造が見られる[17]。岩手県陸前高田では、1〜4層の平行層理の発達した砂層が見られ、まれに遡上流によって形成された斜交層理が見られる[18]。

　茨城県北茨城市関南・鹿島港では、層内に1〜4層のマッドドレイプが挟在する[19]。

　千葉県山武市・九十九里町でも、マッドドレイプで境される4つの級化構造を示す砂層が見られるが、1層のみの場所がほとんどである[20]。

リップアップクラスト

　リップアップクラストは岩手県宮古市で見られるが[17]、北海道厚真町、青森県三沢海岸・上北平野、岩手県普代村・陸前高田、茨城県北茨城市関南・鹿島港、千葉県山武市・九十九里町からは報告されていない[13,14,15,16,18,19,20]。

海生生物の産出

　青森県上北平野・三沢海岸、岩手県普代村・宮古市からは、海生生物の産出は報告されていない[14-17]。一方、茨城県北茨城市関南・鹿島港の津波堆積物は貝殻片を含み[19]、千葉県山武市・九十九里町では潮間帯から水深20mに生息する海生貝類の貝殻（例えば、チョウセンハマグリ、ウバガイ）を含む[20]。北海道厚真町の津波堆積物は海生珪藻を含み[13]、岩手県陸前高田からは海生小型節足動物の介形虫を含む[18]。

　これらの調査報告から、津波堆積物に関する重要な知見として次の2つを再認識できる。

　①津波堆積物の特徴とされる多重級化構造がほとんど見られないこと。これには、「2011年東北沖地震の津波の第1波の波高が後続波より2倍も高かったので、第1波による侵食で、移動する可能性のある堆積物が全て移動したため（海岸の地形が変わったため、後続波で移動しにくくなった）」、「第1波によって水深数mほど冠水した陸上では、後続波が浸入した際の掃流力が小さくなり、土砂が移動しにくかったため」などの複数の要因が考えられる。つまり、多重級化構造は津波堆積物の普遍的な特徴ではない。

　②巨大津波にもかかわらず海生生物が産しない場所が多いこと。これについては、仙台湾沖に関しては、急深な海浜地形（前浜）のため押し波時に海底堆積物に作用する掃流力が小さく、浅海域の土砂が多量に巻き上がらなかったためという解釈がある[21]。加えて、仙台平野に面した水深5mより浅い場所は、貝などの底生生物の生息密度が非常に低かった可能性もある。北村が2019年8月に仙台平野の海浜を調査したところ、打ち上がった貝類はほとんどなく、しかもそれらのほとんどは2種類の固着性二枚貝 *Mytilus galloprovincialis*（ムラサキイガイ）と *Septifer virgatus*（ムラサキインコ）であり、消波ブロックに固着していた貝の死殻と推定される。2011年の津波による生態系へのダメージが回復していない可能性もあるが、仙台平野の海岸は外洋に直接面しており、波浪で堆積物が頻繁に移動する浅海は、もともと底生生物の生息に不適な環境なのである。

第3段階：スーパー台風ハイヤン以降

　記録史上最も強い熱帯低気圧であるスーパー台風ハイヤンは2013年11月8日にフィリピンのレイテ島とサマール島に上陸し、高潮堆積物を形成した。

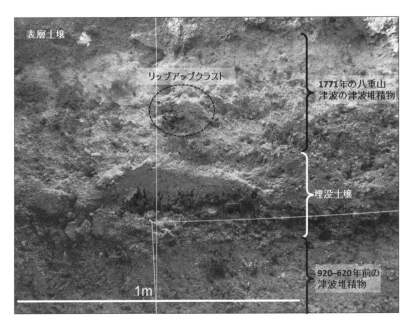

表層土壌

リップアップクラスト

1771年の八重山
津波の津波堆積物

埋没土壌

920-620年前の
津波堆積物

1m

【図11】石垣島・宮古島に襲来した1771年の八重山津波の
津波堆積物中のリップアップクラスト

　ハイヤンは、潮位より9mも高い水位をもたらし、1.6km内陸まで砂を運搬
した。この砂層は塊状あるいは級化構造が見られ、陸側に向かって細粒化・
薄層化する。これらの特徴は津波堆積物と一致する。当初、砂層の内陸への
範囲は、同様の地形で同等の浸水レベルの大津波の砂層の範囲と比べて有意
に狭いというデータが報告されたが[22,23]、その後の調査で同等の範囲を示す
場所のあることが分かった[24]。一方、2019年10月時点では、ハイヤンの高
潮堆積物からリップアップクラストの報告例はない。
　以上をまとめると、津波堆積物と高潮堆積物の識別に最も有効な基準は
リップアップクラストの有無となる。ちなみにリップアップクラストは石垣
島・宮古島を襲った1771年の**八重山津波**の津波堆積物からも見つかってい
る（図11）[25]。

貞観津波堆積物

日本三代実録という平安時代の古文書には、貞観11（869）年に現在の仙台周辺を襲った地震と津波による災害が次のように記されている。

> 陸奥国で城郭・倉庫・門櫓・垣壁崩れ落ち、民家倒潰するもの多数。ついで津波来襲し、海水城下にいたり、資産や苗などすべて流失、溺死約1,000人。

この津波を**貞観津波**といい、福島県相馬郡では高所に津波が這い上がってきたという伝承があり、伝説・伝承は宮城県気仙沼市から茨城県大洋村にかけて分布する[26]。貞観津波の津波堆積物自体は、2019年10月時点で、石巻平野から仙台平野、福島県南相馬市までにかけて分布し、三陸海岸の岩手県山田町からも報告されている（図5,12）[27]。

貞観津波の砂質津波堆積物に関する最も重要な研究成果は、東北大学の箕浦幸治・菅原大助氏（現ふじのくに地球環境史ミュージアム教授）のグループが、2001年に公表したものであり、仙台平野の砂質津波堆積物の分布から、津波を起こした地震の規模をマグニチュード8.3と推定し、さらに同規模の津波の再現間隔を800〜1100年間隔と見積もった。そして、869年の貞観津波から1100年経過しているので、仙台平野が大津波に襲われる可能性の高いことを指摘した[28]。さらに、産業技術総合研究所の宍倉正展氏のグループが、貞観津波の堆積物は石巻平野から仙台平野、福島県南相馬市にかけて分布し、南相馬市小高区では現在の海岸線から1.5km内陸まで砂層が見られることを確認した[26]。これらの研究結果が、江戸時代以降の歴史津波（1611年慶長地震の津波など）を

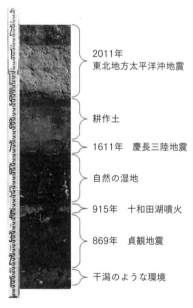

2011年
東北地方太平洋沖地震

耕作土

1611年　慶長三陸地震

自然の湿地

915年　十和田湖噴火

869年　貞観地震

干潟のような環境

【図12】宮城県岩沼市の高大瀬遺跡で調査した貞観津波堆積物の剥ぎ取り試料。ふじのくに地球環境史ミュージアムの菅原大助氏提供

上回り、東北地方太平洋沖地震の巨大津波に匹敵し得る大津波が発生したことを示していたことから、巨大地震・津波の予測に津波堆積物が役立つことが実証されたのである。

東北地方太平洋沖地震後、巨大津波による津波堆積物の調査を基に、貞観津波に関する再検討が行われた。その最も重要な変更点は砂質津波堆積物からの津波の到達限界の推定方法である。これまでの研究では「砂質津波堆積物の陸側末端」を遡上限界としたのに対して、「砂質津波堆積物の陸側末端」よりも遡上限界をより内陸側に置いたのである。例えば行谷佑一・佐竹健治氏は「砂質津波堆積物の陸側末端」の地点では少なくとも1mの浸水深であったと仮定し、貞観津波の波源域の性状—断層面の大きさと変位量—を推定するとともに、地震の規模をモーメントマグニチュード8.6以上（東北地方太平洋沖地震はマグニチュード9.0）と算出した[29]。このように砂質津波堆積物の分布は、有史以前の地震の規模を推定する上で、最も有用な記録である。しかし、その数値解析には地形、植生、堆積物供給源、海面高、粗度係数などの初期条件を設定する必要があり、それらの推定には不確実性を伴う[30]。特に、不確実性の高い初期条件は**粗度係数**で、これは植生などの地表起伏による流れへの抵抗である。日本のような中緯度では、植生の繁茂する春・夏期と枯れる秋・冬期で粗度係数は大きく異なる。つまり、発生時期によって遡上限界が異なることになるのだが、古文書などからの情報無しに津波の発生季節を推定することは非常に困難である。

なお、東北地方太平洋沖地震の津波堆積物は多くの場所で1層からなるが、同様に貞観津波堆積物も1層からなる。このことは貞観津波も2011年の巨大津波と同様に第1波の波高が後続波よりも高かった可能性を示す。

以上のように2011年の東北地方太平洋沖地震の巨大津波による津波堆積物の調査結果から、2011年以前に推定されていた貞観津波の規模は過小評価だったことが明らかとなった。しかし、過小評価でも貞観津波は、福島県南相馬市小高区では1.5km（その後の研究で1.8kmまで分布が確認された[31]）まで遡上したことが2010年には分かっていた[26]。このような科学的知見が地域防災に十分に活用されなかったことを教訓とし、我々は南海・駿河トラフの大地震とそれに伴う大津波への防災のため、津波堆積物の調査から、過去の静岡県の地震・津波の実態の解明に努めており、最新の知見は第Ⅱ部第5章に記す。

津波と高潮の波形の違い

Differences in waveforms between tsunamis and storm surges

北村晃寿（第四紀環境学）

　海から陸に遡上する海水をもたらす突発的原因には津波と**高潮**があるが、両者の波長と周期は大きく異なる。その相違を東北地方太平洋沖地震の巨大津波と2017年の台風21号に伴う高潮を例にして説明する。

　図1aは岩手南部沖（北緯39° 15'31"、東経142° 05'49"）の水深204.0mに設置されたGPS波浪計の観測した東北地方太平洋沖地震による巨大津波の波形である。観測間隔は5秒で、全国港湾海洋波浪情報網NOWPHASのホームページからダウンロードできる（https://nowphas.mlit.go.jp/pastdata/）。

　津波は引き波に始まり、第1波の峯が突出して高く、第2〜7波において徐々に低くなった。第1〜3波の周期は不規則だが、第4〜7波は第1〜3波とは異なる形状で周期が約50分の波が繰り返した。比較的高い波が7波程度続いたことは、岩手北部沖〜宮城中部沖で共通している[1]。第1波に関しては、岩手南部沖を例に取ると、15時15分から6分間で約2m緩やかに、続く4分間ではさらに4m以上も急に潮位が上昇した（図1b）。このような2段階の立ち上がりは岩手北部沖〜宮城中部沖のGPS波浪計にも記録されており、南側では緩やかな上昇の部分、北側では急な上昇の部分が顕著である[1]。

　波の速度（v）と水深（h）の関係は重力加速度g（約9.8m/s²）を用いて、$v=(g \cdot h)^{1/2}$ で表すことができる。水深1000mの海域での津波の速度は秒速99m、時速356kmとなる。したがって、波は陸に近づくと速度が減少し、波長は短くなる。波では一般的に1波長あたりに含まれるエネルギーは一定であるので、短くなった波長の中にエネルギーが集中し、波高が大きくなる[2]。そのため、沖合では第1波の波高は6mだったが、沿岸では10mを超える巨大津波となったのである。

　図1cは神奈川県三浦市の油壺検潮場の記録に基づく2017年の台風21

号に伴う高潮の波形である。観測間隔は30秒間隔で、国土交通省国土地理院のホームページからダウンロードできる（http://tide.gsi.go.jp/main.php?number=1）。台風は10月23日5〜6時に神奈川県を通過し、満潮時であったため、海面は前後の満潮時より約40cm高くなった。

高潮と比較すると東北地方太平洋沖地震の巨大津波には長波長（約50分）の波がある点で異なる。これは他の津波についても同様である。つまり、津波は『波』とはいうが、その動きは数10分間も続く強い『流れ』である。

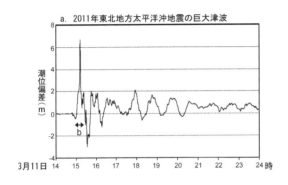

a. 2011年東北地方太平洋沖地震の巨大津波

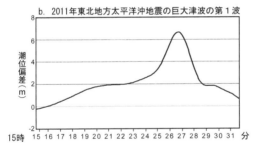

b. 2011年東北地方太平洋沖地震の巨大津波の第1波

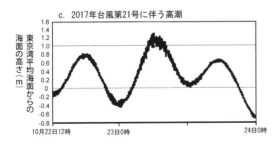

c. 2017年台風第21号に伴う高潮

【図1】津波と高潮の波形の比較

東北地方太平洋沖地震で、巨大津波の被害に遭った岩手県の大槌町（上）。標高45mの城山公園から大槌町内を撮影。一部の建物を残し、深い爪痕を残す。宮古市田老地区（下）では、防潮堤を乗り越えた津波に押し流され、全壊した家屋が広がる。岩田孝仁撮影

静岡県の地震・津波

Earthquakes and tsunamis in Shizuoka Prefecture

第II部の流れ   北村晃寿

　静岡県の大規模自然災害のうち、地震、津波、火山活動を引き起こす原因は、簡潔に言うならば、静岡県内および周辺に大陸プレートと海洋プレートの境界が位置することにある。大陸プレートは、静岡市周辺の東西で異なるプレートに属するのか否かは議論が続いているが、海洋プレートであるフィリピン海プレートが大陸プレートの下に沈み込む、もしくは衝突していることには異論はない。一方、海洋プレートである太平洋プレートはフィリピン海プレートの下に沈み込んでいる。そのため、フィリピン海プレートの東縁に火山島が形成されている。

　その一つである伊豆半島が本州に衝突しており、活断層が多数形成されている。伊豆半島の東西に関しては、西側は駿河トラフ・南海トラフで、東側は相模トラフで、それぞれフィリピン海プレートが大陸プレートの下に沈み込んでいる。マグニチュード8クラスの巨大地震が西側では約100～150 年間隔で発生し、東側では約200～400年間隔で発生し、それらによる大津波が静岡県沿岸に襲来している。したがって、静岡県の大規模自然災害とその防災について検討する際には、地震、津波、火山活動への理解と履歴を知る必要がある。そこで、第II部では静岡県の地震・津波に関して概説し、火山については第III部で概説する。

　第II部の第1章では、静岡県の地質について扱い、前半で静岡県の地質の成り立ちを支配した大陸・海洋プレートの相互作用とその原理であるプレートテクトニクスについて概説する。そして後半で、静岡県の地質の形成史を解説する。

　第2章では、静岡県における海溝型地震、特に1978年の大規模地震対策特別措置法の公布以来、静岡県民の重要な関心事となっている駿河トラフ・南海トラフにおける地震活動について概説する。第3章では、海溝型地震以外の静岡県内の地殻変動・地震について紹介する。第4章では、伊豆弧衝突帯に分布する富士川河口断層帯などの活断層について解説する。そして、第5章では、過去4000年間の静岡県における南海トラフ巨大地震・津波の履歴に関する最新情報を紹介する。

　第II部の執筆は主に静岡大学理学部地球科学教室の現職・前職の教員が担当し、それらの内容の一部は同教室の教員と学生による長年の研究・教育活動によって得られた研究成果に基づくものであることを付記する。

第 1 章

静岡県の地質
Geology of Shizuoka Prefecture

北村晃寿 （古生物学）・小山真人 （地質学）

はじめに

　「地質」とは、土壌より下にある岩石や地層の種類・性状などを示す。地震の揺れや液状化の起きやすさ、地震・降雨による地すべりや土石流の発生頻度や規模などに地質は決定的な影響を与えるので、静岡県の防災・減災対策には地質の知識が必須である。岩石や地層を種類・時代などで区分し、それらの地理分布を示したものが地質図である。わが国の地質図は、国立研究開発法人の産業技術総合研究所の地質調査総合センターによって「20万分の1日本シームレス地質図」が編纂され、インターネットで公開されており（https://gbank.gsj.jp/seamless/v2.html）、各区分の地質情報を調べられる。つまり、このサービスから県内の地質の各論を知ることができる。そこで、本章では総論的観点から静岡県の地質を説明する。こうしたスタイルでは、階層構造の上位から説明するのが一般的なので、地球の成層構造、**プレートテクトニクス**、**沈み込み帯**、**衝突帯**、静岡県の地質の形成史の順に基本知識を紹介する。

地球の成層構造

　地球は、構成物質を基に、空気からなる大気圏、海洋を主とする水圏、氷河や海氷からなる雪氷圏、岩石などの固体からなる岩石圏、生物が活動する生物圏などに区分できる。岩石圏は地球のほとんどを占め、外側より、**地殻**、

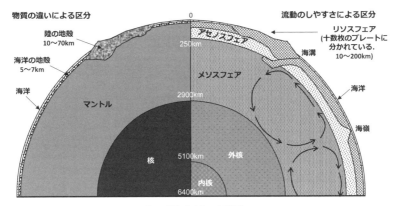

【図1】地球内部の層構造

マントル、**核**に分けられる（図1）。

　地殻は、**海洋地殻**と**陸の地殻**に分けられる。海洋地殻は、主に**海嶺**で、地球内部から湧き出した高温のマグマが冷えて形成され、厚さは5〜7kmである。海洋地殻は**海溝**で地球内部に沈み込むので（図1）、現在の海洋地殻のほとんどは2億年前より後にできたものである[1]。海洋地殻は玄武岩や斑レイ岩という黒っぽい火成岩からできており、富士山の溶岩が冷えてできた火山岩も主に玄武岩である。陸の地殻は厚さ10〜70kmで、上部は主に花こう岩という白っぽい深成岩からなる。陸の地殻は多様な過程で形成されたもので、最古の岩石の年代値は約40億年前である。

　マントルは、「地表から深さ約2900km」から地殻までの部分である。固体だが、長期にわたり力がかかると、ゆっくり変形し流動する。同様の性質を持つ身近なものに千歳飴がある。マントルの流動性は深さによって異なり、最上部は温度が低いので流動しにくく、その下は流動しやすい状態になっており、さらに下では流動しにくくなっている。地殻とマントル最上部の固い部分を合わせて**リソスフェア**という（図1）。一方、その直下の流動しやすい部分を**アセノスフェア**という。リソスフェアは10数枚のプレートに分かれており、海洋地殻を載せる**海洋プレート**と、陸の地殻を載せる**大陸プレート**がある。これらのプレートの移動方向はそれぞれ異なり、速度は年間数cmである。「地殻＝プレート」ではないことに注意する必要がある。

　核は地表から約2900kmより深部を占め、主に鉄とニッケルからできている。地球は約46億年前に、小天体が衝突を繰り返して形成された。衝突で

生じた熱で、下部マントルまで溶けた状態（マグマオーシャンという）になり、金属鉄に富む成分が地球中心部に沈み、核が形成された。核は外核と深部の内核に分かれる。外核は液体状態で対流が起きており、そのため地球が1つの磁石となり、磁場が生み出されている。それどころか、地質学的時間スケールでは対流の変化で、磁場の向きが180°変わることもある。現在は北極の近くに磁北極があり、ここで磁石のN極の針は真下を向くので、地磁気のS極に相当する。ところが、約77万年前から約258万年前までのほとんどの期間は北極の近くにN極があった。地球磁場の振る舞いはダイナモ理論によって説明されているが、まだ十分には分かっていない。

プレートテクトニクス

　静岡県の伊豆半島は**フィリピン海プレート**北端に位置し、相模トラフと駿河トラフでフィリピン海プレートが本州側のプレートに沈み込んでいる（図

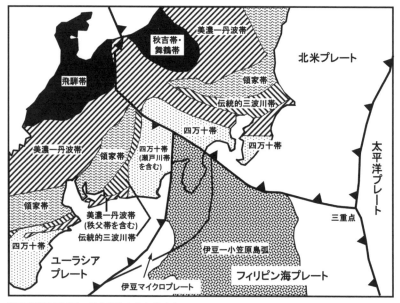

【図2】静岡県周辺の地体構造と主な構成岩石
領家帯：花こう岩とその接触変成作用を被った岩石　三波川帯：泥質・砂質・緑色片岩
美濃一丹波帯：層状チャート　四万十帯：砂岩泥岩互層　伊豆・小笠原島弧：火山岩

磯崎ほか(2010)[16]とHashimoto & Jackson (1993)[45]を基に作成

2）。本州側のプレートに関して、**糸魚川－静岡構造線**（後述）の考え方には2つある。1つは**ユーラシアプレート**と**北米プレート**のプレート境界であるという考えで、もう1つはプレート境界ではないという考えである。いずれにせよ、静岡県周辺では、本州側のプレートにフィリピン海プレートの伊豆半島の部分が衝突し、その両側（駿河・南海トラフと相模トラフ）で沈み込んでいることに違いはない。このようなプレートの境界では地震活動や火山活動などの地学現象が生じており、プレートの運動論やプレート同士の相互作用によって地球表面で生じる地学現象やその産物を説明する考え方をプレートテクトニクスという。

　プレートテクトニクスの先駆的な考えの代表的提唱者はウェーゲナーで、1912年に公表した著書『大陸と海洋の起源』で、大西洋を挟むアフリカ大陸西岸と南米大陸東岸の海岸線が噛み合うことや古生物や現世生物の共通性から、これらはもともと接続しており、分裂・移動して現在に至ったという大陸移動説を提唱した。しかし、大陸移動の駆動力を説明できなかったので、この説は受け入れられなかった。

　しかし、1950年代になると大陸移動が「大陸の岩石の**古地磁気**測定から復元された見かけの極移動曲線」[2]によって裏付けられ、さらに1961〜62年にディーツとヘスが地球深部の物質が中央海嶺で上昇し、海洋底の両側に広がり、大陸縁の海溝の中に沈んでいくとする**海洋底拡大説**を提唱した。このアイデアのもとは、大西洋中央海嶺の存在とその中軸に谷があることや地震が起きていること、さらに現在の海洋には約1億3500万年前より古い海底堆積物が見つかっていないことである。また、この説の重要な点は一種の対流運動を提案したことでもある。海洋底拡大説はその後、「海洋底の**磁気異常縞模様の発見**」[3-5]によって裏付けられ、1968年頃にはプレートテクトニクスの概念がほぼ完成した。この過程で重要な役割を果たしたものが「見かけの極移動曲線」と「海洋底の地磁気異常縞模様」であり、これらは過去の地球磁場（古地磁気）の記録から得られたもので、伊豆半島の北上の証拠にもなっているので[6]、ここで簡単に説明しておく。

　地球磁場の情報は火山岩や堆積岩に含まれた強磁性体に記録されている。強磁性体は磁鉄鉱や赤鉄鉱などの強磁性鉱物で、理科実験などに使われる砂鉄は主に磁鉄鉱の砂サイズの粒子である。火山岩では、強磁性鉱物が磁場中で高温状態から冷え、キュリー温度を通過した時に磁気を獲得する。一方、堆積物では強磁性鉱物が地磁気方向に向いた状態で力学的に固着・残留して

磁気を獲得する。堆積物中の強磁性鉱物は岩石から供給されたものと走磁性細菌が作ったものがある。

　火山岩や堆積岩の残留磁気の方向を測定して、その**偏角**と**伏角**を算出する。偏角は「地図の北（最北端は北極点）」からの東西へのずれの角度で、伏角は水平面からのずれの角度である。偏角からは磁気獲得後の回転角についての情報が得られ、伏角からは磁気獲得時の緯度の情報が得られる。地球磁場の伏角は赤道から磁北極に向かうにつれて0°〜90°に変化し、磁南極に向かうにつれて0°〜−90°に変化する。磁北極と磁南極が180度入れ替わる、つまり地球磁場の極性が逆になることが**地磁気の逆転**である。現在と同じ極性の時期を正磁極期、現在と逆の磁極の時期を逆磁極期といい、地磁気の逆転の時代変化をバーコードのような黒（正磁極期）と白（逆磁極期）の帯で示す[7]。

　海嶺では、マグマが岩石になる過程で磁気が獲得される。正磁極期の海洋プレートの部分では岩石の磁場が地球磁場に足し合わさるため標準値より強くなる（正の異常という）。一方、逆磁極期の海洋プレートの部分では、反対のことが起きる（負の異常という）。地磁気を測定した結果、地磁気の異常のパターンが海嶺と平行かつ左右対称な縞模様になっていることが発見されたのである。これは、海洋プレートが海嶺で形成され、両側にベルトコンベアーのように運ばれていくことの証拠である。さらに、深海掘削船で海洋地殻の玄武岩の直上の堆積物を採取し、微化石を調べた結果、海嶺から遠ざかるほど玄武岩の直上の堆積物の年代が古くなることが判明したことからも海洋底拡大説は裏付けられたのである。

　一方、大陸の岩石の古地磁気測定から得られた「見かけの極移動曲線」は、その大陸に対する磁極の位置が移動してきたこと、しかも別の大陸では異なる移動曲線を示し、古くなるほど曲線同士の隔たりが大きくなることが分かった。このことは、大陸がそれぞれ移動して現在の位置にやって来たことによって説明され、大陸移動を支持する。

　これらの観察データに基づく実証研究に加えて、プレート運動のモデルの研究が行われた[8-10]。それは、プレートを変形しないと仮定し、プレート運動を地球という球面上の回転として表すことができ、この回転極をオイラー極と呼び、この位置と回転の角速度の情報からプレート運動をモデル化するのだ。このモデルによって、過去や未来の大陸の位置も復元・予測できるのである。これらの研究などによって、プレートテクトニクスの枠組みが作られ、プレート境界にはプレートが生産される**発散境界**、プレートが沈み込む

収束境界、そしてプレートがすれ違う**トランスフォーム断層**[11]に区分され、それぞれの地学的特徴が整理された[12-14]。プレートテクトニクスの概念は日本にも導入され、日本列島周辺の海溝型地震や火山活動の原因が合理的に説明されている（本書の関連箇所は第Ⅱ部第2章、第Ⅲ部第1、2章）。例えば、杉村[15]は1972年に公表した「日本付近におけるプレートの境界」において、前記の糸魚川―静岡構造線の2つの考えのうちの後者（41ページ）が提示されている。さらに、日本列島や中国の周辺の地体構造の研究によって、日本列島の起源は、約7億年前の超大陸ロディニア分裂時に始まり、約5億年前（カンブリア紀）以降は海洋プレート沈み込みが支配する場所として成長したと考えられている[16]。

　静岡県の地質は、ユーラシアプレートに属する**付加体**（後述）とフィリピン海プレートに属する伊豆半島ブロック（地塊とも言う）に区分でき、ともに**プレート収束境界**で起きた地学現象の産物であり、前者は沈み込み帯で後者は衝突帯である。それぞれの地学現象について説明する。

沈み込み帯

　付加体は、海洋プレートの沈み込みによってプレート収束域で形成される地質体である[17]（図3）。この地質体は付加される前には、上方に向かって、玄武岩、チャート、珪質泥岩、砂岩・泥岩互層の順に重なる層序（**海洋プレー**

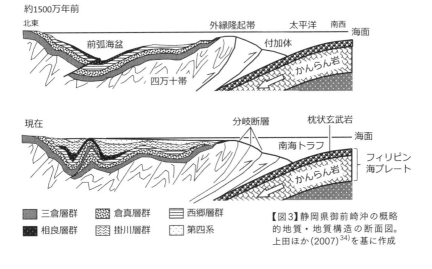

【図3】静岡県御前崎沖の概略的地質・地質構造の断面図。上田ほか(2007)[34]を基に作成

ト層序）をつくっている。その形成は、海洋プレートの生成から収束域までの移動に伴う堆積環境の変化による。海嶺でマグマが冷却して玄武岩が形成され、海嶺から離れる海洋プレートは沈降する。その沈降速度は時とともに対数的に減少する。海嶺は陸から離れており、陸源物質はほとんど運ばれてこないので、海底へもたらされる堆積物は海洋生物の遺骸で、放散虫という海中に生息する原生生物の殻と海底に生息する海綿動物の骨針である。両方とも二酸化珪素（珪素と酸素が結び付いた鉱物）からなり、深海でも容易に溶解しない。海洋表層には炭酸カルシウムの殻を作る植物プランクトンや原生生物も生息するが、炭酸カルシウムは水深が深いほど溶解しやすいので、海嶺の深さが浅い場所を除けば深海堆積物に炭酸カルシウムは含まれない。なお、現在の海洋表層には珪藻という二酸化珪素の殻を作る植物プランクトンが生息し、一次生産量のうち、全地球では約20%、全海洋では約45%は珪藻の寄与によると見積もられている[18]。珪藻の最古の化石は約1億9千万年前のジュラ紀のものとされているが、現在ほどには繁栄していなくて、白亜紀（約1億4550万年前から6600万年前）以降に増加した。そのため、それ以前のチャートからは珪藻化石は報告されていない。

　プレートが陸に近づくと徐々に陸源の細粒粒子が増え、放散虫殻と混合し、珪質泥質物となる。さらに、陸に近づくと多量の陸源砕屑物が供給され、砂層の頻度が増加する。こうして海洋プレート層序がつくられるのである。

　ところで、海嶺から離れた海洋プレートでも火成活動が起きる。例えば、ハワイ島は、プレートよりも深い場所で溶けたマグマが上昇して、火山島を作っている。このような場所では島の周囲に礁性の石灰岩が堆積し、プレート収束域まで運ばれる。海洋プレートは移動しながら沈降し、火山島はついには水没し海山となる。

　これらの堆積物は沈み込み帯に運ばれてくるのだが、堆積物が付加する沈み込み帯と侵食される沈み込み帯に分かれる。前者を付加型沈み込み帯、後者を侵食型沈み込み帯という。世界の沈み込み帯の全長は約4万kmあり、付加型沈み込み帯は約40%で、静岡県西部沖の南海トラフはその代表例である。海溝に溜まった堆積物が陸側プレートの先端部あるいは深部で陸側プレートに付加することを**付加作用**という。先端部の付加作用は、水平な圧縮力によって剥ぎ取られた堆積物が下から付加し（剥ぎ取り付加）、結果的に陸側に傾いた逆断層を境に、堆積物が陸から海に向かって新しくなる。つまり、海側に向かって成長していくのだ。沈み込み帯では海山は断層破壊を受

け、その結果、石灰岩が分断・変形し、より新しい時代の堆積物に混在し、付加体の一部となる[19]。

陸側プレートの深部では、一部の堆積物が大陸プレートとの摩擦で海洋プレートから離れ、大陸プレートの下に「底付け」される。これを底付け付加といい、プレート境界断層の屈曲に伴って起こると考えられており、その地質体は非常に変形している。静岡県に分布する付加体の1つである**四万十帯**（後述）では、剥ぎ取り付加された地質体と底付け付加された地質体がサンドイッチ状に交互に分布している[20]。

侵食型沈み込み帯は、世界の沈み込み帯の全長の57％を占め、ここではプレート境界上盤側が削られ、削られた物質が沈み込むプレートとともに地球深部に持ち込まれていく。代表的な地域は東北地方沖の**日本海溝**である。沈み込み帯が付加型か侵食型かを決定する最も重要な要因はプレートの沈み込み速度で、速度が遅いほど海溝の堆積物の厚さが増し、付加型になりやすい傾向にある。海溝の堆積物の厚さが500mを超えると付加体が形成され始める[21]。一般的に、プレートの沈み込み速度は、海溝に到達しているプレートの年齢に関係しており、古いプレートほどより冷たく、海溝の水深はより深く、沈み込み速度はより速くなる。**西南日本沖の南海トラフ**は、水深が約4000m、3000万～1500万年前のプレートが、年間3～4cmの速さで沈み込んでいる。一方、東北地方沖の日本海溝は、水深が6500～8000m、1億500万～8500万年前のプレートが、年間約10cmの速さで沈み込んでいる。

日本列島の基盤岩は利根川に沿った**利根川構造線**によって西南日本と**東北日本**に分けられると考えられている[22]。中生代以降の西南日本ではジュラ紀、後期白亜紀、始新世～中新世に付加体が形成された一方、三畳紀、前期白亜紀、暁新世の付加体は見られないか、あるいは小規模かつ局所的分布である。このことから、西南日本では沈み込み帯が付加型の時期と侵食型の時期が繰り返していたと考えられている[23]。

付加体には、プレート境界から分岐した大規模な断層（**分岐断層**）が複数あり、それらが海底面に達する場所には高まりができており、**外縁隆起帯**という（図3）。高まりは不連続な場合もあり、駿河湾の**石花海**（せのうみ）も孤立した外縁隆起帯である。外縁隆起帯の陸側は窪みになっており、**前弧海盆**といい、陸源砕屑物（レキ、砂、泥）が堆積している。レキや砂は、陸からかなりの距離を乱泥流で運ばれてくる。**乱泥流**は重力によって、海底面を這うように深い方へ堆積物を数千kmも運搬する。これほどの長距離でも砂、泥が沈降し

ないのは、乱流が浮かばせているからである。乱泥流の発生のきっかけは洪水、地震による**海底地すべり**、津波の戻り流などがある。

衝突帯

　大陸プレート同士が衝突する場合、密度が等しく沈み込めないため、境界は強い圧縮を受けて変形し、山脈が形成される。インド大陸をのせたインドーオーストラリアプレートは北に移動し、約5000万年前にユーラシアプレートに衝突し、4000万～3500万年前に南部～中部チベットが隆起し、2500万～2000万年前に北部チベットが隆起し、1500万～1000万年前に北東部～東部チベットが隆起した[24]。インド大陸が沈み込めないため、インドーオーストラリアプレートはインドとスマトラ島沖で数百万年前から分裂し始め、西側の部分はユーラシアプレートに衝突して止まったが、東側部分はスマトラ島の下に沈み込み続けていると考えられている[25]。

　沈み込み帯の状態は海洋プレートの性状に強い影響を受ける。太平洋プレートは約1億8000万年前に南太平洋のプレート三重点から発生したと考えられており、西に**イザナギ（クラ）プレート**、東に**ファラロンプレート**、南に**フェニックスプレート**を配置する3つの海嶺群に囲まれた三角形のプレートであった[26]。イザナギプレートと太平洋プレートの発散境界の海嶺はユーラシア大陸に向かって西進し、約7000万～6500万年にユーラシア大陸東縁の沈み込み帯でほぼ一斉に沈み込み始め、すべてマントル中に沈み込んだと考えられている[27]（図4）。その後、約5200万年前に太平洋プレートが**伊豆・小笠原・マリアナ海溝**で沈み込み始めたため、その西側がフィリピン海プレートになった。フィリピン海プレート東縁では、沈み込みによって、海溝と平行した帯状の地域（**火山フロント**という）で火山活動が起き、プロト**伊豆・小笠原・マリアナ弧**が形成された。そして、約2500万年前にプロト伊豆・小笠原・マリアナ弧が南北方向に割れ、東西に離れていき、その間に四国海盆が形成された[28]。その後、フィリピン海プレートは継続的に拡大しながら、北進し、約300万年前以降は現在の北西向きの移動方向になった[29]。約3000万年前に日本海が拡大を開始し1500万年前に拡大を終了した[30]。これらの現象に伴う地殻変動で、日本列島は側方圧縮（逆断層が形成）される状態と引き延ばされる（正断層が形成）状態が繰り返して、基盤岩の構造を非常に複雑なものにした。現在の静岡県やその周辺は圧縮状態にある。

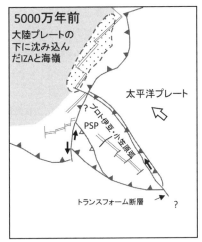

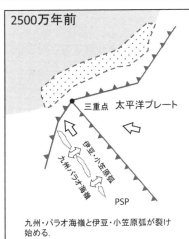

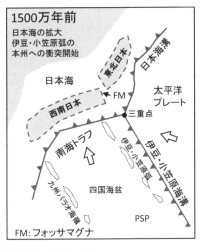

【図4】6000万年前以降の日本周辺における構造発達史。瀬野・丸山 (1985)[28]とLallemand (2016)[27]を基に作成。矢印は移動方向を示す

静岡県の地質の形成史

　これまで紹介した総論をもとに、静岡県の地質の形成史を説明する。

　磯崎ほか[31]の区分では、富士川付近から西の静岡県の地質は主に**変成岩**と付加体堆積物からなり、北側から**領家帯、三波川帯、美濃−丹波帯**（秩父帯を含む）、**四万十帯**（瀬戸川帯を含む）に区分される（図2）。領家帯と三波川

帯は変成岩からなる。変成岩は、元々の岩石が形成された時の温度や圧力とは異なる温度や圧力に長い間さらされることによって、岩石を構成していた鉱物が新たな鉱物に変わった岩石である。領家帯は白亜紀に貫入した花コウ岩によって高温低圧型（接触）変成作用を被った領域である。三波川帯は低温高圧型変成作用を被った領域で、白亜紀の付加体が白亜紀に変成してできた。領家帯と三波川帯の境界は**中央構造線**である。

　美濃－丹波帯と四万十帯はそれぞれペルム紀からジュラ紀の付加体堆積物、白亜紀から新第三紀の付加体堆積物である[32,33]。これらの付加体は、かつて海洋プレート層序を構成していたと見られる堆積物から成り、チャートは赤石山地や浜名湖の舘山寺の湖岸に見られる。また、浜松市北区の**竜ヶ岩洞**は石灰岩にできた鍾乳洞で、この石灰岩はかつての海山が分断・剥離したものである。美濃－丹波帯と四万十帯は付加作用時に地層が激しく変形し、割れ目が発達して、地層が高角度になっている。そのため、土砂災害を起こしやすい地盤で、代表例は安倍川源流の**大谷崩**である（詳しくは第Ⅳ部第3章）。

　静岡県の御前崎市、掛川市、袋井市の周辺には、四万十帯を覆う砂岩泥岩互層を主体とした地層が分布する。その年代は約4000万～100万年前までで、地層の厚さは7000mに達する。この地層は前弧海盆の堆積物である（図3）[34]。

　一方、駿河トラフの西側の石花海や**有度丘陵**は外縁隆起帯である。石花海は約90万～40万年前の堆積物からできている。その北西縁斜面には幅約3km、長さ約5kmの凹地があり、海底地すべりの跡と考えられており[35]、地すべりが発生した時には津波が起きたと考えられる。有度丘陵は約20～10万年前に安倍川沖に溜まった泥や礫が、その後、急速に隆起し、300m以上隆起した[36]。そのため、軟弱な地層なので、南側の急斜面は土砂崩れの起きやすい場所である。

　伊豆半島はフィリピン海プレートの北端にあり、伊豆・小笠原・マリアナ弧の一部であり、現在でも火山活動が起きている（詳しくは第Ⅲ部）。フィリピン海プレートの北進に伴い（古地磁気記録から復元）、約1700万～1500万年前以降、いくつかの巨大ブロック（巨摩、御坂、丹沢、伊豆）が本州に次々に衝突した[37-39]。この現象を踏まえ、**伊豆半島ジオパーク**の地質の国際的価値として「プレートの沈み込みにより、活発な火山活動を続ける2つの火山弧（本州弧と伊豆・小笠原弧）が衝突し、衝突に伴う事象が現在進行形で生じている地球上唯一の地点が伊豆半島」が提示されたのである。

　衝突の結果、西南日本の地体構造を特徴付ける帯状配列が赤石山地と関東

山地で回転し「対曲（屈曲）」とよばれる構造が発達し、形成されたと考えられている[40,41]。丹沢ブロックが本州弧に付加した直後の約250万年前に、ブロックの南でプレート境界が生じた。その境界域の活断層が**神縄断層**と**国府津－松田断層**である。一方、神縄断層の西側は**富士川河口断層帯**を経て駿河トラフに接続すると考えられている。これらの地域でフィリピン海プレートが沈み込み、約200万年前から伊豆半島は本州に衝突し始め、60万年前までには現在見られる伊豆半島の原形が出来上がった[15,42,43]。また、赤石山地の隆起開始時期は約330～200万年前で、本格的な隆起は約140万～100万年前に開始したと推定されているので[44]、赤石山地の隆起は伊豆半島の衝突による変形と考えられている。

　現在の伊豆半島は、フィリピン海プレートにもユーラシアプレートにも属さない状態であり、**伊豆マイクロプレート**といわれ（図2）[45]、東側境界は、伊豆半島と伊豆大島の間を通り、神津島の南側で南西に向かうと考えられている。この境界の南には**銭洲海嶺**という高まりがあり、その海嶺の西部の南方に北傾斜の断層がある。将来は、この断層が新しいプレート境界になり沈み込みが始まるとされている[46]。

　静岡県の地質で広く知られている大断層の中央構造線と糸魚川－静岡構造線（糸静構造線）、糸静構造線の東側にある地溝帯の**フォッサマグナ**（厚い新第三系の地域）と箱根火山について最後に紹介する。中央構造線については横ずれ断層と「低角で大陸側に傾斜する断層」という考えがあり、議論されている[28]。糸静構造線とフォッサマグナは、諏訪湖周辺を境に南部と北部に区分される。南部はフィリピン海プレートの北進に伴い、本州に衝突したブロックや関東山地からの堆積物が厚く溜まった範囲で、糸静構造線はその西縁断層である。一方、北部は下部の火山岩から上部の海成層へ至る一連の層序を示し、**リフト帯**（地殻に引き延ばす力が働いてできた凹地）を埋めた堆積物で、糸静構造線は東に傾斜したリフト縁の正断層である[47]。なお、静岡県内の中央構造線と糸静構造線は活断層ではない。

　箱根火山は静岡県と神奈川県境にあり、同地では約75万年前には火山活動が起きており、約24万年前までは主として複数の成層火山からなる火山群が形成された[48]。24万～13万年前には箱根火山群の中央部で**カルデラ**形成を伴う火山活動が起きた[48]。13万～8万年前はカルデラの中で火山活動が続き、8万～3.7万年前に2回目のカルデラ形成が行われた。その後、中央火口丘群が形成され、現在に至る[48]。なお、富士山、伊豆東部火山群について

は第III部で扱う。

　上記をまとめると、静岡県の地質の主な構成物は、付加体・前弧海盆の堆積物（静岡県中西部）、伊豆・小笠原弧の火山性ブロック（静岡県東部）である。それらは、日本海形成や伊豆・小笠原弧の衝突などによる地殻変動で変形し、急峻な山岳地帯を形成した。また、静岡県東部は太平洋プレートの沈み込みで富士山や伊豆東部火山群が活動している。その結果、富士箱根伊豆国立公園、南アルプス国立公園、ユネスコ世界ジオパーク伊豆半島ジオパークに示される豊かな自然がある一方、地震、火山、地すべり、洪水などの自然災害の起きやすい地域でもある。その中でも、狩野川下流、清水区の巴川流域、焼津市の瀬戸川以北の低地、菊川下流、太田川低地などは、未固結堆積物からなる軟弱地盤である（222ページ参照）。例えば、焼津市の瀬戸川以北の低地では未固結な砂泥層が厚さ40m以上に及ぶ（図5）。これらの低地は、地震動によって液状化しやすく、津波や高潮や洪水の被害も受けやすい地域だが、人工密集地帯なので、災害対策が重要となる。

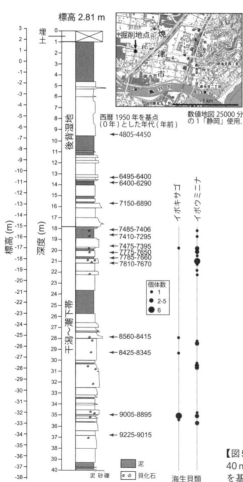

【図5】焼津市の瀬戸川以北の低地の深さ40mまでの堆積層。北村ほか（2016）[49]を基に作成

第2章

静岡県における海溝型地震の最新の地震学的知見

Mega-thrust earthquake beneath Shizuoka Prefecture
–perspective from the modern seismology–

生田領野 （地震学・測地学）

はじめに

1976年、東京大学地震研究所の助手であった石橋克彦氏により東海地震説（当時は「駿河湾地震説」）が発表された。これをきっかけにして1978年、大規模地震災害特別措置法が成立し、静岡県の地震防災施策が強く推進されてきたことは第Ⅳ部第1章で触れられている。筆者の周りの静岡県民と話をすると、「40年間『東海地震』と言われ脅され続けてきたが、一向に起こらない。実際起きないのではないか？」などと言われることがある。さすがに大多数がそう思っているわけではないだろう。残念ながら、東海地震（南海トラフ巨大地震）が起きないというのはあまりに楽観的な考えだと言わざるを得ない。なぜならば、いくつかの地球科学的観測がその根拠を示している。この章では、「東海地震（最近はそう呼ばれないが）」と言われ始めてから40年余りの間に分かってきた、プレート境界型地震の比較的新しい知見を紹介しながら、南海トラフ巨大地震を概観する。

プレート境界の多様な性質

次章「静岡県の地殻変動と地震」にあるように、国土地理院のGNSS観測網の動きから、静岡県の北西部を固定すると御前崎の辺りは年間2cm程度の速度で西北西に動いている。つまり県中部から西部は、100kmの範囲が毎年

2cmずつ、西北西－東南東の方向に縮んでいる。この縮みは伊豆半島を載せたフィリピン海プレートが西南日本を載せたアムールプレートの下に沈み込む際の、プレート境界の固着を反映している。プレート境界が前回この場所をすべらせた1854年の安政東海地震から165年間、フィリピン海プレートが同じように沈み込み続けているとすれば、これまでの間に3m以上も縮んでいる計算になる。地震の規模は断層（プレート境界）のすべる量でおおよそ決まるが、仮に今日、プレート境界地震が生じ、165年間でためた歪みをすべてプレート境界のすべりで解放したとすれば、この時点ですでにマグニチュード8の地震に相当するすべりを生じることになる（図1）。マグニチュード8というと、まさに想定されている東海地震クラスの巨大地震であり、駿河湾全体を震源域とするような規模である。

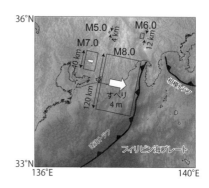

【図1】地震の規模（マグニチュード）と、断層（プレート境界ですべる範囲）の大きさ、断層面上での平均すべり量のおおよその関係。マグニチュードが1大きくなると、断層の面積は10倍（長さは3倍）程度、すべり量も3倍程度大きくなる。駿河湾全体を震源域とするような地震がマグニチュード8に相当する

　このように、静岡県下のプレート境界が来るべき巨大地震を準備している様子は現在、誰にでも分かる形で見て取れる。では来る巨大地震において、プレート境界のどの場所から強い揺れ（地震波）が生じ、どのように地表を揺らすのだろうか。この答えは一言で言えば、「よく分からない」。図2は東北地方太平洋沖地震と兵庫県南部地震の際にそれぞれ記録された地震波から計算された**速度応答スペクトル**である[1]。応答とは建造物の応答のことである。建造物は、その硬さと質量に応じて固有の振動周期（固有周期）を持っており、その周期の地震動が作用すると大きく揺すられてしまう。応答スペクト

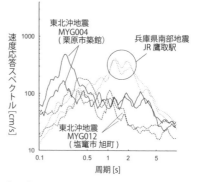

【図2】東北地方太平洋沖地震と兵庫県南部地震における速度応答スペクトル[1]。Goto and Morikawa (2012)[1]を改変

ルとは、記録された地震波が様々な固有周期の構造物に作用した際の応答（構造物の揺れ）の最大値である。両者を比べると、兵庫県南部地震の方で比較的長く、1ないし2秒程度の周期の応答が卓越しているのが見て取れる。これは特に木造家屋の固有周期に相当し、この地震波が木造家屋にダメージを与えやすいことを意味している。阪神淡路大震災ではこの揺れのために家屋の倒壊などに伴う「圧死・窒息」が直接約5,500人の死因の3/4を占めた[2]のに対し、東日本大震災では、震度6弱以上の**強震域**は阪神淡路の数十倍にも及んだにも関わらず、直接死の約1万6千人の犠牲者（行方不明者除く）のうち、家屋などとの倒壊が原因と判明している死者は700人を超えない[3,4]。揺れ方の違いには第一に地表周辺の地盤が大きく影響することはよく知られているが、東北地方太平洋沖地震では、そもそも震源域から放射された地震波自体が1秒程度の周期の震動を多く含んでいなかったようである。また強い（加速度の大きな）揺れは、主に震源域のプレート境界の比較的深い方で発生したとされる[5]。このように、地震によって震源域で強い地震波が放射される場所と、放射される波の性質には特徴がある。放射される波の性質は震源域のプレート境界の摩擦的特性（面の凸凹具合や構成岩石の分布など）によるものと思われる。では、次に発生する南海トラフの巨大地震では一体とのような周期の震動が卓越するのか？　プレート境界のとの部分が強い地震波を放出するのか？　地震が発生する前にこれらの疑問に答えることは、残念ながら現在の地震学では困難である。

　プレート境界の不均一性について、様々な沈み込み帯で発生した地震の波を解析すると、一つの震源域の中でも特に大きくすべる場所とそうでない場所があることが分かっている。1980年代以降、この大きくすべる場所は**アスペリティ**と呼ばれてきた[6]。それぞれの震源域でアスペリティの存在する場所はあらかじめ決まっているようであり、またアスペリティのサイズ分布には、海溝ごとに特徴的な傾向が見られることも報告されている。例えば1960年マグニチュード9.6の地震を起こしたチリ海溝南部やM8クラスの地震を繰り返し起こしている南海トラフでは、全体がべったりと固着しているような大きなアスペリティだけが存在し、比較的小さなアスペリティが存在しない。それに比べて古く重いプレートが沈み込むマリアナ海溝では、比較的小さなアスペリティだけが存在し、巨大な地震が生じない、といった具合である。アスペリティの位置や形状、大きさなどは、第一義的には沈み込むプレートの性質（重い・軽い・硬い・軟らかい）やその上面の凸凹などに支

配されているため、私たちの一生程度の時間の経過や地震の発生によって無くなるようなことはない。ほとんど有感にならないような規模の小さな地震、例えばマグニチュード3程度の地震を起こすアスペリティでさえ、その大きさは数百mもある。1年に10cmの比較的速く沈み込むプレート境界でも、このアスペリティが現在の場所からずれるのに千年ほどもかかる計算である。ましてやマグニチュード8程度ならばその大きさは数十kmにも及ぶため、数十万年から百万年単位で安定して存在し続けることになる。過去に特定の大きさの地震を起こした震源域は、プレートの運動自体が変化しない限りは将来にわたってやはり同じような地震を起こし続けるのである。

　このアスペリティが不変という概念は日本における地震防災にも応用されている。政府の地震調査研究推進本部は、個々のアスペリティが固有の時間間隔、規模の地震を繰り返すとする「**固有地震モデル**」という仮定を採用し、過去に発生したプレート境界地震の履歴をもとに将来の地震発生の長期評価を行っている[7]。アスペリティの摩擦的性質が不変であるかどうか（急に地震を起こさなくなるようなことがあるか）について議論がないわけではないが、周期的に起こっていたプレート境界地震が起こらなくなったといった例は報告されていない。ただしこのモデルの一つの難点は、巨大な地震になるほどその再来周期が長くなり、前回の地震がよく調べられない点である。アスペリティの分布ところか地震の証拠さえ見つかっていない場合もある。2011年の東北地方太平洋沖地震の規模について、我々地震研究者の多くが「想定外」と驚きをもって捉えたが、それはこの場所で起こった過去の超巨大地震の履歴がよく理解されていなかったためにほかならない。

　さて、南海トラフは世界の沈み込み帯の中でも、巨大地震の発生の履歴がとりわけよく調べられている場所である。古くから文字記録が残されていることもあるが、津波堆積物調査や、遺跡の調査による地震考古学の活躍も大きい[8]。ただし、近代的な地震観測が行われるようになってからこの場所で発生した巨大プレート境界地震は、かろうじて1944年、1946年の東南海、南海地震のみである。さらに、おそらく常に同じアスペリティが同じようにすべっているわけではないことは、直近の宝永地震から3回の地震の規模のばらつきや、地震、津波被害の分布を見ても明らかである[9]。このため将来の巨大地震のアスペリティの分布や強震動について、過去の地震から予測できることは少ない。しかし南海トラフのプレート境界のどの場所がどれくらい引きずり込まれているのか、プレート境界の「固着」の分布は、地殻活動

の観測システムの発展に伴い、この20年の間で少しずつ分かってきた。

南海トラフのプレート境界の固着分布

1990年代になって世界中でGNSSによる測地観測網が整備され始め、地表の三次元の動きが観察できるようになった。それまでも繰り返しの三角測量や水準測量、潮位観測等を用いて地表の変形を捉えることはできたが、GNSSは変動の時間分解能を飛躍的に向上させた。GNSSを用いた国土地理院の観測網GEONETでは、地表に設置されたアンテナの水平方向の位置を、1mm程度の精度なら数日の時間分解能で計測することができる[10]。高度2万から4万km[†1]という上空からの電磁波で、地表のアンテナの位置を1mmの精度で決定できるというのはちょっと驚きである。GEONETのアンテナである**電子基準点**は現在日本全体で約1,300ヵ所、20km程度の間隔で展開されている。このアンテナの座標値の日々の変化から、地表に変動をもたらすプレート境界の固着の分布が推定できる。

ただしこの方法にも問題はある。巨大地震の震源域の大部分は海底下のプレート境界である。GNSS測位に用いる電磁波は水中では減衰してしまうため、海底下の地殻変動を計測することはできないのである。そこで登場した

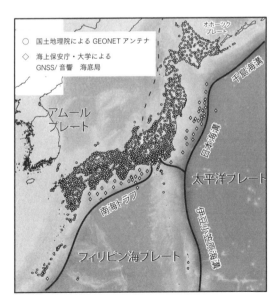

凡例:
○ 国土地理院による GEONET アンテナ
◇ 海上保安庁・大学による GNSS/音響 海底局

オホーツク
プレート
千島海溝
アムール
プレート
日本海溝
太平洋プレート
南海トラフ
伊豆・小笠原海溝
フィリピン海プレート

【図3】GEONET観測点と海底局の分布（2018年4月1日現在：地震調査研究推進本部調べ）。図中にあるアムールプレートとは、ユーラシアプレートはより小さなマイクロプレートの集合として扱うべきとする考えに基づいたマイクロプレートの一つである

注 †1）運用される衛星によって軌道高度が異なり、アメリカ合衆国が運用するGPSは約20,200km、ロシア連邦が運用するGLONASSは約19,100km、EUが運用するGalileoは約24,000km、日本の準天頂衛星みちびきは約36,000kmである

のが、1995年頃アメリカ合衆国スクリプス海洋研究所の研究者によって発案された**GNSS/音響結合方式**の海底地殻変動観測である[11]。この方法では海中で減衰してしまう電磁波の代わりに音波を、GNSS衛星の代わりに船を、地表に設置したGNSSアンテナの代わりに海底に音響装置（トランスポンダー）をそれぞれ設置する。この技術を2000年代になって東京大学、名古屋大学、東北大学などが発展させた。現在、海上保安庁が中心となって本州の太平洋沖に70カ所余りの海底観測点が設置され、観測の質、量共に世界をリードしている（図3）。南海トラフでも海上保安庁が15点余りの海底観測点を設置し、5ないし10年にわたる観測を経て海底の動きを明らかにした。図4はGNSS観測網とあわせて推定したプレート境界の固着の分布である[12]。GNSS/音響結合方式によって、陸上のGNSS観測のみによる推定に比べて海域の下のプレートの固着がよりよく分かることは疑いのないところであるが、実際に予想以上に興味深い結果が得られた。南海トラフ沿いのプレート境界の固着が非常に不均質で、さらに地震活動とよく対応している様子が見えるのである。図4をよく見てみよう。等高線は、三角測量から見積もられた1944年と1946年の東南海、南海地震で大きくすべったとされる場所、いわ

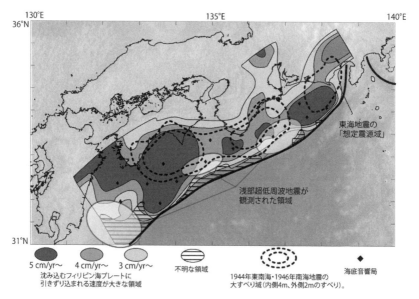

【図4】 GEONETと海上保安庁によるGNSS/音響結合方式で測定された南海トラフ沿いの海底の動きから得られた、南海トラフ下のプレート境界の固着の分布[12]。Yokota et al. (2016)[12]を改変

ゆるアスペリティである[13]。また静岡県下の点線の範囲は、2001年に政府の中央防災会議が発表した想定東海地震の震源域である。これらに対して、海上保安庁によって出されたプレート間の固着の分布では、四国沖に大きな固着、紀伊半島の南と南東沖に小さな固着、遠州灘の南沖に大きな固着が存在しているように見え、それぞれが南海地震、東南海地震の大すべり域と、東海地震の想定震源域におおむね一致しているようである。またこれらの間には固着の弱い場所が存在し、それらの場所は、**浅部超低周波地震**という、普通の地震と少し違う地震が発生する場所と一致することが見て取れる。浅部超低周波地震は2000年代になって発見された、その名の通り、同じ規模の普通の地震に比べてずっと長い周期の震動を出す地震である。普通の地震を冷えたチョコレートがパリッと割れるようなものだと表現するとしたら、超低周波地震は常温にしておいたチョコレートが、あまり音もなく割れるようなイメージである。普通の地震が起こった後など、特定の時期に集中して発生することが知られている。この震動は周期が長い上に小さく、しかも地震計の置かれている陸上から遠かったために、2000年代後半になるまで気付かれなかった[14,15]。発見以来、ゆっくりプレートの境界がすべるのを反映しているのではないか考えられていたが、この海底の地殻変動の結果から、まさしくプレートの境界が強く固着せず、ずるずるとすべっている場所であったことが明らかになったのである。

次の南海トラフ地震で、これらの今明らかになっている固着の強い部分が大きくすべるとまで言い切ることはできないが、これらの場所でアムールプレートがフィリピン海プレートに引きずり込まれ、地震を起こす準備をしていることは間違いない。

南海トラフのスロー地震

前節ではプレート境界の浅部超低周波地震が、プレート境界の固着が弱い場所に対応して発生していることを紹介した。超低周波地震は「**スロー地震（ゆっくり地震）**」の一種である。スロー地震は普通の地震に比べて断層があまり地震波を出さずにゆっくりとすべる現象全般を指す言葉である。世界で最初に発見された沈み込み帯のスロー地震は、日本で生じた1992年に三陸沖で生じた地震の余効すべりである。**余効すべり**は地震の後に同じ断層面やその延長がゆっくりとすべる現象で、それまでも知られた現象であったが、

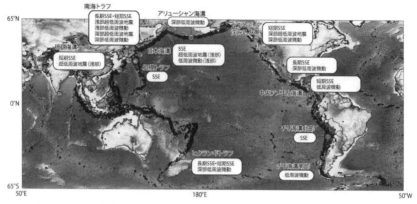

【図5】世界のスロー地震が発見された海溝。黒丸は1900年から2010年に観測されたM5.5以上の地震の震央（ISCによる）

この地震が特別だったのは、マグニチュード6.9の地震の後、断層面が数日かけて本震の実に10倍近くの量をすべったことである[16]。その後、プレート境界のスロー地震が単独で起こる現象が最初に捉えられたのはまさに南海トラフで、1997年に発生した**長期的スロースリップイベント（長期SSE）**である[17]。四国と九州の間の豊後水道の下のプレート境界が、1年弱かけて、20cm弱すべったというものであった。その後も2000年前後から、GNSSや地震計観測網の発達によって、様々なスロー地震が南海トラフをはじめ世界中で次々と発見された。図5の世界地図にスロー地震が観測されている海溝を示す。図中で帯状に震源が密集している場所が海溝である。スロー地震がある海溝とない海溝があるが、近年、これまで起こっていないと見なされていた場所でも次々に発見されており、今後、実はどこでも起こりうる現象なのだと示される日が来るかもしれない。ただし、スロー地震を起こす場所の深さ分布や、特徴的な規模、頻度などについては海溝ごとに驚くほど異なっている。

　図6は南海トラフ沿いで発生している様々なスロー地震の分布である。南海トラフでは、スロー地震の深さがはっきりとすみ分けているように見える。プレート境界の浅部と深部にそれぞれスロー地震帯があり、それらに挟まれて、固着域が存在している。深い側の帯状のスロー地震群は**深部低周波微動**と呼ばれ、プレート境界のおよそ35km〜40kmの深さに帯状に発生していることが2000年頃に発見された[18]。低周波微動自体は火山の下などで古くから知られていたが、南海トラフでは火山でない場所で見つかった。これら

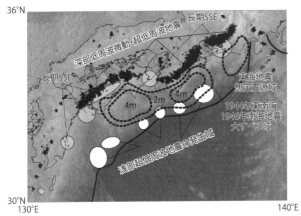

36°N

30°N
130°E   140°E

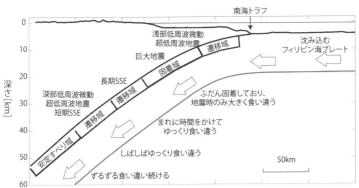

上／【図6】南海トラフの
スロー地震の分布[20]と
1944年東南海、1946年
南海地震の大すべり域
[12]。深部低周波微動の
分布は気象庁（1998年〜
2010年）、超低周波地震
の発生域、長期SSEの
断層はObara & Kato
（2016）[21]を元に作図
下／【図7】南海トラフの
スロー地震と固着域の
関係[20]。海底と陸地の
標高分布は北緯32-35°
東経137-136°付近[22]

は場所ごとにひと月から半年程度の周期で、活発、非活発な時期を繰り返し
ながら、長期的に見れば止むことなく発生し続けている。さらにその後の観
測で、微動はプレート境界のすべりである**短期SSE**や、**超低周波地震**を伴
うことが発見された[19,20]。これらのスロー地震は、浅い側でプレート境界が
固着している場所と、深い側でプレートが相互に擦れ違い続けている場所の
間の部分＝遷移域を時々ずるずるすべらせ、深部のすべりを浅部の固着側に
伝えているのである（図7）。深部のスロー地震群が継続的に発生しているこ
とは、固着域で着々と、将来すべるための準備が進んでいることを示してい
る。それだけに、固着域での巨大地震の準備状況に応じて、深部のスロー地
震群の発生の周期や規模の分布などに何らかの変化が生じることも十分考え
られ、またスロー地震が大地震発生の最後の一押しになる例もあることから[21]、
その活動には多くの研究者が大きな関心を寄せている。

第3章

静岡県の地殻変動と地震

Crustal deformation and earthquakes in Shizuoka Prefecture

三井雄太（固体地球物理学）

静岡県の地殻変動

　第Ⅱ部第1章「静岡県の地質」で述べられたように、静岡県東部の**伊豆半島**はフィリピン海プレートに属し、100万年オーダーの時間スケールで本州側に**衝突**してきたと考えられている。一方、本章では、現在の動きという観点から、静岡県の**地殻変動**をまず概観する。

　第Ⅰ部第1章「2011年3月11日東北地方太平洋沖地震の概要」と同様に、国土地理院の衛星測位システム（GNSS）観測網による地表変位データを用いる。図1に、3つの期間の水平・垂直変位速度（長野県の浪合観測点からの相対値）を示す。上から、1997〜2000年（4月）の変動、2000〜2006年（4月）の変動、2006〜2010年（4月）の変動である。以後、それぞれ期間1・期間2・期間3と呼ぶ。GNSSデータには種々のノイズが混入しているため[1]、1つの観測点が周囲と明らかに異なった動きをしていても、ノイズである可能性が高いことに注意を要する。なお期間3の後、2011年3月11日以降は、北東方向で発生した東北地方太平洋沖地震の余効変動の影響を大きく受けるため、比較対象としない。

　図1において、期間1から3を通して共通した特徴は、水平変動が全体として西向きなこと、および**駿河トラフ**の西側の御前崎周辺が垂直変動で下向き（沈降）なことである。この動きは、駿河トラフを東端とする南海トラフからフィリピン海プレートが本州下に沈み込んでいる[2]、そして伊豆半島は本州から独立してフィリピン海プレートに属する[3]、という概念と一致する。

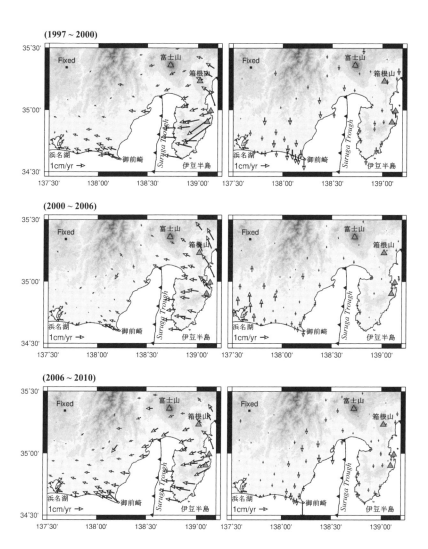

【図1】静岡県周辺の水平・垂直変位速度（固定点（fixed）からの相対値）。上から、1997～2000年、2000～2006年、2006～2010年の変動を表す。白黒コンターは陸の標高、駿河湾内の線は駿河トラフ（Suruga Trough）という海底地形の位置を表す。三角印は、活火山（富士山・箱根山・伊豆東部火山群の手石海丘および大室山）の位置を示す

なお、伊豆半島の動きは、フィリピン海プレート自体の動きとも大きく異なるため[4]、**伊豆マイクロプレート**という名前[5]の独立したブロックを考えることで周辺地域のGNSS観測データを精度よく説明できる[6]。

　次に、図1の地殻変動の空間パターンを比較すると、全体として期間1と3の地殻変動が似ており、期間2のみ異なっていたことが分かる。これは、期間2の間に静岡県近辺で3つのイベントがあったことによる、非定常な変動である。1つは静岡県東部（伊豆半島周辺）、もう1つは静岡県西部（浜名湖周辺）で卓越している。

　静岡県東部の**非定常変動**は、2000年夏に伊豆半島南方沖の三宅島・神津島近海で発生した大規模な**マグマ移動**イベント[7]による。特に、南西部を除いた伊豆半島で、概ね北向きの成分として表れている。同イベントでは、三宅島地下から神津島方面へ約30kmに及ぶマグマ移動が生じ、三宅島では**陥没カルデラ**が形成され、全島民の避難に至る噴火活動が発生した。

　静岡県西部の非定常変動は、2000年中盤以降に始まった、浜名湖周辺地下のプレート境界における**スロースリップイベント**[8]が主原因である。図1の期間2では、浜名湖周辺で（期間1・3と比べて）西向きの動きが無くなり、相対的に東向き成分の運動が生じていることが分かる。また、上向きの垂直変動（隆起）も顕著である。このスロースリップイベントは第Ⅰ部第1章「2011年3月11日東北地方太平洋沖地震の概要」で触れたスロー地震の一種であり、プレート境界の固着の揺らぎとして解釈される[9]。このイベントはモーメントマグニチュード（Mw）7程度で、2005年頃まで継続した。静岡県西部の非定常変動にはもう1つ、2004年9月5日に発生した紀伊半島南東沖地震の余効変動（南向き）含まれるが[10]、図1ではさほど明確でない。

　よりローカルな特徴的変動として、火山周りの放射状の変形がある。これは一般に、地下のマグマが上昇（貫入）したことによる山体の膨張を反映している。例えば、図1の期間1には、伊豆東部火山群の近くの観測点で南西向きの大きな動きが見られる。これは、1998年4月から5月にかけて生じた大きなマグマ貫入イベント[11]を反映している。伊豆東部火山群では全期間を通して、箱根山では期間2と3で、富士山では期間3で、膨張イベントが生じている[12]。富士山の膨張イベントの解析から、地下15〜20kmの深さでのおよそ0.01km³の体積増加が示唆されている[13]。

　なお、伊豆半島の本州側への衝突による変形は、GNSS観測網による地表変位データでは、上下変位における若干の隆起傾向[14]があるのみで、明確な

シグナルとしては見られない。この点については、フィリピン海プレートとしての伊豆半島の衝突による激しい変形が起こっていたのは過去のことで、現在はその代わりに、フィリピン海プレートから切り離された形で伊豆マイクロプレートの運動が生じている、と考えることができる。一方、伊豆半島の衝突による変形が、衝突域でなく伊豆半島内部で大きな歪みとして表れているという見方もある[15,16]。この他、伊豆マイクロプレートの運動と解釈されてきた地表変位は、伊豆半島の衝突に起因する地下の水平断層（デタッチメント）の動きが表れたものだ、とする考えもある[17]。

静岡県の地震

前節で紹介したように複雑な地殻変動が生じている静岡県では、様々な種類の地震が発生し得る。具体的には、(1) **プレート境界地震**、(2) **プレート内地震**、(3) **火山性地震**の3種がある。なお、地震という用語は、地表の揺れでなく、その原因となる地下の現象の意味で用いている。街に被害を及ぼす強い揺れについては、土木工学・建築工学の分野で研究が進んでいる[18]。

　(1) のプレート境界地震については、駿河トラフ西側の地下で、沈み込んだフィリピン海プレートと陸側プレートとの境界で発生したと考えられている、1854年の**安政東海地震**が有名である。この地震以降、図1に示す範囲の静岡県周辺では、大きなプレート境界地震は発生していない。この安政東海地震を含む、南海トラフで過去に繰り返し発生してきた地震については、本章では詳細を省略することとし、第Ⅱ部第5章を参照されたい。

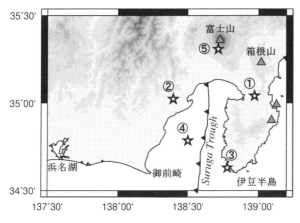

【図2】1930年以降に静岡県内で発生した、やや大きな地震の震央（星印）。①は1930年北伊豆地震、②は1935年静岡地震、③は1974年伊豆半島沖地震、④は2009年駿河湾の地震、⑤は2011年静岡県東部の地震を表す

静岡県で近年発生しているやや大きな地震は、すべて（2）のプレート内地震である。図2に、1930年以降発生したマグニチュード6.4以上（このマグニチュードはMwではなく、気象庁の独自手法による推定値Mj）の地震の震央を示す。データは気象庁のカタログに基づいている。図中の1は1930年**北伊豆地震**（Mj7.3）、2は1935年**静岡地震**（Mj6.4）、3は1974年**伊豆半島沖地震**（Mj6.9）、4は2009年**駿河湾の地震**（Mj6.5）、5は2011年**静岡県東部の地震**（Mj6.4）を表す。

　1930年11月26日に発生した北伊豆地震では、広範囲にわたって地表での断層のずれ（2〜3m程度）が見られた。そのため、北伊豆地震は、伊豆半島北部を南北に縦断する**丹那断層**とその周囲の断層系で発生したことが分かっている。丹那断層は左横ずれ（断層の片側から見て、もう片側が左に動く）の動きをしたが、周囲の断層系の中には逆に右横ずれの動きをしたものもあり[19,20]、地震時の複雑な断層挙動を示唆している。また、北方にある箱根山のカルデラ内部でも地表断層のずれが確認されている。丹那断層については、地表に出た部分の各種調査が進んでおり、過去60万年間にトータルで数km の動きがあったこと（1年当たりに換算して4〜10mm）が示されている[20]。この動きは、南海トラフ沈み込み帯のプレート境界に比べれば数分の一以下の速度だが、プレート内部としては異例の高速度である。

　1935年7月11日に発生した静岡地震は、地表には断層が現れなかった。地震計の観測記録の解析から、静岡平野の地下で左横ずれ断層の地震として発生したことが分かっており[21]、プレート境界地震ではなく、プレート内部で発生した地震と考えられている。しかし、沈み込むフィリピン海プレートの内部で発生したのか、陸側プレートの内部で発生したのかは定かでない。静岡地震の震央は糸魚川−静岡構造線（ほぼ南北に延びる）の南端に近い位置であるが、地下の断層はほぼ東西の方向と推定されており[21]、静岡地震が糸魚川−静岡構造線に対応していたとは考え難い。

　1974年5月9日に発生した伊豆半島沖地震では、1930年北伊豆地震と同様に、地表での断層のずれ（最大0.5m程度）が生じた。この断層はおよそ北西−南東方向に延びた右横ずれ断層（石廊崎断層）であり、前年に地形から断層系の存在が指摘されていた領域の一部で発生した[22]。この地震後の余震活動は駿河湾にまで広がっており、**石廊崎断層**の延長部を駿河湾西岸の安倍川河口近辺までつなげた構造線の存在も提唱された[23]（118ページ参照）。駿河湾西側でこの構造線の実証を試みる研究もなされたが[24]、現在に至るまで、

その存在は明確にはなっていない。

2009年8月11日に海底下で発生した駿河湾の地震は、地震計の観測記録が詳細に解析されており、沈み込むフィリピン海プレートの内部で2つの断層がほぼ同時にずれた複雑な地震だったことが分かっている[25]。2つの断層はそれぞれ横ずれ断層と逆断層（上盤側がせり上がり、下盤側がずり落ちる）であり、断層の向きも大きく異なっている。この駿河湾の地震の余震の震央は、前述の石廊崎断層の延長部に対応したような位置にある。

2011年3月15日の静岡県東部の地震は、富士山南麓で、地表に断層が現れずに発生した。GNSSデータの解析によれば、地下の左横ずれ断層は北方へ富士山火口直下付近まで延びている[26]。また、この地震の断層下端は、2008～2010年頃の富士山膨張イベントの力源[13]とほぼ重なる深さにある。地震発生直後には、富士山の火山活動の活発化が懸念されたが、現在に至るまで特別な火山活動は見られていない。しかし、それだけをもって本地震は火山活動と無関係、と結論するのも早計だろう。

（3）の火山性地震については、明確な定義は存在しない。火山の周辺では、それ以外のプレート内部に比べて地震が多発することが経験的に知られているため、火山周辺で起きる地震を一般に火山性地震と呼ぶ。富士山・箱根山・伊豆東部火山群のいずれにおいても活発に発生している。火山性地震には、普通の断層すべりの地震とは異なった特徴を持つものがある。継続時間・揺れの周期が長い火山性**低周波地震**はその一例である。低周波地震は、富士山では北麓の深さ11～16kmで起こり[27]、箱根山ではカルデラ北縁の深さ15

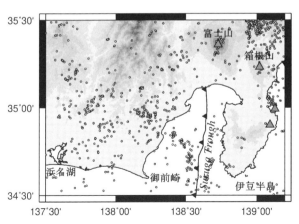

【図3】2016年～2017年に静岡県周辺で発生した、（気象庁）マグニチュード1以上かつ震源深さが30kmより浅い地震の震央

～30kmで起こる[28]など、火山ごとに固有の特徴を持つが、そのメカニズムや火山活動との関係は定かでない。

　静岡県では、ここまでに挙げた場所と異なる多くの領域でも、より小さな地震が発生している。図3に、ごく最近（2016年から2017年の間）に発生したマグニチュード1以上かつ震源深さ30km以浅の、地震の震央を示す。静岡県内のほぼ全域にわたって地震が発生していることが分かる。このことは、やや大きめの地震が、県内のどこでいつ発生しても不思議ではないことを示唆する。また、必ずしも静岡県内で発生した地震でなくとも、大きな地震であれば、揺れによる被害が生じ得る。例えば、1923年の**大正関東地震**や1944年の昭和東南海地震、1978年伊豆大島近海の地震は、図3の範囲外で発生した地震であるが、静岡県内に甚大な被害をもたらした。

富士宮市で震度6強を観測した県東部を震源とする地震で、ブロック塀が倒壊し、道路上に散乱した（静岡新聞2011年3月17日夕刊掲載）

第4章

静岡周辺の直下型地震と
断層運動

Surface faultings associated with intraplate earthquakes:
examples in and around Shizuoka Prefecture

狩野謙一〔構造地質学〕・北村晃寿〔第四紀環境学〕

概説：直下型地震と地震断層・活断層
直下型地震と地震断層

　内陸部で発生する**直下型地震**または**内陸型地震**は地殻浅部の脆性変形領域
を構成する 10 〜 15km 以浅での**剪断破壊**で発生する地震である。直下型地震
による被害は日本列島内では数年に一度発生し、数10年に一度**濃尾地震**
や**兵庫県南部地震**のような大災害を引き起こしている。その頻度から見ても、
海溝型地震とともに注意を払うべきである。

　直下型地震を発生させる最初の大破壊（本震）は島弧の地殻強度が最大と
なる深度10km前後から始まり、四方に破壊が伝播していく。下方の延性変
形領域に入る15km以深で破壊は弱化する。上方に向かって進行した破壊は
地表を変位させ、破壊は側方にも進行していく。したがって、地表に発生し
た破壊の長さは破壊の規模を反映している。地震に伴って地表を変位させた
剪断破壊面を、（地表）**地震断層**と呼ぶ。経験則では、破壊面は気象庁マグニ
チュード（Mj）6.5以上の地震で地表に到達することがあり、Mj7以上にな
るとほぼ確実に地表に到達する。地表面での地震断層の長さ（水平距離）、
変位量と地震のマグニチュードについてはいくつかの経験式が提示されてい
るが、代表的な**松田式**[1]を以下に示す。

$$\mathrm{Log}\,L = 0.6\,M\text{-}2.9,\ \ \mathrm{Log}\,D = 0.6\,M\text{ - }4.0$$

　　　　（L: 地震断層の長さ（km）、D: 変位量（m）、M: マグニチュード）

日本での最大級の直下型地震は1891年の濃尾地震（M8.0）で、それに伴った地震断層（**根尾谷断層**など）の総延長は約76km、地表変位は最大10m前後である。

活断層とは

　過去に発生した地表付近での断層変位は地形に保存されることがあり、このような地形を**変動地形**と呼ぶ。地震断層は変動地形を持つ既存の断層に沿って形成されることが多い。すなわち、既存断層の再活動が直下型地震である。断層変位をもたらす応力状態に大きな変化がなければ、変位センスは同じようになり、変位は累積していく。したがって、その断層の地質・地形変位が10m以上ならば、複数回の地震時変位が累積されたことになる。

　以上を踏まえて、**活断層**は一般には「最近100万年（または数10万年）以内に繰り返し活動し、今後も活動する可能性のある断層」と定義されている。特に地震リスクに関しては、後期更新世から完新世（12万年前〜現在）にかけての活動履歴が重要になる。これに対応して、**原子力規制委員会**による「将来活動する可能性のある断層等」の認定基準[2]は、「後期更新世の活動性が明確に判断できない場合には、中期更新世以降（約40万年前以降）まで遡って地形、地質・地質構造および応力場等を総合的に検討した上で活動性を評価すること」とされている。本論でも、中期更新世の後半以降の活動を重視して解説していく。

活断層に伴う直下型地震のリスク評価

　以上のように、活断層の位置、最新断層活動の時期と、それより過去の活動履歴から、断層の規模や活動間隔と、将来の活動時期が予測できるかもしれない。それらの情報を地質・地形学的手段を通じて正確に読み取ることが、直下型地震のリスク評価につながる。地質的には、露頭での第四紀層との切断関係の解析が重要であるが、必ずしも断層沿いに第四紀層が分布しているとは限らない。また、自然露頭は限られるので、断層の推定通過位置を人工的に掘削する**トレンチ調査**が有効な手段となる。地形的には断層変位時に形成された変動地形を、現地調査や空中写真・衛星写真などで見いだすことである。断層の傾斜が高角の場合には、直線状の地形（**リニアメント**）が形成

されることが多いので、活断層を見いだす糸口の一つとなる。最近は望む範囲を縮尺や視点を変えながら3D画像を観察することができる**数値標高モデル（DEM）**が地形解析に導入され、中でも**航空レーザー測量**を用いた5mメッシュ以下のDEM画像は、樹木の影響を受けない微地形が解析できる[3]。しかし、浸食・堆積速度が速く、人工土地改変が進む日本列島では、変動地形が良好に保存されているとは限らない。ボーリングや物理探査で地下構造を明らかにすることも重要である。1990年代からは**反射法地震探査**による地下構造の解明も試みられている[4]。

　現状では、断層運動の時期を直接計測できる手段は実用段階に入ってはいない。それでも、周囲の堆積物の年代と断層との"切った切られたの関係"から、おおよその活動時期が限定される。そこで求められた推定活動期間内

【表1】静岡周辺の活断層・地震断層および関連断層の長期活動性評価

断層（帯）名 （活動区間）	予測地震規模 （M）	相対評価 （ランク）	30年以内 地震発生確率（%）	最新活動時期 （年または地震）	平均活動間隔 （年）
深溝・横須賀断層	極端な屈曲のため評価困難			1945三河地震	＞4000
中央構造線（赤石）	7?	地震断層・活断層区間未確定		1728遠山地震	1000?
糸静線（北部区間）	7.7	S*	0.01〜16	1300〜1000	1000〜2400
糸静線（中北部区間）	7.6	S*	14〜30	1200〜800	600〜800
糸静線（中南部区間）	7.4	S*	1〜9	1300〜900	1300〜1500
糸静線（南部区間）	7.6	A	0〜0.15	2500〜1500	4600〜6700
糸静線（早川−静岡間）	非活動的？				
曙逆断層	活断層区間未特定			歴史地震記録なし	
身延断層	7	X	?	歴史地震記録なし	?
富士川河口断層帯a	8	S*	10〜18	13C後半〜18C前半	150〜300
富士川河口断層帯b	8	S*	2〜11 or smaller	6〜9C又はそれ以後	1300〜1600
神縄断層	非活動的？				
塩沢断層帯	6.8＜	S	＜4	歴史地震記録なし	＞800
平山−松田北断層帯	6.8	A*	0.09〜0.6	2700	4000〜5000
国府津−松田断層帯	プレート境界の分岐断層とみなして未評価			12C〜1350	800〜1300
北伊豆断層帯	7.3	Z	0	1930北伊豆地震	1400〜1500
稲取断層帯H27	7			1978伊豆大島近海地震	
石廊崎断層帯H27	6.9〜7.0		?	1974伊豆半島沖地震	

・ 地震調査研究推進本部地震調査委員会（2019）の主要な活断層のリスク評価データをもとに再構成．ただし，H27は2014年時点での評価
・ 灰色部は，地震本部では主要な活断層帯としての評価対象外，筆者の評価を記した．
・ 断層（帯）は，上から下へ本文での紹介順，地震発生年を除いて，数値・年代値はすべて概数，Cは世紀．
・ 糸静線は，糸魚川−静岡構造線の略称
・ ランクは次のとおり．S：高い（＞3％），A：やや高い（3〜0.1％），Z：（＜0.1％），X：（?），　*は地震後経過率＞0.7の場合に付加．地震後経過率とは，最新地震から算定基準日までの経過年数を，平均活動間隔で割った値

が地震事変の歴史（古文書）記録と対応できれば、より確実になる[5]。日本列島内での歴史記録は比較的豊富だが、日本書紀（720年）以前の記録は存在しないので、地形・地質・考古学資料に頼らざるを得ない。

　日本列島には数多く（2000以上？）の活断層が存在し、それに沿って現在までに多数の被害地震が発生している。日本列島は活断層の調査・研究が世界でも最も進んだ地域であるが、実際には最新活動時期、活動間隔、活動の範囲と変位量が正確に求められている活断層は少ない。

直下型地震に伴う災害とリスク評価

　直下型地震に伴う災害は、海溝型地震に比べれば局所的である。発生した強震動は地盤の特性に影響されながら、断層からある幅の範囲に広がる。強震動に伴って人工構造物は破壊され、山間部では多数の地すべり・崩落が、平野部では液状化が発生する。また、地震断層による地盤変位は断層に沿った狭い範囲（<幅数10m）に生じるので、断層の直上の人工構造物は、わずかな変位でも壊滅的な被害を被る。

　地震を伴う断層運動は長い静止期間を経て、最長でも1分前後で活動し、再び静止する。海溝型地震に比べて活断層の静止期間は長く、最も短期でも数100年の後半、一般には数千～数万年とされている。活断層を見いだし、過去の活動履歴に遡ってリスク評価ができるという点では、地形・地質学的取り組みが最も有効である。こうして断層の活動履歴が得られたとしても、現状では多くても10回程度で、古くなるほど解読は困難になる。直下型地震にも確率評価が取り入れられているが[6,7]、その数値計算の根拠になる地震発生時間、位置、断層区間の特定に大きな幅があるために、現状では大まかな目安として扱うのが妥当であろう。

　各断層（帯）の公的リスク評価は、政府・**地震研究調査推進本部**[6]（以下、地震本部）と、産業技術総合研究所・**地質調査総合センター**[7]がまとめている。以下では、静岡周辺で発生した直下型地震と地震断層の事例、将来の活動が推定できる活断層を紹介し、それらのリスク評価に言及していく。表1では地震本部によるリスク評価[5]に、筆者（狩野）の評価を加味して静岡周辺での活断層・地震断層と関連断層をまとめた。静岡周辺で最も重要な活断層は**富士川河口断層帯**で、活断層研究の具体的な事例として重点的に取り上げる。

静岡周辺の活断層・地震断層

　中部地方から近畿地方にかけての本州弧の日本海側（内帯側）は、世界的にみて最も活断層が発達している地域である。太平洋側（外帯側）に位置する静岡県の中～西部には大規模な活断層は認められておらず、それらに伴う直下型地震のリスクは少ない。小規模（< Mj6.5）な有感地震は発生しているが、地表に地震断層として到達してはいない。一方、中新世以降の活発な変動帯である南部フォッサマグナに位置する県東部から伊豆半島にかけては、直下型地震によるリスクが大きい地域である。

1945年三河地震と深溝断層

　三河地震（Mj6.8, Mw6.6）は愛知県東部、三河湾の地下11kmを震源として、東南海地震[1]から38日後の1945年1月に発生した。その混乱に加えて軍事施設を伴う地域を含む終戦直前の事変であったため、被害の全容は明らかになっていない。震度5以上の範囲は、名古屋市南部から渥美半島東側の静岡県境にかけての広範囲に及んだ[7,8]。被害は人口密度の高い岡崎平野や矢作川流域の沖積低地に集中し、多数の家屋が倒壊している。それに対して、幡豆山地や丘陵地域での被害は少なかった。また断層近傍での家屋倒壊による死者数が多いという被害傾向が認められ、死者は2300人以上に達している[8,9]。
　この時の地震断層（図1）[10,11]のうち、震央から北方の蒲郡市西部から三ヶ根

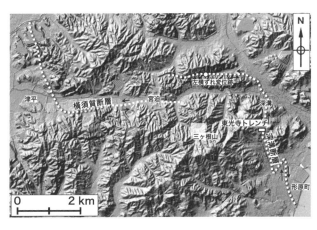

【図1】1945年 三河地震（震央位置は図3参照）に伴って出現した深溝－横須賀断層の地表トレース（白点線）。国土地理院陰影起伏図に都市圏活断層図「蒲郡」[13]によるトレースを重ねた

【図2】深溝断層、
東光寺トレンチ
（位置は図1参照）
北面の断層周辺の
状況

山の東側を通過し、幸田町深溝で西方に屈曲し吉良町津平付近までの総延長約20kmが**深溝断層**と呼ばれている。津平付近から断層変位は南西側にステップし、約2.5km西方に連続してから再び北方に屈曲して西尾市方面に向かう約7kmの区間は**横須賀断層**と呼ばれている。狭い範囲で90°前後の屈曲を伴うという点では、この地震断層は特異である。断層の南西側で最大隆起1.5mが生じ、南北方向の区間では右横ずれ変位を、東西方向の区間では最大1m程度の左横ずれ変位を伴っている。西深溝の農地内には横ずれ変位跡が天然記念物として保存されている。

　この地震断層に沿っては既存の断層や変動地形は知られていなかったが、その点は当時の活断層に対する認識が育っていなかったことも反映している。複数のトレンチ調査の結果[12]では、領家帯の基盤岩中の既存断層の運動により被覆する礫層を変位させ、地表面に連続していることが確認された。**東光寺トレンチ**（図2）での地震以前の最新活動は4000年前以前であった[12]。長期の静止期間を伴う断層活動の典型的な事例の一つである。なお、この地震の震央は次に述べる中央構造線の近傍ではあるが、両者の関係は認められていない。

1718年遠山地震、715年遠江地震と中央構造線

　中央構造線は本州弧南西部を縦断する大断層で、その北東部は赤石山地の西縁、長野−静岡県境の長野側を南北に走っている。紀伊半島西部から四国

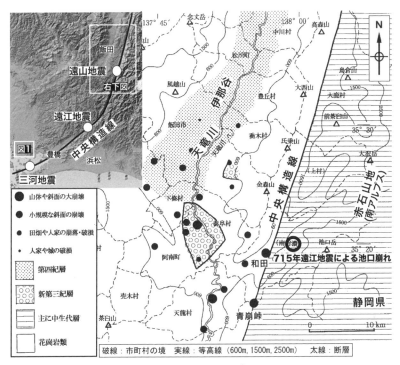

【図3】1718年遠山地震による被害と周辺の地質（坂本[15]）を一部改変）、左上図は三河・遠江・遠山地震の震央位置と中央構造線（国土地理院陰影起伏図を使用）

にかけての中央構造線は大規模な活断層として認識されている[6,7]。赤石山地の中央構造線に沿っては、数カ所で右横ずれ変動地形が認められてはいるが[14]、活断層としての実態は明らかにされてはいない。

　遠山地震は、中央構造線に沿う飯田市南信濃和田付近を震央として1718年8月に発生したMj7.0前後の地震である。地震時の被害は和田付近を中心に中央構造線に沿って南北に広がり、北は高遠から諏訪・松本付近まで、南は静岡との県境の青崩峠を越えて、水窪、横山地区を含む浜松市天竜区に及んでいる[15]（図3）。人口密度が極端に低い山間地の地震だったので、震央周辺には古文書記録が不十分であるが、主要な災害は大規模な土砂崩れで、遠山川とその支流を数カ所で堰き止め、天然ダム湖が形成された[15]。地震の規模と被害程度から、中央構造線に沿って地震断層が出現した可能性が大きいが、断層区間は特定できていない。東側の赤石山地内では住民がおらず被害の程度は不明だが、多数の斜面崩壊が発生したであろう。

この区間を含むと思われる中央構造線は、和田から30km南方の浜松市天竜区佐久間町付近を震央とする715年（または714年）**遠江地震**（Mj7.0?）の震源断層だとする指摘もある[16]。この地震では遠山川支流の池口川で大規模な崩壊（池口崩れ）が発生し、天然ダムが形成された[17]（図3）。被害は天竜川沿いに連続し、下流の平野部では天竜川の流路が東側に移動した[18]。

このように大規模断層に沿って、震源位置は違うものの2回の歴史記録があるという点で貴重である。しかしながら、不明部分が大きいためか、地震本部[6]ではリスク評価の対象である"主要活断層"には分類されていない。二つの地震の間隔約1000年が平均活動間隔だとすれば、**地震後経過率**は0.4となり、山間地での被害をもたらす要注意断層となる。

糸魚川－静岡構造線活断層帯

糸魚川－静岡構造線（以下、糸静線）は、中央構造線の西半部とともに日本列島内で地震リスクが最も高い活断層帯であることが知られている[6,7]（表1）。この断層帯は北から南へ、糸魚川から松本盆地南端部にかけては南北方向、諏訪盆地北端部から小淵沢付近にかけては北西－南東方向、そこから静岡平野にかけては南北方向の走向を持ち、その走向変化部を境として、北部、中部、南部の3区間に区分されている。このうち、活断層として認識されている区間は糸静線活断層系と呼ばれ、各区間の中で個別の断層名が付けられ（図4）、おのおののリスク評価がなされている[19]。この断層帯は、**反射法地震探査**も含めて[20,21]、世界でも最も詳しく活動性が検討された活断層帯だが、未知な点も多い。

【図4】糸魚川－静岡(糸静)構造線活断層帯を構成する断層群、国土地理院地形陰影図を使用。白字は断層(群)の名称

【図5】2014年11月、**長野県北部の地震**で生じた断層変位（上下最大90cm，左横ずれ約30cm）による村道路面の撓曲状変形（白馬村塩島城山）。地震以前の文献には、この位置に断層は図示されていない

北部区間：北部区間は、前～中期中新世には北東傾斜の正断層として形成された断層群が、応力場の転換（構造反転）によって、鮮新世以降は東側上昇成分を持つ逆断層として活動している[20,21]、この区間の北部の神城断層に沿っては、2014年11月の**長野県北部の地震**（または神城断層地震）(Mj6.7, Mw6.2)に伴って地震断層が出現した[22]。図5はその中で最大変位を示した地点の状況であるが、この位置には断層の存在は指摘されていなかった。神城断層は、糸静線中北部区間の**松本盆地東縁断層**に連続する。この区間最南部の**牛伏寺断層**は日本で最も地震リスクの大きい左横ずれ活断層として知られている[19]。

中部区間：塩尻－小淵沢間の中部区間を構成する断層群も、左横ずれ成分が卓越した活断層群で、その中北部が通過する諏訪盆地は同断層群の左横ずれ運動によって形成されたプルアパート堆積盆とみなされている。盆地北端部から小淵沢付近にかけての**茅野断層**、**釜無山断層群**、**下蔦木断層**は明瞭な左横ずれの変動地形を伴っている[19]。

南部区間：小淵沢より南の南部区間は、西（赤石山地）側が南部フォッサマグナ地域に対して上昇する西傾斜の逆断層である。南部区間最北部の**白州断層**と鳳凰山断層は、赤石山地北東縁を限る地形的には最も顕著な断層で、中期更新世頃までは最速クラスの上下変位を担っていたと考えられるが、最近の活動は北～中部区間に比べて活発とはいえない[19]。

白州断層の南端から、活断層として認定される部分は約6km東（左）側にステップし、**下円井断層**、**市之瀬断層群**が巨摩山地と甲府盆地を境している。糸静線活断層系の南部区間とされたこの断層群では、反射法地震探査による地下構造と変動地形から、最近5～6万年間では低角逆断層に沿う平均水平変位速度7.5～11m/千年で活動したと推定された[23]。一方、変動地形を構成する地層の再検討年代から、この断層帯の平均上下変位速度は0.9～1.0m/千年とされた[24]。

早川－静岡区間：鳳凰山断層より南側の糸静線は赤石山地と南部フォッサマグナの新第三系からなる巨摩山地との境界断層となり、早川から竜爪山地の東麓を抜けて静岡平野に達する（図6）。この区間の糸静線は両側の地質の差を反映した明瞭なリニアメントを伴うが、これに沿って変動地形は見いだされていない。この間で断層露頭は各所で観察できるが、第四紀層を変位させる部分も存在しないので、この区間の糸静線は活動的ではなく、それに伴う地震リスクは低いとみなされる。

曙・身延断層

　市之瀬断層帯の南端部から断続（あるいは東側にステップ）してその南に後期鮮新世の曙累層を切断する**曙断層**が位置している。曙断層による地質学的実変位量は数km、地形的上下変位は1km以上に及ぶと推定される。それに対して、西側を並走する糸静線が大きな高度変化を与えていないので、赤石山地側隆起の東縁の地形境界は、この曙断層になる（図4）。

　早川下流域南岸側で曙断層は不明瞭となり、東（左）におよそ5kmステップした位置にあるのが**身延断層**である。曙・身延断層の活断層としての実態は解明されていないが、大城川下流付近までの身延断層は、明瞭な地質境界を形成し、段丘礫層を変位させる断層露頭が確認されている。大城川以南では、数10m程度の左横ずれ変位を示す変動地形が断続的に現れ、その南の身延町相又付近、南部町中野付近を通過して静岡県境に近い南部町井出の南方まで確認されている[24]（図7）。この間は地質断層としては不明瞭である。

　この身延断層の最南部がさらに約5km東（左）方にステップして、次に述べる富士川河口断層帯の北部を構成する芝川断層が位置している（図7）。

伊豆弧－本州弧衝突帯内の活断層

　西南日本の南東部に形成されつつある南海付加体とフィリピン海プレートの境界を構成する南海トラフは、北東方に向かって走向を南北方向に変えて駿河トラフに連続し、富士川河口域に上陸する（図6）。その後、東方に走向を変え、富士火山下から丹沢・足柄山地の境界付近を通過し、南東方に屈曲して大磯丘陵と足柄平野の境界から相模湾下の相模トラフに連続する。この陸上域の境界を構成する"**田子の浦－酒匂川線**[25]"周辺は、フィリピン海プ

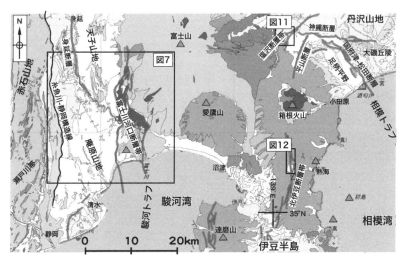

【図6】南部フォッサマグナ南部、伊豆衝突帯周辺の地質概要と富士川河口断層帯（FKFZ）の位置（狩野ほか[44]）を一部改変）。産業技術総合研究所地質調査総合センターのシームレスデジタル地質図を用いて作成。地質図凡例はカッコ内を参照（https://gbank.gsj.jp/seamless/shosai_legend_j1.html）

レート東縁部に形成された火山弧の伊豆−小笠原弧（以下、伊豆弧）の北端の伊豆地塊が、南部フォッサマグナ南部の新第三系からなる地塊に衝突・付加する "伊豆弧衝突帯" を構成していると見なされている[26]。

このうち西側の田子の浦側に当たる富士川河口域から西方に幅約6km、南北長約25kmの富士川河口断層帯[27]（以下、FKFZ）は、主として先新第三系の付加体で構成される西南日本弧の東部に沈み込む駿河トラフの陸上延長部に連続する活断層帯である[28-30]。

東側の酒匂川側にあたる区間では、中新統**丹沢層群**と更新統**足柄層群**の境界の**神縄断層**と大磯丘陵南西縁の**国府津−松田断層**が衝突域の活断層とされてきた。このうち、西側の神縄断層は鮮新世以降の丹沢山地の隆起に大きく寄与したが、遅くとも35万年前には活動を停止したとされ、足柄山地西部の北北東−南西方向の**塩沢断層帯**とそれより東方の同方向の**平山断層**、さらに東側の東西方向の**松田北断層**、**日向断層**など（平山−松田北断層帯）が要注意活断層帯として評価された[31]（表1）。本論では、小山町・御殿場市から神奈川県山北町にかけての静岡−神奈川県境をまたがる塩沢断層帯と平山断層を**塩沢−平山断層帯**として一括し、その概要をまとめる。

富士川河口断層帯

安政東海地震と富士川河口断層帯

　FKFZとその周辺の地形の概要を図7に示した。富士川より東側の**富士川扇状地**および富士山南西火山麓扇状地から広がる潤井川、浮島ヶ原の沖積低地には、富士宮、富士、沼津の市街地が広がっている。また西側の静岡市清水区の市街地にも近い。さらに、富士川右岸の蒲原地区では海岸側から順に、国道1号線、JR東海道線、東名高速道路、東海道新幹線、さらに約5km北方に新東名高速道路、JR身延線がFKFZを横断している。このFKFZが活動した場合には、周辺地区ばかりでなく、日本全体に長期間にわたって大きな影響を与えるに違いない。この断層帯のリスク評価[32,33]は後述するが、その被害想定と対策は、南海トラフ地震に比べて進んでいるとはいえない。この断層帯の性格を把握しておくことは、最も重要な課題である。

　測量データがない時代なので詳細は不明だが、1854年**安政東海地震**に伴って、富士川河口域の西側が東側に比べて広範囲に隆起している[34]。以下は松本[35]のまとめに従う。富士川扇状地の扇頂部付近に雁堤が建設されてから安政東海地震までのおよそ180年間で堤の下流側で洪水記録は26回、両岸に及んだ3回を含めて左岸側では10回、右岸側では19回であった。地震後から66年間の洪水記録は25回で、そのうち24回は左岸側に集中している。蒲原地区では地震後に突然広い平地が出現し、「地震さん、地震さん、私の代にもう一度、孫子の代には二度も三度も」と唄われた。

　この地変にFKFZが活動したとは特定されていないが、同断層帯のケースa（後述）に当たる可能性が大きい。この断層帯の活動に伴って、西側の丘陵地帯全体が後期更新世以降に上昇していることは確実である[36,37]。

　安政東海地震に伴う富士川沿いの局所的な地変は以下の3ヵ所で指摘され、それらを連ねた位置の地下に**入山瀬断層**（後述）が伏在している可能性がある[38,39]。河口に近い富士川右岸側に形成されたとする"**蒲原地震山**"では、反射法地震探査やボーリング調査で断層の存在が推定された[40]。一方、古地図と現在の地図での地形解析では、この地震山は富士川の網状流の流路変化に伴って形成された中州であると解釈された[41]。**星山丘陵**南端部から約1km南方に離れた左岸側の"**松岡地震山**[39]"に相当する地形的高まりは特定されておらず、"雁堤東端部の変形[38]"について確実な歴史資料が見いだされず、トレンチ調査では断層は確認されていない[42]。仮に堤体の破壊があったとしても、

強震動ないしはその後の洪水に起因した破堤かもしれない。

富士川河口断層帯の概要と研究史

　FKFZ周辺の広域的な地質情報のまとめ[43]と、断層帯の主要部の地形・地質のまとめ[44]に従って、FKFZの概要を以下に紹介する。

　富士山西麓の地質・地形について、現在に引き継がれる研究結果をまとめたのは津屋[45,46]である。その後、**火山性陥没説**[47]などを含めて、富士川周辺のテクトニクスが議論された。その転機となったのは、FKFZが"田子の浦－酒匂川線"を構成するプレート境界に形成された活断層であるとみなされたことである[28,29]。そして、FKFZ地域はプレートの沈み込みに伴って更新世に形成された地塊が、その後に隆起して陸上に露出したもので、活断層群は地下のプレート境界断層から派生した覆瓦スラスト帯として、中期更新世以降、その活動が西側から東側の断層に移行していることが指摘された。この間に**東海（駿河湾）地震説**[48]が提起され、FKFZは地震リスク上からも重要な断層帯とみなされるようになった。

　1980年代には、断層帯周辺の地質状況が明らかにされてきた[49-52]。1990～2000年代にかけては、地質調査総合センター[37,42,53,54]や静岡県[55]などによるトレンチ、群列ボーリング調査で、FKFZを構成する各断層の活動度、最新活動時期などが検討された。

　これらの研究結果を受けて、地震本部はFKFZの活動に伴う地震リスク評価を以下のようにまとめている[33]（表1）。南海－駿河トラフの海溝型地震と連動したケースaの場合の平均活動間隔は海溝型地震の活動間隔と同じ150～300年で、単独で動くケースbでは千数百年の活動間隔で最新活動時期は千年以上前となる。次回の活動がケースaの場合はMj8程度の地震による変位量が7 m程度またはそれ以上、ケースbの場合はMj7.2前後で、その時期は今後数百年以内である。いずれのケースでもFKFZのリスク評価は糸静線活断層帯北～中地区と同程度で、日本の活断層の中では最大級のS*である。

　なお、FKFZの東側にある浮島ヶ原のコア堆積物の解析から、過去1500年間に、急激な沈水イベントが100～400年間隔で起きたことが明らかにされ、これらのイベントはFKFZの活動かあるいは駿河湾での海溝型地震によると解釈されている[56]。

富士川河口断層帯周辺の地形・地質概説

　FKFZの西縁は芝川断層と入山断層に限られ、西側の富士川北方では
500m前後の稜線からなる天子山地の南東麓、富士川南方では浜石岳（709m）
を最高峰とする庵原山地の東麓と接している（図7, 8）。両山地ともに、鮮新
統または中新統最上部の**浜石岳層群**によって構成されている[43]。FKFZの東
縁は、**安居山断層**、**大宮断層**、**入山瀬断層**に限られ、それらより東側は南西
方に緩傾斜する**富士山南西火山麓扇状地**および富士川扇状地からなる。

　FKFZ中部を東流する富士川より北方、芝川断層と安居山断層に挟まれた
東西幅2.5 〜 2km, 南北長10km前後で、西方に数度程度緩傾斜した標高300
〜 200m程度の緩やかな起伏を持つ地域が**羽鮒丘陵**で、丘陵の東側の富士山
南西火山麓扇状地堆積物（vf4）および富士山溶岩流と接している。丘陵南端

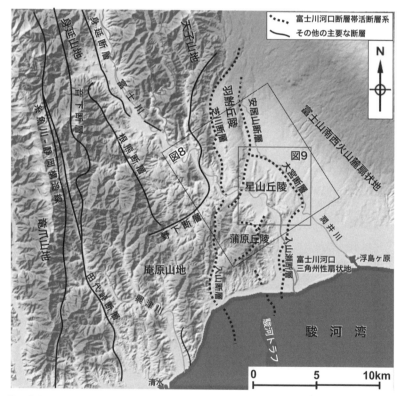

【図7】富士川下流地域の地形概要と富士川河口断層帯の位置（狩野ほか[77]を一部改変）

【図8】富士川河口断層帯中央部の変動地形。国土地理院5m-mesh DEMを用いて
SimpleDEMViwerで作成

部ではそれらの基盤となる前～中期更新世の前期の庵原層群が、丘陵上面か
ら比高50m程度突出した小山地をつくって露出している。

　羽鮒丘陵の南東側で安居山断層の南方延長部が通過する安居山－沼久保間
の低地、北東側は大宮断層、東側を入山瀬断層、南西側を富士川で囲まれた
北東－南西幅最大2.5km、北西－南東長約6kmの標高150～100m程度の緩
やかな起伏をもつ台地が星山丘陵である。図9は星山丘陵周辺の簡略化した
地質図である。丘陵内には庵原層群からなる岩本山、明星山、白尾山周辺が
残丘状に突出し、丘陵中央を南流する星山放水路の低地を境として、その東
側の富士火山麓扇状地堆積物（vf3、vf4）からなる丘陵上面は緩やかに北東
側に傾斜している。それに対して、丘陵上面を浸食する小河川は南西方に流
下し、富士川に合流する（図8）。

　富士川の西（右岸）側、西に入山断層で**庵原山地**と、東に入山瀬断層で富
士川扇状地に接し、南側で駿河湾に面する東西幅約6km, 南北幅約9kmの地
域が**蒲原丘陵**である。この丘陵は、羽鮒・星山丘陵に比べてはるかに開析さ
れて平坦地が少なく、丘陵というよりは小谷が発達した山地地形を呈してい
る（図8）。この丘陵の大部分は**庵原層群**によって構成されている[49]。

　三丘陵の基盤を構成する庵原層群は、日本列島内の同時代層に比べて異常
に変形し[43]、特に羽鮒・星山丘陵の庵原層群は中～高角に傾斜し、水平短縮
によって尖頂背斜を伴う複雑な褶曲をしている。FKFZを構成する各断層は、
中期更新世の後半以降に成長し、三丘陵を成立させるとともに、富士火山の

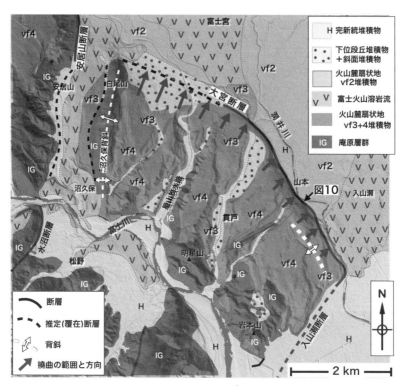

【図9】星山丘陵周辺の地質図を簡略化（狩野ほか）[44]。背景の地形傾斜量図は国土地理院5m-mesh DEM を用いて SimpleDEMViwer で作成

火山麓扇状地堆積物の被覆や溶岩の流路を規制している[43,44]。例えば、羽鮒丘陵では約4万年前の古期の扇状地堆積物（vf4）のみが分布するのに対して、星山丘陵では約2万年前の新期の堆積物（vf3）がvf4を開析した低地を覆っている。蒲原丘陵の内部には富士山起源の堆積物はほとんど分布せず、**天子山地**と羽鮒丘陵間の芝川低地および分断された羽鮒丘陵と星山丘陵の間の低地を経て、富士山からの新期（1.7万年前以後）溶岩が富士川に流入している（図9）。

富士川河口断層帯の構成断層の活動性評価

　FKFZを構成する断層群は、大宮断層を除いては高角に西傾斜する逆断層と見なされている。大宮断層については、雁行する南北性の高角逆断層であ

る安居山断層と入山瀬断層とをつなぐ高角北東傾斜の正断層であると解釈されたが[27,29,30]、南西傾斜の逆断層とした見解も提示されている[44]。

　これらのうち西縁の芝川断層、入山断層は明瞭な地質・地形的境界を構成し、入山断層ではおよそ3000mの上下変位を記録している[49]。しかしながら、後期更新世以降の活動性は低く、入山断層ではその平均変位速度は約0.25m/千年、芝川断層では約2m/千年の平均変位速度を持ち、最新活動は1.5万年前とされている[33]。西縁断層群に対して、東縁断層群の活動性は大きく、地震リスクの点では西縁断層よりも重要である。以下では東縁断層群の各断層についての概要を、狩野ほか[44]に基づいてまとめる。

　安居山断層（あごやま）：安居山断層は羽鮒丘陵と火山麓扇状地の西縁の潤井川低地との間の小谷が刻み込み凹型の急崖下を走る高角西傾斜の逆断層として推定されている。急崖の上端と、丘陵南部の標高290m程度の平坦面（vf4面）との間で、明瞭な遷急線と崖下の潤井川低地との比高は最大160m前後に及ぶ。この急崖周辺に分布する溶岩層の対比から、南部の青見地区での断層の最近1万年前以降の平均上下変位速度は約5.1〜6.4m/千年で、変位の最新イベントは2770±30〜2390±40y. BP（?）とされた[54]。この断層の南方延長部は、羽鮒丘陵と星山丘陵の間の安居山－沼久保間の低地の地下に推定される。この低地を挟んで、羽鮒丘陵側のvf4面の標高は290〜260m程度で西傾斜しているのに対して、約1.5km東側の星山丘陵西部のvf4面は180〜160m程度になり、ほぼ平坦ないしは東〜北東側に緩傾斜している。この両丘陵間でのvf4面の高度差約100mと傾斜方向の相違は、安居山断層の活動と関係している。

　大宮断層：大宮断層の存在を示唆する星山丘陵の北東縁、潤井川右岸側の撓曲（とうきょく）状地形は、丘陵の北西側から南東に向かって顕著になる。丘陵上面でほぼ水平もしくは北東に緩傾斜しているvf4、vf3面は、崖下からの水平距離200〜400m付近を遷急線として北東方に徐々に傾斜を増していく。崖下直前で崖面は最大45°前後の傾斜に達し、明瞭な遷緩線（崖麓線）（がいろく）をつくって潤井川沿いの沖積低地と接する（口絵1下）。ここでは、安居山断層の急崖に特徴的な明瞭な遷急線と小谷による谷頭浸食はほとんど進行しておらず"板付きカマボコ"の側面のような凸型の湾曲面を形成している（図8,10）。この崖麓線付近が大宮断層の地表トレースで[57,58]、崖の最大比高は約80mに達し、南部では撓曲崖の手前で背斜状の盛り上がり地形（バルジ）を作っている。vf3面の形成年代（>2万年前）以降の断層の平均変位速度はおよそ4m/千年

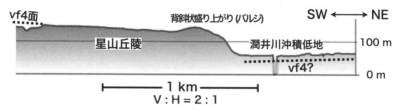

【図10】口絵1下の大宮断層撓曲崖を横断する地形断面図
（国土地理院5m-mesh DEMを用いて作成）

と見積もられる[37]。

　入山瀬断層：入山瀬断層は、星山丘陵の南東部端部で大宮断層から南西方に屈曲して丘陵の南東側を通り、富士市松岡付近から富士川沿いを南下し、蒲原丘陵の東側の富士川河口に達する富士川扇状地下の伏在断層である[57,58]（図7）。星山丘陵の南東崖下では複数のボーリングで断層の位置が検討されたが、数10m以内の範囲内でそれを示唆するような上下変位は認められていない[37,54]。また、断層の推定位置を挟んでvf4面が15°程度南東に傾斜していることが確認され、幅150m以上の範囲で緩やかな撓曲帯が形成された可能性が提示された[54]。丘陵南縁の急崖は、富士川扇状地の扇頂部に当たる富士川左岸側の庵原層群の火山岩類がつくる急崖に連続し、現河床からの比高60〜40mの2カ所でvf3面に対比される平坦地が保存されている（図9）。この2つの平坦地は、富士川河床を埋積したvf3によって2.1万年前頃に形成された一続きの堆積面[43]で、急崖はその当時に東流していた富士川による浸食崖であると考えられる。松岡以南では、入山瀬断層は南北方向で西側上昇の活断層として、約1500年の間隔で活動し、蒲原丘陵を隆起させている[35]。蒲原丘陵東縁から富士川河口にかけての断層の位置や性格については、反射法地震探査[59,60]、ボーリング[40]などによって検討されている。

富士川河口断層帯の成長過程と現在の地震リスク評価の問題点

　以上に述べたように、衝突域の伊豆弧側に堆積した約100万年前頃の庵原層群は衝突に巻き込まれて中期更新世以降に激しく変形・隆起し、西縁側の天子・庵原山地が芝川・入山断層の活動に伴って成長していく。後期更新世に入ると、富士山南西の火山麓扇状地が発達していくとともに西縁断層群の活動は弱まり、東縁断層群の活動によって丘陵域の隆起・分断が加速され、

羽鮒・星山・蒲原丘陵が形成され、富士川河口扇状地が成長している。

　現在のFKFZの活動は、このような過程の延長上にあるので、前期更新世以降の地質構造・地形の形成過程を把握することが、現在のFKFZの存在と活動の意味を理解する上で重要となる。FKFZの概要は解明されてきたが、以下のような問題点が認められる。

　富士川河口断層帯の北限は？：この問題に関しては、3通りの指摘がある。FKFZはその北端で東方に転換し、富士山の下を通過して、東方の国府津－松田断層帯に連続するとするのが一般的な考え方である。次に、FKFZ北端部の芝川断層から西（左）側にステップして身延断層に連続するとする考え方である[24]。この場合、身延断層の最南端の変動地形が示す変位量は大きいとはいえ、FKFZとの間に明瞭な変動地形は認定されていない。最後に、FKFZ北端部から北上して本栖湖南方に至るとする考えがあるが、その根拠が明瞭ではないとして、否定的である[43,57]。

　大宮断層は正断層か逆断層か？：大宮断層は高角正断層であるとする見解が一般的だが、その証拠は明示されていない。狩野ほか[44]では、板付きカマボコ状の地形断面の特徴（図10）と構成層の姿勢から、撓曲は逆断層変位に伴うものだとみなした。断層の変位センスと傾斜角度は地震リスク評価に大きく影響する。正断層変位は引張応力場で、逆断層変位は圧縮応力場で生じ、引張の方が圧縮に比べて破壊強度が弱く、遙かに低応力で破壊する。また同じ垂直変位量であっても断層の傾斜が低角になるほど、断層に沿った実変位量が大きくなる。

　入山瀬断層の通過位置：星山・蒲原丘陵の東側の富士川扇状地の地下に両丘陵を隆起させた断層（帯）が存在することは認識されている。しかし、断層（線）崖としては不明瞭で、星山丘陵東端部から富士川河口域までは扇状地堆積物に被覆され、入山瀬断層の通過位置は確定していない。

　横ずれ変位の有無：FKFZは全体として、西側上昇成分が卓越している。ところが、フィリピン海プレートの北西進からは、左横ずれ変位成分の存在が想定される。ただ、それを示す明瞭な変動地形は認識されていない。正逆および断層傾斜角の解明と、上下成分だけでなく、横ずれ成分を加味したリスク評価が必要である。

　断層帯の地下構造：以上の問題点を解決するためには、FKFZの地下構造、特にフィリピン海プレートの上面との関係を解明することが重要課題である。これについてはボーリングと反射法地震探査が強力な手段であるが、経費や

場所等で制約条件が多い。後者については、河口沿岸域で浅層数100mでの探査結果が報告されている[40]。星山丘陵から糸静線を越えて静岡市葵区の梅ヶ島温泉に至る測線、および星山丘陵内での複数の測線で深層・浅層の地下構造探査も実施された[60,61]。そのうち深部構造探査では、FKFZはフィリピン海プレート上面から分岐した断層群が地表付近に到達した部分であるとみなされた。浅部構造探査では、FKFZ内は複雑な構造を呈しており、現在解析中である。

その他：以上の他に、露頭、トレンチ、ボーリングなどからの個別情報の解釈・取り扱いについては、いくつかの問題点が指摘されている[43,44]。それらはトレンチやボーリング結果の解釈に関するものが多いが、ここでは省略する。

塩沢−平山断層帯

足柄山地の南部の地質、特に足柄層群については、伊豆弧衝突帯に形成されたトラフ充填堆積物として注目されてきた[62-64]。ここでは、小山町・御殿場市から山北町にかけての静岡−神奈川県境をまたがる足柄山地西部の足柄層群中に発達する北北東−南南西方向の塩沢断層帯（図11）とその東側約5kmを並走する平山断層を塩沢−平山断層帯として一括し、その概要をまとめる。なお、地震本部[31]では走向の異なる平山断層と松田北断層を含む断層群を、平山−松田北断層帯として一括している（表1）。

塩沢断層帯（または塩沢断層系[65]）発達域の北部付近での調査によると、この断層群は高角西傾斜する前期更新世後半〜中期更新世前半の足柄層群の層面すべり断層として、左横ずれ逆断層運動をしている[65]。上位ほど急傾斜、一部に逆転層を伴うこの時代の地層としての異常な変形は、前述した庵原層群と同様に、伊豆弧衝突帯の表層部での水平短縮変形を特徴づけている[66,67]。足柄層群を覆う中〜後期更新世前期の地層の傾斜が緩くなり、堆積盆が西に移動していくこと（図11の断面図）は、伊豆弧の衝突がこの間に進行したことを示唆している[66]。プレート境界とみなされた小山町生土のKs断層露頭[68]は、塩沢断層帯の西縁部の一断層である。

足柄山地南部、箱根火山西麓での重力異常分布や反射法地震探査結果からは、その地下に塩沢断層帯が延長されることが推定され、それを合わせると断層帯の総延長は15kmに達する。この断層帯に対するリスク評価（S）は大

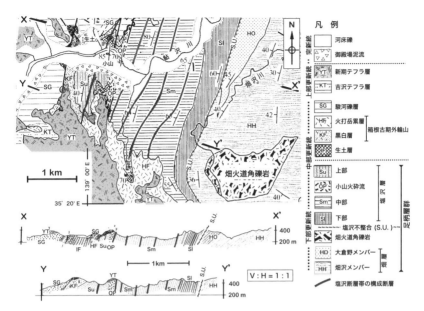

【図11】 足柄地域西部の地質図と地質断面図。狩野ほか[65]に基づいて編図

きいが（表1）、活断層としての後期更新世以降の活動履歴や最新活動等は不明である。

　塩沢断層帯から約3km東方に位置する平山断層[69]の総延長はおよそ9kmに達し、さらに南方の箱根火山の中心部の地下から、北伊豆断層帯に接続するとされている。この平山断層は伊豆弧衝突帯の中心部を大きく縦断し、箱根火山の活動と連動していると考えられ[70,71]、テクトニクス・火山活動の観点に加えて、防災上でも重要な活断層である。この平山断層の北部では、足柄層群に重なる2.1万年前以降の段丘堆積物中に、少なくとも5回の西傾斜・左横ずれ逆断層運動と、7m以上の累積上下変位が記録され、その最新活動は2740～2670 y.BP.頃と推定された[69]。

伊豆半島の活断層

　伊豆弧衝突帯の南側、伊豆半島周辺では1930年以降に北伊豆地震、伊豆半島沖地震、伊豆大島近海の地震が発生し、それらに伴って地表に地震断層が出現している。また、伊東沖の手石海丘の海底噴火（第Ⅲ部第1章）に伴

う小地震の震源分布から、海底下に南北方向の断層が存在すると指摘された。北伊豆地震を除けば、震源は海底下であるが、陸側の地殻浅部で発生しているために直下型地震に分類できる。これらの地震断層とともに、半島内に発達する南北方向の左横ずれ、北西−南東方向の右横ずれ活断層群が認められる[72]。これらと、伊豆東部火山群（第Ⅲ部第1章）、鉱脈・変質帯などの卓越方位から、伊豆半島内には更新世以降に南北〜北西−南東方向の水平圧縮応力場が作用した変形が進行していると見なされている[73,74]。

　以下では、3つの地震断層（帯）と最近確認された下田沖の海底活断層を紹介する。

1930年北伊豆地震と丹那断層

　北伊豆地震（Mj7.3, Mw6.9）は1930年11月に伊豆半島の北部、**丹那盆地**の浅部数kmを震源として発生し、静岡県東部から神奈川県西部の山間部に斜面崩壊と家屋の倒壊を含む多数の被害をもたらし、死者・行方不明者272人に達した。地震時に倒壊した現伊豆の国市、江間尋常小学校跡の片隅に、海軍払い下げの魚雷本体の金属と石の台座との間の「地震動の擦痕」が、国指定天然記念物として展示されている。

　この地震の際に、南北方向約35kmにわたって雁行割れ目帯を伴う多数の地震断層が出現した[74]。個々の断層については固有の名称が付加されたが、これらを総称して**北伊豆断層帯**と呼ばれている[6,7,27]。断層帯の主体を占める南北方向の地震断層は左横ずれ変位を示し、**丹那断層**はその中で最長で、最大左横ずれ2.7m、東側上昇2.4mに達している（図12）。南部の**姫之湯断層**を含む北西−南東方向の断層は右横ずれの小変位をしている[75]。

　丹那断層北部が通過する田代盆地を横断する冷川の河道は約1kmに達する左横ずれによって切断変位されていることが、地震直後の調査によって指摘された[76]（図12）。当時としては珍しかった横ずれ断層の存在が確認され、地形と調和的な上下変位と合わせて地震を伴う断層の繰り返し活動が示唆された。この地域の基盤は50万年前頃の多賀火山噴出物なので、田代盆地付近でのそれ以後の平均変位速度は2m/千年になる。

　北伊豆地震に伴われた顕著な事変は、当時建設中であった東海道線、丹那トンネルの水抜き抗が断層によって破壊されたことである[77]。破壊は断層の地表トレースの直下で生じ、トンネルの中心線を1.9m左に変位させた。こ

【図12】 北伊豆断層帯、丹那断層中央部周辺の地形（国土地理院5m-mesh DEMを用いてSimpleDEMViewerで作成した傾斜量鳥瞰図）と主要な断層変位地点。図両端の矢印を結んだ地形変換線が丹那断層の地表トレース。名賀トレンチ（○地点）のほぼ直下160mが、東海道線丹那トンネル水抜き抗が破壊された位置

の地震に伴った地表での断層変位は、国指定の天然記念物として次の2ヵ所に保存されている。丹那盆地南部、上乙越の**丹那断層公園**では、宅地跡の周囲の水田との境界、水路や円形塵捨て場を囲う石組みなどが連続的に約2.6m左横ずれ切断変位された[78]（口絵2）。その北側には小規模なトレンチが掘削されて、東に急傾斜する断層の断面が観察できる。そこより北方、田代盆地南端部の火雷神社では神社に登る階段とその手前の鳥居との間が左に約1.5mずれている。いずれも断層に沿う上下変位はわずかである。火雷神社の北方約300mで見られる切断された冷川の裁頭谷地形は断層の繰り返し変位の結果である。

　地表で変位が生じた丹那盆地北部の**名賀トレンチ**[79]では、最近7000年の間に9回の活動が記録され、その平均活動間隔はおよそ700〜1000年と見積もられた。ここで明らかにされた地震回数の多さと、短い活動間隔はこの断層の特徴で、断層帯全体のリスク評価が低い（Z）のは、北伊豆地震からの地震後経過率が少ないためである。

1978年伊豆大島近海の地震と稲取断層

　1978年1月の**伊豆大島近海の地震**（Mj7.0, Mw6.6〜6.8）は、伊豆稲取の東方沖約17km、深さ約15kmを震源とした地震である（図13）。その余震域は西方に延び、伊豆東海岸に達した後は西北西に方向を変えて約6km連続した。この地震に伴って海蝕崖に沿う国道135号線、山間部を走る136号線沿いに多数の崩落が、内陸部の河津町見高入谷では大規模な地すべりが発生

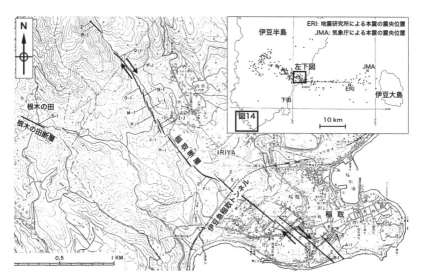

【図13】1978年伊豆大島近海の地震で出現した稲取断層の地表トレース、右上図は震央・余震分布図 (Tsuneishi et al.[80) を一部改変)

している（第IV部第3章）。市街地での被害が比較的少なかったのは、数日前から有感の前震が発生し、次に述べる3年半前の伊豆半島沖地震の経験が活かされたからであろう。

　地震に伴って東伊豆町の海岸部から西北西方向約3kmの間に稲取断層（または稲取‐大峰山断層）が出現した[80,81)]（図13）。海岸沿いの市街地では、断層上の建物が連続的に破壊され、道路が切断された。内陸部の農地では左雁行亀裂帯が連続している。最大変位は右横ずれ120cmで、上下変動は10cm程度南西側上昇であった。また、西方の河津町根木の田にも10cm程度の左横ずれ変位を伴う亀裂帯（**根木の田断層**）が出現した。

　特徴的な変位は、断層が伊豆急行の稲取トンネルを横断したことで、地震断層による鉄道トンネルの被害としては、丹那トンネルに続く2例目である。この時の被害は断層の地表通過位置よりおよそ100m南東側で激しく、トンネル壁面が破壊されるとともに、路盤が変形し、この間の短縮によってレールが屈曲（褶曲）している[80)]。断層のトレースとトンネルの最大破壊位置がずれたのは、トンネルの構造特性に起因したものであろう。

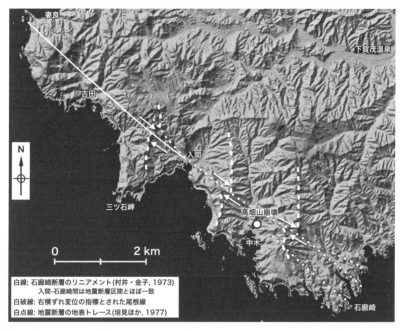

【図14】石廊崎活断層[84]と、1974年伊豆半島沖地震の地表地震断層のトレース[83]。
地形陰影図は国土地理院5m-mesh DEMを用いてSimpleDEMViewerで作成

1974年伊豆半島沖地震と石廊崎断層

　　伊豆半島沖地震（Mj6.9, Mw6.4）は、1974年5月に伊豆半島南端部の南南
西沖5km, 深度9kmを震源とした地震である。この地震に伴って、陸上部分で
は約8km、北西‐南東方向・急傾斜の地震断層（**石廊崎断層**）が出現した[82,83]（図
14）。この断層上では最大40cmの右横ずれ変位が生じ、断層が通過した石廊
崎や入間の集落では破壊された民家が線状に連続した。また中木集落の北方
の高畑山山腹に地すべり崩落が発生し、集落を襲って大きな被害をもたらし
た（第Ⅳ部第3章）。

　　この位置に活断層が存在する可能性は、地震直前の空中写真によるリニア
メント解析で示され、断層を横断する尾根線のずれから最大300mの右横ず
れ累積変位があることが指摘されていた[84]　（図15）。断層の位置と変位のセ
ンスが、地震断層と一致していたという点で、空中写真による地形解析が活
断層の抽出に有効な手段であることが示された。

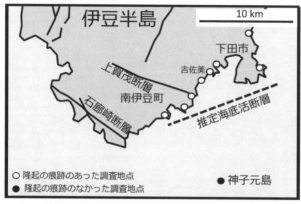

【図15】下田沖の海底活断層。上図は下田市・南伊豆町周辺の海岸に見られる離水した海生固着動物遺骸の分布と海底断層。下図は離水した二枚貝ケガキの写真

下田沖の海底活断層

　静岡県下田市から南伊豆町の海岸では、海面より数mも高い場所にフジツボやカキなどの海生固着動物の遺骸が見られる（図15）。これらは地震による地盤隆起の証拠であり、放射性炭素年代の測定から、約3000年前と1000～1270年、1430～1660年、1506～1815年の計4回の隆起が起きたこと、つまり地震が発生したことが判明した[85]（第Ⅱ部第5章図5）。古文書には、1729年3月8日に下田の「吉佐美で大地割れ、川筋に水涌く、下田で家、土倉の傾倒せしものあり」と記されており、また江戸、日光、駿府、京都、奈良で有感された（図16）[86]。これらから、震源は伊豆の南岸沖と推定されて

いる[86]。この地震が1506〜1815年の隆起をもたらした地震と考えるのが妥当である。さらに、有感地震の範囲が1974年の伊豆半島沖地震（M 6.9）と類似するので（図16）[87]、同規模の地震と推定される。

　海底断層の位置については、下田市の10 km沖の神子元島（みこもとじま）に地盤隆起の痕跡が見られないことから、下田と神子元島の間にある。海底地形の状況と隆起量や地震の規模から、断層は下田市の沖合約5 kmに位置し（図15）、長さ12 km、幅15 km、傾斜は北に25度、すべり量は3.0 m、最大海底隆起は1.9 m未満と見積もられた[85]。この活断層は、下田市や南伊豆町東部に関しては、伊豆半島沖地震を起こした石廊崎断層よりも近いので、地震動は伊豆半島沖地震のものより強いと予想される。一方、津波に関しては、海底の隆起量や隆起する面積が小さいので津波の規模も小さい上、沿岸地域が隆起するので、その影響はほとんどないと考えられる。この推定は、1729年の地震でも津波に関する文書がないことからも支持される。

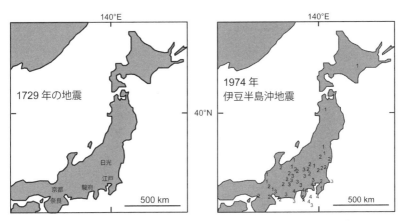

【図16】1729年の地震の記録と1974年伊豆半島沖地震の震度の分布[85]

静岡県内に見られる
安政東海地震の地質学的証拠

Geological evidence of the AD 1854 Ansei-Tokai earthquake in Shizuoka Prefecture

北村晃寿（第四紀環境学）

　平成28（2016）年3月26日に開館したふじのくに地球環境史ミュージアムの展示室2「ふじのくにのすがた」には、静岡県の自然の脅威に関する展示がある。これらの中に、1854年の**安政東海地震**とそれに伴う津波の地質学的証拠を著者は2つ提供したので、入館者の理解の促進も図り、ここに解説する。

安政東海地震の地震性隆起の発生を示す
堆積物の境界

　これは、安政東海地震直後に描かれた絵図に、泥干潟になった場所とされた静岡県清水区の清水総合運動場で掘削したコア試料の剥ぎ取り試料である（図1）。砂層を塊状粘土層が覆い、その境界は極めて明瞭である。境界の標高は0.26mである。砂層に含まれる木片の年代は、1950年より98±43年前という年代、つまり、1809年から1895年を示した。

【図1】ふじのくに地球環境史ミュージアムに展示された安政東海地震の地質学的証拠

　干潟では、陸側部分は泥干潟で、海側部分は砂干潟になっている。これは、潮汐流（潮の満ち引きに伴う流れ）も波浪の影響も海側から陸側に向かって減少するからである。したがって、砂層から粘土層の急変は砂干潟から泥干

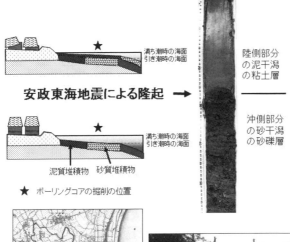

安政東海地震による隆起 →

満ち潮時の海面
引き潮時の海面

陸側部分
の泥干潟
の粘土層

沖側部分
の砂干潟
の砂礫層

満ち潮時の海面
引き潮時の海面

泥質堆積物　砂質堆積物

★ ボーリングコアの掘削の位置

1 km

ボーリング掘削の様子

【図2】安政東海地震の隆起に伴う環境変化で形成された堆積物の境界。左下は1932年の地図とボーリングコアの掘削地点の位置。右下の写真はボーリングコアの掘削の様子

潟へ突然変化したことを示す（図2）。そして、木片の年代値に基づくと1809年以降に変化したことになる。これらのデータから、著者らは砂層と泥層の境界は安政東海地震の地震性隆起の証拠と結論付けたのである[1]。

安政東海地震に伴う津波石

　ミュージアムにあるのは写真で、実物は下田市大浦湾奥の鍋田海岸の波食台にある。伊豆急下田駅から徒歩30分で着き、海岸の道路からわずか30mの距離である。波食台とその背後の海食崖は白浜層群須崎層の安山岩質角礫岩からなる。波食台には3〜4m大の粗粒〜極粗粒巨礫が多数あり、それらの一つから北村ほか（2014）[2]は、離水した海生固着動物の遺骸が付着した巨礫を発見した（図3）。巨礫の位置は、北緯34度39分58.8秒，東経138度56分19.1秒である。長軸、中軸、短軸はそれぞれ3.4 m、2.5 m、2.5 mで、重量は約32 tと推定される。遺骸はフジツボ類を主体とし、巨礫の陸側に傾い

【図3】下田市で発見された安政東海地震に伴う津波石

た平坦面の標高約0.7〜2.2mに見られる（図4）。遺骸の^{14}C年代値は、巨礫の回転が1720年から1950年に起きたことを示し、この結果と同期間に被害を及ぼした高波・高潮の記録はないことから、著者らは巨礫を1854年の安政東海地震の**津波石**と解釈した[2]。

津波石の後方にある灯篭がのっている岩体は、残丘である（図3）。残丘は浸食から免れた岩盤のでっぱりで、礫ではなく、つまり津波でも動かない。津波石の陸側にも残丘があり、それと津波石の間には1mサイズの巨礫が4つある。おそらくは、津波石は残丘と4つの巨礫によって移動を止められたのだろう。2017年10月23日に襲来した台風第21号で下田市周辺では高波による被害が出たが、この高波では津波石を含む巨礫群は全く動いていない[3]。

安政東海地震に伴う津波は高さ5mに達し、下田の市街地に大被害をもたらした。津波の様子は、下田港に停泊していたロシア船ディアナ号の乗員のモジャイスキーによって、克明に描かれている。この絵とともに、津波石は津波の脅威の理解促進に役立つアーカイブとして重要である。現在のところ、この津波石が安政東海地

【図4】上図は津波石に固着したフジツボの化石。下図は津波で反転した様子の復元

震の津波石としては唯一のものである。満潮時には、波食台は水没するので、津波石の見学は干潮時に行くことを勧める。下田市街地には、津波石以外にも稲田寺に「津なみ塚」と刻まれた安政東海津波の犠牲者の供養碑があり、了仙寺の本堂には津波で流れ込んだ船が当たったキズ跡が残されている[4]（図5）。

なお、ふじのくに地球環境史ミュージアムには、展示室2に富士山の宝永噴火で噴出した火山灰層の展示があり、展示室6「ふじのくにの成り立ち」に静岡県の地質の展示があるので、参考いただきたい（図6）。

【図5】下田市街地の安政東海地震に伴う大津波の痕跡の位置図

【図6】ふじのくに地球環境史ミュージアム展示室6の写真。静岡県各地の代表的な岩石・化石が展示されている

第5章

静岡県における南海・駿河トラフの巨大地震・津波の最新の地質学的知見

Geological evidence of the large earthquakes and tsunamis generated along the Nankai and Suruga troughs

北村晃寿（第四紀環境学）

はじめに

　東北地方太平洋沖地震とそれに伴う巨大津波による激甚災害を教訓に、国は**南海・駿河トラフ**の**海溝型地震**の被害想定を、「想定外のない想定」へ方針転換し、それまで防災対策の対象としてきた「東海地震、東南海地震、南海地震とそれらが連動するマグニチュード8程度のクラスの地震・津波」を「**レベル1の地震・津波**」とし、「あらゆる可能性を考慮した最大クラスの巨大な地震・津波」を「**レベル2の地震・津波**」とした[1]。レベル1地震・津波の発生間隔は約100〜150年である。一方、レベル2地震・津波は千年あるいはそれよりも発生頻度は低いが、津波高はレベル1よりも高い。国は、レベル2津波について11ケースを想定し、各地の予測津波高を公表した（口絵P4）。これによると、静岡県で最大被害が出るのは、ケース1、6、8である。レベル2津波の想定公表とともに、国は、限られた科学的知見に基づいた想定なので、古文書調査や**津波堆積物**調査等の一層の促進を図り、巨大地震の全容を解明するための継続的な努力が必要と述べている。

　東日本大震災の時点では、静岡県内の津波堆積物調査は、産業技術総合研究所の藤原治研究員が県西部で行っていたが、中東部ではほとんど行われていなかった。そこで、私（北村）は同地域で調査を自治体とともに開始した。

それまでの私の研究は、温暖化・海水準変動に対する沿岸生態系の地理的応答様式の解明で、その研究手法を使うと，津波（一瞬の海水準上昇）や地震性の地殻変動（一瞬の海水準変動）を解明できるのだ。調査の結果、本県の過去4000年間の地層・地質記録にはレベル2津波の痕跡は見つからなかった。この結果に至るまでの過程を本章で紹介する。それに先立ち、レベル1地震・津波、すなわち静岡県における南海・駿河トラフと**相模トラフ**の歴史地震・津波の実態を概説する。

歴史地震・津波

　現在、インターネットから様々な情報が入手でき、歴史地震・津波の学術的情報も検索できるので、主なサイトを表1にまとめた。これらの情報をもとに、フリー百科事典『ウィキペディア（Wikipedia）』などでは地震・津波の情報がまとめられている。そこで、本章ではネット上の情報を参考にしつつ、静岡県に影響のあった海溝型地震について図解を使って紹介する。

内容	URL	出典
日本の歴史地震・津波のリスト	https://www.jstage.jst.go.jp/article/zisin1948/36/1/36_1_83/_pdf	渡辺偉夫, 1983, 地震第2輯, 36巻, 83-107.
静岡県市町村災害史	https://www.pref.shizuoka.jp/bousai/e-quakes/shiraberu/higai/saigaishi/index.html	静岡県地震防災センター
安政東海地震津波被害報告書1986-特に伊豆半島東海岸について-	https://www.pref.shizuoka.jp/bousai/e-quakes/shiraberu/higai/documents/38-1986-all.pdf	
伊豆半島東海岸津波浸水予測調査報告書1984	https://www.pref.shizuoka.jp/bousai/e-quakes/shiraberu/higai/documents/25-1984-all.pdf	
静岡県沿岸における宝永・安政東海地震の津波	https://repository.dl.itc.u-tokyo.ac.jp/?action=pages_view_main&active_action=repository_view_main_item_detail&item_id=33195&item_no=1&page_id=28&block_id=31	羽鳥徳太郎, 東京大學地震研究所彙報, 52, 407-439.
元禄・大正関東地震津波の各地の石碑・言い伝え	https://repository.dl.itc.u-tokyo.ac.jp/?action=pages_view_main&active_action=repository_view_main_item_detail&item_id=33235&item_no=1&page_id=28&block_id=31	羽鳥徳太郎, 東京大學地震研究所彙報, 50, 385-395.

【表1】歴史地震・津波の学術的情報

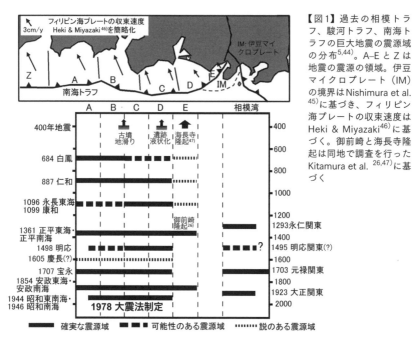

【図1】過去の相模トラフ、駿河トラフ、南海トラフの巨大地震の震源域の分布[5,44]。A–EとZは地震の震源の領域。伊豆マイクロプレート（IM）の境界はNishimura et al.[45]に基づき、フィリピン海プレートの収束速度はHeki & Miyazaki[46]に基づく。御前崎と海長寺隆起は同地で調査を行ったKitamura et al.[26,47]に基づく

地震名	発生時刻	規模	震源	静岡県内・周辺における地震・津波以外の主な自然事象
昭和東南海地震	1944年12月7日 13時35分	Mj7.9	南	太田川周辺の低地で液状化
大正関東地震	1923年9月1日 11時58分	Mj7.9~8.1	相	相模湾西岸・初島の隆起
安政東海地震	1854年12月23日 9~10時	M8.4	南	駿河湾西岸の隆起、富士川上流の白鳥山の崩壊
宝永地震	1707年10月28日 13時頃	M8.4~8.6	南	安倍川上流の大規模山地崩壊（大谷崩）、富士川上流の白鳥山の崩壊、49日後の富士山の噴火。
元禄関東地震	1703年11月23日 2時頃	M8.1~8.2	相	三浦半島・房総半島で隆起、江ノ島の隆起量は0.7m.
慶長地震	1605年2月3日	?	南?	
明応地震	1498年9月11日 8時頃	M8.6	南	焼津市の小川の浜浜の海没、浜名湖と太平洋の連結（今切の形成）.
明応関東地震?	1495年8月15日	?	?	鎌倉大日記に津波被害の記載あり。県内に記録なし.
正平（康安）東海地震	1361年7月24日 6時頃	?	南	県内に記録なし. 御前崎の隆起.
永仁関東地震	1293年5月19日	M8?	相	県内に記録なし.
永長東海地震	1096年12月11日 8時頃	M8.4前後	南	駿河では社寺民家百姓の流失400余という記録がある. 県内における最古記録.
仁和地震	887年8月22日 16時頃	M8.0~8.5	南	県内に記録なし.
白鳳地震	684年11月26日 20~22時	M8.2	南	県内に記録なし.

【表2】南海・駿河トラフと相模トラフの歴史地震の発生時刻、規模、震源、地震・津波以外の主な自然事象。震源の南は南海・駿河トラフ、相は相模トラフである

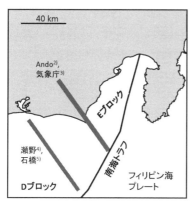

【図2】D・E領域の境界の位置の相違

【図3】6つの歴史地震の津波高(m)。羽鳥[6,22,48]に基づく

【図4】安政東海地震と大正関東地震による地殻変動（m）。安政東海地震は石橋[49]とKitamura & Kobayashi[30]に基づく。大正関東地震はShishikura et al.[24]に基づく

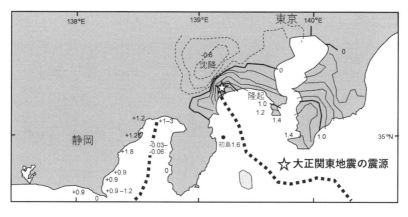

図1は南海・駿河トラフと相模トラフの歴史地震の履歴である。南海・駿河トラフでは、684年白鳳地震以降、マグニチュード8級の大地震と大津波が繰り返し起きた。これらの震源域・波源域は、西から、Z、A〜Eの6領域（ブロックあるいはセグメントともいう）に分けられ、大地震は隣接領域が数時間〜数年間を置いて、あるいは時間を置かずに同時に連動して起きている。ただし、領域間の境界の位置には異なる見解があり、例えば、D・E領域の境界は**御前崎付近**[2,3]と浜名湖付近[4,5]がある（図2）。

　表2に南海・駿河トラフと相模トラフの歴史地震の発生時刻、規模、震源、地震・津波以外の主な自然事象を、図3に6つの地震に伴う津波高を、図4に大正関東地震と**安政東海地震**の隆起量を示した。**元禄関東地震・宝永地震**以降の歴史地震・津波に関しては記録が多いが、それ以前の歴史地震・津波については研究が進行中である。**明応地震、明応関東地震、正平（康安）東海地震（康安東海地震**ともいう）については、静岡県とその周辺の調査から新知見が得られているので紹介する。

明応地震

　この地震と津波の被害は県内の数地点に記録されている（図5）[5,6]。浜名湖は、海と直接つながっていなかったが、地震と津波で現在の今切が形成され、海と直接つながった。一方、地震前に浜名湖と海を結んでいた浜名川沿いにあった港湾都市・橋本は壊滅した。磐田・袋井周辺では、遠州海岸の砂丘の内陸側に潟湖が広がっていた浅羽低地で、物資集散地だった元島遺跡の湊と浅羽湊が地震で衰退ないし消滅した。焼津市では、小川（こがわ）にあった林叟院（りんそういん）の跡地が地震・津波後に海没した（図6）。また、海長寺（清水区村松）の僧侶が小川で津波に遭遇し、亡くなった（図7）。

　明応地震の破壊領域・津波波源域には2つの説がある（表3）。第1はC・D領域（以下ではC・D領域説）とするものである[2,5]。第2は歴史津波の研究者の羽鳥徳太郎[6]が提唱した「C・D領域＋**銭州海嶺**付近〜新島・神津島付近〜相模トラフ（「以下ではC・D領域＋銭州海嶺」説）」とするもので、鎌倉と房総半島小湊にも津波伝承があることを根拠とし、静岡県下田、東京都新島・式根島の隆起貝層[7,8]を銭州海嶺付近の地震活動の証拠とした。

　この「C・D領域＋銭州海嶺」説は、石橋克彦（1976年に駿河湾大地震説を提唱）[9]により、根拠とした鎌倉の津波について2つの観点から反論されて

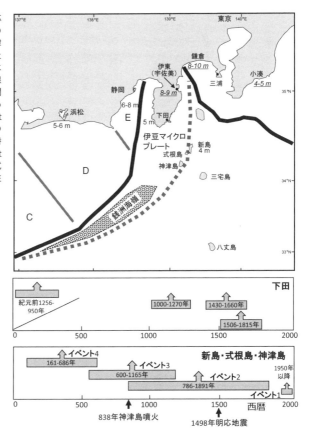

【図5】1498年の明応地震および1495年の地震？に伴う地震・津波に関するデータ。上図は津波高のデータは羽鳥[6]に基づく。下線の付いた数字は明応関東地震？の可能性あり。中図はKitamura et al.[15,16]に基づく下田の地震性隆起の発生時期。下図はKitamura et al.[18]に基づく新島・式根島・神津島の地震性隆起の発生時期

いる。1つ目は津波の発生日である。津波の記述の出典である「鎌倉大日記」には、「明応四年乙卯八月十五日大地震洪水…」とあるが、羽鳥[6]は「明応7年8月25日」の誤記とした。だが、石橋は「御湯とのの上の日記」に明応4年8月15日に京都で有感地震のあったという記述から、羽鳥[6]の解釈に反論した。2つ目は津波の規模の推定である。「鎌倉大日記」には、津波によって大仏殿が破壊されたように記されている。現在の鎌倉大仏は海岸から約880 mあり、標高は約14 mある。したがって、大仏殿が津波で破壊されたのならば、遡上高は約14 mを超える。だが、京都の禅僧の記した「梅花無尽蔵」によれば、1486年には大仏は露座だったという。石橋は、当時の鎌倉の疲弊ぶりから、明応4年または7年までの10年前後の間に大仏殿が再建されたとは考えにくいので、大仏殿がなかった可能性が高いとし、「鎌倉大日記」の記事の信ぴょ

【図6】林叟院の古文書。翌明応7年
8月には大雨があり、25日は大地震、
津波が起き、2万6千人の溺死者が
出た。寺が元あった場所は大海に
なってしまった[50]

う性は低いとした。なお、この記事につい
て、歴史学者の浪川幹夫[10]は、「大仏殿」は
寺院の名称で、記述は同寺院の海岸近くの
建物が破壊されたという意味と解釈してい
る。

「C・D領域＋銭州海嶺」説を検証するた
めに、石橋ほか[11]と太田ほか（太田陽子は
地形の研究者）[12]は、液体シンチレーショ
ン法で、下田・新島・式根島の隆起貝層の
^{14}C年代測定を行った。その結果、隆起年
代は、下田では約2800年前、1500年前、
700年前[11]、式根島では約1400年前と推定
した[12]。これらの値が明応地震より古いの
で、太田ほか[12]は隆起貝層は「C・D領域
＋銭州海嶺」説の証拠にならないとした。

このように「C・D領域＋銭州海嶺」説に
は様々な問題があるにもかかわらず、2013
年に中田ほか（中田高は活断層の研究者）

波源域	C・D領域＋銭州海嶺	C・D領域
論文	羽鳥[6]、中田ほか[13]	Ando[2]、石橋[5]など
「鎌倉大日記」にある鎌倉の地震・津波の発生年代	「1495年の記載を1498年と誤記」と解釈[6].	京都の日記から、記述通りに1495年に発生[9].
「鎌倉大日記」にある鎌倉の津波高	大仏殿まで津波上がり、建物を破壊 8-10m[6].	1486年に大仏が露座だったという古文書から大仏殿の存在に疑義[9]. 大仏殿は寺院の名称であり、大仏殿そのものが津波の被害にあったわけではなく、遡上高は4-6m[10]. 1495年の地震・津波は実在する[20,21].
下田周辺の隆起貝層の示す地震性隆起	明応地震で隆起[6].	下田沖10kmの海底活断層による[17].
式根島の隆起貝層の示す地震性隆起	明応地震で隆起[6].	年代測定の結果から、1400年前以降に顕著な隆起がなかったことから、明応地震の隆起の可能性を否定[12]. 年代測定を再度行った結果、隆起が明応地震による可能性がないとは言えないことが判明[18].

【表3】明応地震の破壊領域・津波波源域の2つの説

が「南海トラフ南方の銭洲断層系活断層と歴史地震」というタイトルで発表を行った[13]。それによると、銭洲断層系は、神津島から銭洲を経て浜名湖沖に達する銭洲海嶺の南縁に沿って発達する長さ150km以上の活断層で、その断層モデルから発生する地震と津波は明応地震の規模とそれによる津波の規模に類似するとした。これを踏まえてか、2013年に国の公表した「南海トラフの地震活動の長期評価の第二版」[14]では、「遠州灘〜銭州海嶺付近〜新島・神津島付近〜相模トラフのどこかにも巨大地震の震源域に含まれる領域が存在する可能性がある」と記述された。ただし、中田ほか[13]は太田ほか[12]の研究結果には言及していない。

ところで、太田ほか[12]は^{14}C年代測定を液体シンチレーション法で行ったが、この方法は必要な炭素量が1g程度であり、大量の化石試料を必要とする。そのため汚染物質を除去しきれていない可能性がある。ここでいう汚染物質は、古い貝殻（炭酸カルシウム$CaCO_3$）が水に溶けて、流れてきたものが下方にあった貝殻の隙間に入り込み沈積したもので、鍾乳石のようなものである。古い年代を持つ汚染物質の混入で、真の年代よりも古い年代を与えることになる。一方、現在の年代測定は加速器を使い、必要な炭素量は0.0003gで、5mm四方の貝殻のごく一部でも高精度の年代を測定できる。

そこで、私は石橋ほか[11]と太田ほか[12]を検証するために、下田周辺の隆起貝層の調査と^{14}C年代測定を静岡県とともに行った。実は、隆起貝層の調査は、津波堆積物調査に必須なのである。なぜならば、津波堆積物の陸側末端の標高が分かっても、地盤隆起の影響を取り除かないと遡上高を過大評価することになるからだ。

調査の結果、下田周辺では、紀元前1256〜950年、1000〜1270年、1430〜1660年、1506〜1815年に突発的隆起があったことが判明するとともに（図5）、隆起は下田沖の海底断層の活動によると結論した[15-17]。こ

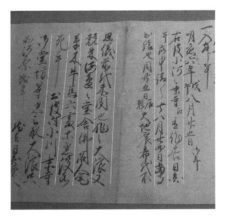

【図7】清水区海長寺の古文書。「5日の辰の刻（午前8時）に大地震あり。前代未聞の事である。非常な大浪が地震の後すぐやってきて、海の近くの建物、仏閣、庶民の住宅、草木、牛馬などみな水に没して死んでしまった」[50]

の結果は、石橋ほか[11]と同様の測定方法を用いた太田ほか[12]の[14]C年代値も、真の年代よりも古い値を示している可能性が高いことを示唆する。そのため、私たちのグループは、式根島、新島、神津島の隆起貝層を記載し、[14]C年代を測定した。その結果、4回の隆起イベントが識別され、それらの発生年代はイベント1は1950年以降、イベント2は786〜1891年、イベント3は600〜1165年、イベント4は161〜686年と推定され、また最小隆起量は0.2〜0.9 m（イベント1）、0.3〜2.6 m（イベント2）、1.6〜4.4 m（イベント3）、8.2 m（イベント4）と算出された（図7）[18]。下田周辺の調査と同様に、太田ほか[12]よりも年代が新しくなり、イベント2の隆起年代の範囲は明応地震の発生した1498年を含み、「C・D領域＋銭州海嶺」説の可能性は残ることとなった。ただし、式根島、新島、神津島は火山活動でも隆起するので（62ページ参照）、上記の隆起イベントはそれによる可能性もある。つまり、これらの地域は断層活動の調査には適した場所ではない。

　なお、駿河湾内の明応地震の津波の痕跡高（8ページ参照）は、湾内に4つの局所的波源域を設定することで説明できるという研究成果が出されているが[19]、局所的波源域のメカニズムは述べられていない。

明応関東地震？

　前述の鎌倉大日記の記述が正しいのならば、1495年8月15日に関東地震が起きた可能性があり、それを裏付けるイベント堆積物が静岡県伊東市の宇佐美遺跡と神奈川県三浦市の白石洞穴遺跡から発見されている[20,21]。宇佐美遺跡では標高7.9mに厚さ5〜15cmのイベント堆積物があり、南北200m、東西50mにわたって分布する。堆積物は2層からなり、下層は黄色の粘土礫の密集層で、上層は明青灰色の含礫粘土層である。下層と上層の基底はともに下位層を浸食している。宇佐美遺跡のイベント堆積物が津波によるのならば、遡上高は7.9mを超える[23]。この値は、宇佐美での元禄関東地震時の遡上高の約8m、大正関東地震の津波高5〜7mと同等である[22]（図3）。

　白石洞穴遺跡は相模湾に面した入江の奥にある。開口幅は約5m、奥行きは約21m、発掘前の洞窟内の堆積面の標高は約8.2mである。古墳時代後期の石組墓を覆って約1.7mの地層が堆積し、粘土礫などから構成され、斜交層理や級化・逆級化構造が見られる。これらの堆積構造は洞穴内への流れ込みを示す。堆積物の中間付近にある厚さ約60cmの砂礫層（基底の標高約7.0m）

【図8】千葉県館山市の海岸に見られる隆起段丘。元禄段丘と大正段丘の標高はそれぞれ4.5～5.6mと1.5～2.4mで、この地域では元禄段丘が大正段丘に比べて隆起量が大きく、地震規模が相対的に大きかったことを示す。写真は藤原治氏から提供

は、堆積年代が15世紀後半から16世紀と推定され、明応関東地震の津波堆積物の可能性が指摘されている[21]。ただし、白石洞穴遺跡の北2kmにある小網代湾の干潟で長さ約2mのコア堆積物が採取・調査され、大正関東地震、元禄関東地震、1293年の永仁関東地震に伴う津波堆積物は発見されたが、1495年の津波堆積物は検出されなかった[24]。

鎌倉大日記には1495年の地震で江の島の前にあった陸が海になったと記されている[25]。大正関東地震、元禄関東地震では三浦半島と房総半島は隆起し、隆起段丘が形成されたが（図8）、1495年の地震に対応する段丘面はない。つまり、1495年に関東地震があったとすると、地殻変動を伴わない地震となり、その後の2回とは異質の断層運動が起きたこととなる。相模湾・房総半島沿岸地域では、地震性隆起のない分、津波被害が増大することとなる。

1361年の正平（康安）東海地震

古文書に1361年7月26日午前4～5時頃に大地震が発生したことが記されており、正平（康安）南海地震とみなされている。古文書には、その2日前にも比較的大きな地震があり、正平（康安）東海地震と解釈されているが、東海地方では地震や津波の記録はなく、三重県伊勢神宮関連史料に地震の被害の記録があるものの日付が不明である[5]。また、愛知県一宮市木曽川町の門間沼遺跡には14世紀の噴砂跡があるが、内陸地震による可能性もある[5]。

【図9】御前崎の波食台に見られる離水した穿孔性二枚貝化石

正平（康安）東海地震の発生は判然としない状況だったが、発生を裏付ける地質学的証拠を2017年に私が御前崎で発見した。そこの波食台（標高1.05～1.35m）で、穿孔性二枚貝*Penitella gabbii*（オニカモメガイ）の化石を発見したのだ[26]（図9）。穿孔性二枚貝は岩石などの固結した基質に孔を開け、その中で生活し、一度孔を開けて穿孔生活を始めると孔から出れない。そのため、海面変化や地盤の隆起量を推定できる。貝殻は85個体に及び、10個体の^{14}C年代を測定した。その年代値と同地の堆積性海成段丘の形成年代[27]から、隆起は正平（康安）東海地震によると結論付けた。さらに、オニカモメガイの生息深度が「大潮時の低潮線より下」であることと「1958年から2015年までの御前崎の沈降量が40cm」であることから、隆起量を2.55 m以上と算出した。安政東海地震による隆起量は御前崎で約1mであるから、その2.5倍以上である。いずれにせよ、この突発的隆起はE領域の破壊を意味し、正平（康安）東海地震を裏付ける。

　この発見は正平（康安）東海地震が正平（康安）南海地震の2日前に起きた可能性を裏付け、南海・駿河トラフの海溝型地震が、東側で発生した後、数時間から数年の期間をおいて、西側で発生する事例が1つ増えたことになり（半割れ、166ページ参照）、防災対策にとって重要な知見である。

静岡県内におけるレベル2地震・津波

　レベル2地震・津波の発生頻度は千年に1度あるいはそれ以下なので、発生履歴の解明には先史時代の地震・津波堆積物の調査が必要である。そのため、静岡県を含めた南海・駿河トラフ沿いの各地で調査が行われている。表4に、静岡県内で行われた津波堆積物調査のうち、論文公表されたものをまとめ、図10に調査地点・結果を示した。学会発表などの講演要旨を収録しなかった理由は、他の専門家による査読を受けていないためである。

　査読とは、科学データの取得方法の適切性や、データに基づく考察の合理性・論理性などを、その調査・研究に関わっていない専門家がチェックする作業である。査読者のコメントにより、当初の考察が改悪されることもある

【表4】静岡県内で行われた津波堆積物調査

	場所	コアの基底の年代	堆積環境	津波堆積物	出典	URL
1	伊東市 標高3.0~9.5m 2地点	紀元前6000年	デルタ	記載なし	藤原+, 2014. 第四紀研究, 53, 35-53.	https://www.jstage.jst.go.jp/article/jaqua/53/1/53_35/_pdf/-char/ja
2	河津町 標高4.2~5.9m 2地点	カワゴ平火山灰(紀元前1187年)以後	後背地	検出されない	北村+, 2018. 静大地報, 45, 1-16.	info:doi/10.14945/00025659
3	下田市白浜・原田 標高2.5m 1地点	7700年前	後背湿地	粘土層中に薄い砂層が少なくとも5層挟在	北村・小林, 2014. 地学雑誌, 123, 813-834.	https://www.jstage.jst.go.jp/article/jgeography/123/6/123_123.813/_pdf
4	下田市鍋田海岸 34° N3958.8, 138° E5619.1		波食台	安政東海地震の津波石	北村+, 2014. 第四紀研究, 53, 259-264.	https://www.jstage.jst.go.jp/article/jaqua/53/5/53_259/_pdf
5	下田市 2.9~9.1m 7地点	コアによって異なり、最も古い年代は6300年前	後背湿地・内湾	リップアップクラストを含むイベント層が標高1.76mにあり、安政東海地震あるいは宝永地震による津波堆積物の可能性がある	北村・小林, 2014. 地学雑誌, 123, 813-834.	https://www.jstage.jst.go.jp/article/jgeography/123/6/123_123.813/_pdf
6	下田市吉佐美 標高2.1m 1地点	4800年前	後背湿地・沿岸	検出されない	北村・川手, 2015. 静大地研報, 42, 15-23.	http://doi.org/10.14945/00009097
7	南伊豆町 標高1.3~1.6m 2地点	6400年前	沿岸・河川	検出されない	北村・川手, 2015. 静大地研報, 42, 15-23.	http://doi.org/10.14945/00009097
8	南伊豆町 標高3.0~5.7m 5地点	コアによって異なり、最も古い年代は7400年前	河川・後背湿地・沿岸	検出されない	北村+, 2013. 静大地研報, 40, 1-12.	http://doi.org/10.14945/00007427
9	沼津市井田 標高2m	500 BC~AD1460	後背湿地	1層の津波あるいは高潮による砂層 堆積年代は西暦1090~1340年	Sawai+, 2016. Nat Hazards, 80, 505-519.	https://link.springer.com/article/10.1007/s11069-015-1980-7
10	富士市 浮島が原 標高-0.5-2.0m	1500年前	湿地	津波堆積物は検出されない 1500年間に5回の突発的沈降 発生間隔は100~500年、富士川河口断層か相模の破壊による。	Fujiwara+, 2015. Quatenary International, 397, 523-540.	https://doi.org/10.1016/j.quaint.2015.11.014
11	静岡市清水区 標高2.0~8.2m 12地点	コアによって異なり、最も古い年代は11000年前	内湾	4層の津波堆積物が検出される。堆積年代は6180~5580年前、5700~5320年前、4335~4067年前前、3670~3360年前	Kitamura & Kobayashi, 2014. Holocene, 24, 817-827.	https://doi.org/10.1177/0959683614530447
12	静岡市清水区海長寺 標高3.8-4.5m 2地点	1040年前	内湾・海浜	検出されない 400年前に地震性隆起	Kitamura+, 2019 Progress in Earth and Planetary Science.	https://doi.org/10.1186/s40645-019-0305-y
13	静岡市駿河区大谷 標高6.4~7.8m 7地点	鬼界アカホヤ火山灰(7300年前)	ラグーン・湿地	3層の推定津波堆積物(T0, T1, T2)が検出。堆積年代は西暦1000年頃、3565~3486年前、4000年前	北村+, 2011. 静大地研報, 38, 3-19. Kitamura+, 2013. Holocene, 23, 1684-1698.	http://doi.org/10.14945/00006208 https://doi.org/10.1177/0959683613505345
14	焼津市中里 標高1.8-4.6m 9地点	コアによって異なり、最も古い年代は9000年前	沿岸・後背湿地	検出されない	北村+, 2015. 静大地研報, 42, 1-14. 北村+, 2016. 地質学雑誌, 122, 523-531.	http://doi.org/10.14945/00009096 https://www.jstage.jst.go.jp/article/geosoc/122/10/122_2016.0022/_article/-char/ja/
15	御前崎	コアによって異なり、最も古い年代は5030年前	沿岸・後背湿地	検出されない	Fujiwara+, 2010. Island Arc, 19, 374-388.	https://onlinelibrary.wiley.com/doi/full/10.1111/j.1440-1738.2010.00729.x
16	磐田市 太田川 標高3m	工事露頭 4680年前	干潟・湿地	津波堆積物は未記載 紀元前100年から西暦300年の間に一時的沈降	藤原+, 2015. 第四紀研究, 54, 11-20.	https://doi.org/10.4116/jaqua.54.11
17	浜松市西区六間川低地 標高0.6~0.9m 20地点	コアによって異なり、最も古い年代は紀元前4260年前	後背湿地	1層の津波による砂層 堆積年代は3400~3300年前 カワゴ平火山灰の直下	藤原+, 2013. 地学雑誌, 122, 308-322.	https://doi.org/10.5026/jgeography.122.308
18	浜名湖 6地点	3850年前	湖	5層の津波堆積物 堆積時代は1096年、1498年、13世紀頃、3420年前、3850年前	都司+, 1998. 歴史地震, 14, 101-113.	
19	湖西市白須賀 標高3.6-4.0m 10地点	1000年前	海浜・後背湿地	4層の津波堆積物と1層の高潮堆積物 津波堆積物は1498、1605、1707、1854年の津波による。1854年は安政東海地震 高潮は1680年か1699年	Komatsubara+, 2008. Sedimentology, 55, 1703-1716.	doi: 10.1111/j.1365-3091.2008.00964.x
20	湖西市白須賀 標高3.6-4.0m 11地点		後背湿地	Komatsubara+,2008と同地点を調査し、1361年正平(康安)地震の津波堆積物を検出	Garrett+, 2018. Holocene, 28, 968-983.	https://journals.sagepub.com/doi/10.1177/0959683617752844
21	静岡県全般の概説				小松原+, 2006. 歴史地震, 21, 93-109.	
22	静岡県全般の概説				Komatsubara & Fujiwara, 2007. Pure Appl Geophys, 164, 493-507.	https://link.springer.com/chapter/10.1007/978-3-7643-8364-0_12
23	静岡県全般の概説				Kitamura, 2016. Progress in Earth and Planetary Science.	https://progearthplanetsci.springeropen.com/articles/10.1186/s40645-016-0092-7

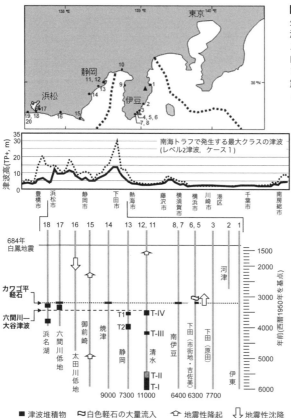

【図10】南海トラフで発生する最大クラスの津波（レベル2津波）のケース1の津波高[1]と静岡県内の6000～1500年前までの津波堆積物・地震性地殻変動。表4をもとに作成

が、考察が改善されることもある。

　1978年に事前予知の可能性を前提にした大規模地震対策特別措置法（大震法）が制定され、東海地震を想定した地震防災対策強化地域となった静岡県全域・神奈川県西部・山梨県のほぼ全域・長野県南部・愛知県西部の住民は、「いつ地震が起きてもおかしくない」という"警戒状態"に置かれ、40年以上経つ（詳細は第IV部第1章）。大震法のきっかけは当時東京大学地震研究所助手だった石橋克彦が1976年の日本地震学会で発表した「東海地方に予想される大地震の再検討—駿河湾大地震について—」であり、その科学的議論の途上で大震法は制定された。一方、869年の貞観津波の堆積物から予測された巨大地震・津波は論文公表[28]されていたが、政策には反映されなかった。このような経緯を踏まえ、本章では、査読を経た公表論文を中心に静岡県内

のレベル2津波の発生について紹介する。

県内の海岸低地は都市化が進み、土地改良で地盤表層が押し固められているので、堆積物採取は掘削機で行う。近年の可動式小型掘削機の開発で（図11）、従来より狭いスペースでの掘削が可能となり、各地から多数のコア試料が得られる

【図11】ボーリングコアコア掘削の様子

ようになった。コア試料は、半裁し、堆積物の粒径や堆積構造などを記載し、^{14}C年代測定用の植物化石や貝化石を採取する。第I部第2章に記した津波堆積物の特徴をもとに、その検出・識別を行う。

これまでに報告された先史時代の津波堆積物は県中・東部では、清水平野の内湾堆積物に挟在する4層と静岡平野南東部の大谷地区の後背湿地の泥層に挟在する2層である[29,30]（表4）。清水平野の津波堆積物は引き波による堆積物で、堆積年代はそれぞれ暦年代で6180〜5580年前、5700〜5320年前、4335〜4067年前、3670〜3360年前で、古いほうからT-I、T-II、T-III、T-IVと命名された。堆積物は厚さ20〜70cmで、明瞭な浸食性基底面を持ち、級化を示し、リップアップクラストを含む。

大谷地区では**鬼界アカホヤ火山灰**（暦年代で7303〜7165年前に鹿児島の沖合で発生した大規模火山爆発による噴出物）（図12）の上位の地層から2層の先史時代の砂質津波堆積物が検出され、新しい方をT1、古い方をT2と命名し、暦年代で3565〜3486年前と4000年前である。これらの砂質津波堆積物は多層構造とマッドドレイプが見られ（図13）、T1では、上下の堆積物の珪藻群集の変化から堆積時に隆起現象があったことが判明したので、駿河湾あるいは南海トラフ東部の海溝型地震に伴う津波による可能性がある[29]。

静岡県西部では、浜名湖底から2層の津波堆積物が見つかり、それぞれ3420年前、3850年前と見積もられた[31]。一方、浜名湖東岸六間川低地からは、**カワゴ平降下軽石層**（約3200年前（紀元前1210–1187年））（図12）の直下から津波堆積物が見つかり、その年代は約3400年前と推定されている[32]。

これらのデータに基づき、北村・小林[33]は、最大規模の津波を想定した場合、

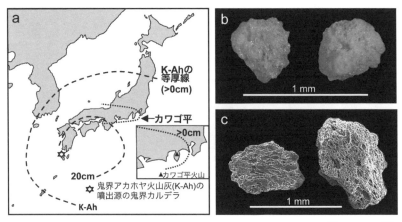

【図12】aは、鬼界アカホヤ火山灰とカワゴ平降下軽石層の分布で、町田・新井[51]、西田ほか[52]、嶋田[53]に基づく。bはカワゴ平降下軽石の写真。cはカワゴ平降下軽石の走査電子顕微鏡の写真。bとcは異なる試料。発泡していることが分かる

六間川低地の津波堆積物（約3400年前）と清水区のT-Ⅳ（3670〜3360年前）と大谷地区のT1（3565〜3486年前）が同じ津波で形成されたとし、この津波を「六間川—大谷津波」と仮称した（図10）。レベル2津波の想定における静岡県で最大被害の出るケース1、6、8では、下田市・南伊豆町沿岸の津波高は、六間川低地、静岡平野、清水平野よりも10m余り高い（図10）。だが、下田市街地の1地点と南伊豆の1地点からカワゴ平降下軽石層が確認されたが、その下位に六間川—大谷津波を示唆する津波堆積物はない。また、カワゴ平降下軽石層が検出されない地点でも、[14]C年代測定により、約3400年前と推定された地層にも津波堆積物はない。これらのことから、六間川—大谷津波はレベル2津波に相当しない。つまり本県では、過去4000年間に、レベル2津波の発生を示す地質学的証拠はない[34]。このケース1は首都圏でも

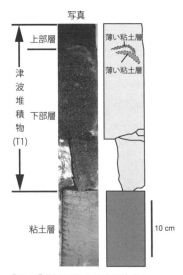

写真

【図13】静岡平野大谷地区地点1の津波堆積物（T1）[29]。薄い泥層はマッドドレイプである

最大被害の出るシナリオなので、この知見は首都圏の防災に関しても重要である[35]。

　ところで、平成23年10月17日に発表された「南海トラフの巨大地震モデル検討会（第2回）議事概要」に、次の議事がある。

　○土佐湾の蟹ヶ池の津波堆積物は、過去3000年くらいまでさかのぼることができるが、これを見ると、宝永以降に津波が到達したのは、安政の1回しかないことが分かる。驚くべきは、2000年前後と見られる50〜60cmの厚さを持つ津波堆積物である。この堆積物は、大きな木、あるいは周辺の岩石を削り込んだ非常に鋭角な堆積物を含んでおり、津波のエネルギーが非常に強かったことが分かる。このような点から2000年に1回くらいは、宝永地震を越えるような大きな津波があるのではないかという見通しを持っている。

　○2000年前の堆積物は、環境変化の可能性を考慮する必要があるのではないか。

　○2000年前は宝永地震津波よりも一回り大きい可能性があるとのことだが、大きいかどうかは分からないのではないか。

　○津波が運んだ砂の厚さでエネルギーを相対的に見積もっている。2000年前の堆積層は、宝永よりも厚いことは間違いない。この点、過小評価になることはあっても過大評価になることはないと考える。

　この2000年前の津波堆積物に対応する堆積物は静岡県内では発見されていないし、高知県南国市（蟹ヶ池の東17km）の津波堆積物調査でも検出されていない[36]。

レベル1.5

　東北大学災害科学国際研究所の今村文彦は2013年に、レベル1と2の中間的なレベルの地震・津波もありえるとし、これをレベル1.5と名付けた。これまでの静岡県内の古地震・津波堆積物調査によって、レベル2津波の痕跡は見つかっていないが、**レベル1.5の地震・津波**の痕跡は少なくとも2つ見つかっている。

　第1は、「レベル1地震」と「分岐断層の活動」の連動である。その例は、御前崎の海岸段丘の示す「安政型地震の2倍以上の隆起量を持つ地震性隆起」で、完新世に4回あった（図10）[27,37]。これらのうち、最新の隆起は1361年正

平（康安）東海地震による[26]。この隆起を、吾妻ほか[37]は100〜200年間隔の海溝型地震ではなく、再来周期のより長い地震（Aタイプ地震）—海溝型地震に伴って生じたプレート内での断層活動—によると解釈した。さらに、Fujiwara et al[27]は、Aタイプ地震はプレート境界断層の活動と同時にその断層から分岐した高角逆断層が滑ったことによるとした。このレベル1.5地震では、レベル2津波は発生していない。

第2は、「レベル1地震」と「**海底地すべり**」の連動である。特に駿河湾内では地震による海底地すべりが記録されており、また海底地すべりによると推定される海没の古文書記録が残されている。2009年8月11日に発生した駿河湾の地震（Mj6.4）では（64ページ参照）、焼津市の海岸から約5kmの場所で幅450m、深さ10–15mの海底地すべりが起き、津波高を増大させるとともに駿河湾深層水取水施設の687m深層水取水管を切断し2km流した[38]。また、林叟院の古文書には焼津の小川の海浜の明応地震・津波に伴なう海没が

場所	発生時期	地震の規模	震源からの距離	沿岸の変動	地滑りの規模	勾配	随伴現象	文献
大分県別府湾瓜生島（沖ノ浜）	1596年9月4日	M=7.5と推定	–	東西約3.9km、南北2.2kmと言われている瓜生島（沖ノ浜）全体	–	局部的には6–15°	–	國生ほか[39]
駿河湾焼津・小川	1498年9月5日	明応地震M8.6	–	焼津・小川の林叟院の跡地の海没	–			林叟院創記抄寫
石垣島、宮古島	1771年4月24日	八重山地震	–	–	–	–	津波の振幅増幅	今村ほか[54]
アラスカValdez	1964年3月27日	アラスカ地震Mw9.2	約64km	奥行150m。（海岸から約1km以上の陸地が海に向かって移動）	7000万m³深さ60m	14–20°	局地的津波の発生	國生ほか[39]
アラスカAeward			約140km	約1.2kmに渡る海岸線。海岸から内陸へ最大約150m.	深さ約35m	15–20°		
カリフォルニアKlamoth川デルタ	1980年8月11日	M7.0	約50km	なし	20km×2km深さ5–15km	0.25°		國生ほか[39]
ギリシャEratini湾	1995年6月15日	M6.2	震源域	海岸が5–15m流出	深さ6–10m	12–18%		國生ほか[39]
トルコDegirmendere	1999年8月17日	M7.8	約10km	奥行100m、間口250–300m.	–	約9°		國生ほか[39]
駿河湾焼津・静岡沖	2009年8月11日	Mj6.4	約15km	なし	幅450m、深さ10–15m		津波の振幅増幅、深層水取水管の破断	Baba et al.[38]
駿河湾石花海北堆	–	–	–	–	幅2km、長さ2km、深さ100m	約6°		大塚[40]
三陸地方	2011年3月11日	東北地方太平洋沖地震Mt9	約200km	なし	–	–	三陸地方の津波高を増大した可能性が指摘されている	Kawamura et al.[55]; Tappin et al.[43]

【表5】地震に伴う海底地すべりの事例

記されており（図6）、海底地すべりによると解釈されている[39]。さらに、駿河湾の石花海北堆の西側斜面には幅2km、長さ2km、深さ100mの大規模な馬蹄形地形があり、海底地すべり地形と解釈されている（カバー折り返し、赤色立体地図参照）[40]。なお、私は焼津市浜当目低地のボーリングコア試料の調査から、海没が887年の**仁和地震**でも発生したと推測されることを学会で報告した[41]。

　地震に伴う海底地すべりで海没した最近の事例では、1999年のトルコで起きたM8のコジャエリ地震で、震源から約10kmのイズミット湾の扇状地三角州の海岸で、奥行き100m、間口数100mの土地が海没した。平均勾配10～10数％と海底としてはかなり急勾配の砂礫層の斜面が液状化で不安定になり、地すべりを起こしたと考えられている[42]。1964年にアラスカで発生したアラスカ地震（Mw=9.2）では、フィヨルドで海底地すべりが発生し、海没した。加えて、海底地すべりで、強振動の始まりから5分以内に局地的な津波を引き起こした。東北地方太平洋沖地震では、三陸沿岸の津波は海底地すべりで増大したという説もある[43]。

　静岡県内では、レベル2津波の痕跡は見つかっていないが、レベル1.5地震・津波の痕跡は複数検出された。これは、次の南海トラフの地震・津波（30年以内の発生確率70～80％）がレベル2となる可能性はほぼないが、レベル1.5地震・津波の発生は十分あることを意味する。ただし、「レベル1地震」と「分岐断層の活動」の連動は、再発間隔が1700～2500年間[27]であり、かつ最新の発生が1361年正平（康安）東海地震なので[26]、次の南海トラフ大地震で起きる可能性は極めて低い。一方、地震による海底地すべりの発生の可能性は十分ある。したがって、過去の「レベル1地震」と「海底地すべり」の連動の実態解明は、本県の防災・減災のために喫緊の課題である。

追記

　本稿脱稿後、次の論文を書き渡らしていたことに気づいたので、追記する。
1495年の明応関東地震に関する論文
金子浩之, 2010, 宇佐美遺跡検出の津波堆積物と明応四年地震. 津波の再評価. 伊東市史研究, 10, 102-124.
海底地すべりに関する論文
川村喜一郎・金松敏也・山田泰広, 2017, 海底地すべりと災害－これまでの研究成果と現状の問題点－. 地質学雑誌, 123, 999-1014.

太田川低地の津波堆積物

Historical tsunami deposits recorded in the Otagawa Lowland,
western Shizuoka Prefecture

藤原 治（地質学・古生物学）

　南海トラフ沿いで発生するM8クラスの巨大地震のうち、一般に潮岬より東側に震源を持つものは**東海地震**＊、西側に震源を持つものは**南海地震**と呼ばれる。過去の東海地震、南海地震がいつ起きたかは、主に古文書に基づいて復元が行われてきた。しかし、現存する古文書の量や質は時代や地域によって大きく異なるため、過去に起こった地震や津波がすべて記録されているとは限らない。

　南海地震については最古の文字記録は684年**白鳳地震**であり、その次は887年仁和地震、1099年**康和地震**、1361年康安地震と続く。一方、文書記録から発生が確実とされる最古の東海地震は1096年**永長地震**で、684年と887年の南海地震が発生した時期に東海地震も起きたかどうかは未確認であった。887年の南海地震では東海地域も含む広い範囲で強い揺れを感じたという記録が平安時代に編纂された『**日本三代実録**』の仁和三年七月三十日（887年8月22日）の記事にあり、南海地震と同時に東海地震が発生した可能性が高いとされていた[1]。また、袋井市の**坂尻遺跡**などで見つかった強い地震動を示す**液状化**の痕跡から、684年の南海地震と近い時期に東海地震が発生した可能性も指摘されていた[2]。しかし、いずれも東海地震の発生を確定するには津波の証拠が得られていなかった。

　静岡県西部の袋井市と磐田市の市境付近を流れる太田川の河川改修現場に現れた地層から、この謎を解く**津波堆積物**が見つかった[3]。ここでは深さ4〜5mの低地の断面を、海－陸方向に約1kmにもわたってほぼ連続して観察することが出来た。日本の海岸低地では農耕や都市化で地層が乱されていることが多いが、太田川低地では農耕に向かない低湿地が江戸時代の初めまで広く残っていたおかげで歴史時代の地層がよく保存されていた。工事現場

に現れた地層は、主に灰色や暗灰色の粘土層からなる。そこに明るい色調で、工事現場内でほぼ水平に連続して分布する砂層が4枚見つかった（図1）[4]。これらの砂層は、海側で粒子が粗く全体に分厚いが、陸側へ行くにしたがって細粒で薄

【図1】太田川の工事現場に現れた4枚の津波堆積物。津波堆積物は粘土層中に主に砂層として挟まる。壁面の高さは4.5 m前後

くなるなど海側から陸側へ運ばれたことを示す特徴で洪水による堆積層と区別された。また、堆積当時の海岸線から計測して2 km以上も内陸まで到達していることなどから、高潮ではなく大きな津波によって堆積したと判断された。静岡県沿岸に厚い堆積物を形成するような大きな津波は東海地震以外には考えにくいので、これらの津波堆積物は4回の東海地震を記録していると考えられる。

　[14]C年代測定の結果や、津波堆積物に含まれていた土器の年代を総合することで、4枚の津波堆積物の堆積した年代（地震の発生年代）は7世紀末頃、9世紀末頃、11世紀から12世紀、15世紀後半から17世紀初頭と推定された。歴史記録と照合すると、時代の新しい2つは京都周辺などでの強い地震動や、駿河湾から紀伊半島東岸を中心に大津波の記事[1,5]がある1096年永長地震と1498年明応地震にそれぞれ相当する。9世紀末頃の東海地震の候補となる歴史地震は、前述した887年の地震が唯一である。つまり、887年8月22日に南海地震と東海地震が同時に発生したことが確証された。この地震は1707年宝永地震と類似した巨大地震であった。7世紀末頃の津波堆積物からは、684年の南海地震と近い時期に東海地震が発生したことも確実となった。ただし、年月日を特定する歴史史料がないので、南海地震と同時かどうかは分からない。

＊ここでは東海地震と南海地震の名称は地震調査研究推進本部に従う。本書の100ページの図1で紹介されているA、B領域に震源域があると考えられる場合を南海地震、C～E領域に震源域があると考えられる場合を東海地震と呼ぶ。

1974年8月9日に発生した伊豆半島沖地震で、南伊豆町の石廊埼灯台へ続く道路が崩壊(64ページ参照、静岡新聞社提供)

海とつながっていなかった浜名湖が、1498年の明応地震の津波で現在の今切が形成され、海とつながった(102ページ)。静岡新聞2001年10月7日朝刊掲載

第 III 部

富士山・
伊豆東部火山群の噴火

Eruptions of Fuji Volcano and Izu Tobu Volcano Group

第III部の流れ
小山真人

　富士山と伊豆東部火山群は静岡県を代表する2つの活火山である。富士山は、美しい円錐形の日本最高峰として国内外の注目を集め、年間最大30万人もの登山客が訪れ、世界文化遺産の指定（2013年）も受けている。その一方で、日本の動脈ともいえる主要交通路が山麓を通り、首都圏の風上側にも位置するため、その災害リスクはたびたび話題に上る。

　一方、小火山の集まりである伊豆東部火山群は、個々の火山こそ目立たないが、伊豆高原や浄蓮の滝などの伊豆半島有数の観光地の土台をつくった火山であり、歴史上たびたび火山性の群発地震を起こし、伊東沖海底噴火（1989年）も発生させるなどの存在感を保つ。

　これら両火山が、どのようにして生まれ育ち、どのような噴火を繰り返してきたか、今後予想される噴火に対する防災対策がどうなっているかは、行政・住民・観光客にとって気にかかるところであろう。そうした疑問に答えるべく、本書の第III部は、富士山と伊豆東部火山群に関する、これまでの学術的成果と防災対策をレビューする。

　第1章においては、両火山の噴火史研究にまつわる研究成果を俯瞰した上で、防災対策の歩み・現状・課題などを解説する。つづく第2章においては、両火山のマグマがどのように発生し、どのような経路やプロセスを経て地上に到達したかについて、現時点での知見や課題を解説する。さらに、2つのコラムを設け、マグマそのものや、マグマ起源の温泉がどのように発生するか、火山噴火と近隣で起きる大地震との関連性についても解説した。

富士山・伊豆東部火山群の
噴火史と防災対策

Eruptive histories of Fuji Volcano and Izu Tobu Volcano Group
and measures for their hazards

小山真人（火山学）

はじめに

　プレート境界に沿ってできた火山の密集帯が日本には2つある。1つは北海道から東北・関東地方をへて伊豆諸島へと連なり、もう1つは山陰地方から九州をへて南西諸島に連なっている。**富士山**と**伊豆東部火山群**は、前者に属する火山であり（図1）、共に気象庁が認定する111**活火山**の一員である[1]。

　気象庁による活火山の認定基準は、「概ね過去1万年以内に噴火した火山及び現在活発な噴気活動のある火山」である。**箱根火山**もその外輪山の西部が静岡県内にあるが、今後も噴火するとみられる火口域が県内にある活火山は、富士山と伊豆東部火山群の2つのみである。本章では、富士山と伊豆東部火山群の噴火史と火山防災対策の現状・課題を解説した上で、活火山との付き合い方や防災知識の普及啓発方策も論じる。

富士火山の噴火史

　現在の富士山の前身に当たる「**古富士火山**」が生まれたのは、今から10万年ほど前である[2]。古富士火山以前にも、小御岳火山や愛鷹火山が噴火を続けた時代がある。また、小御岳火山の下に先小御岳火山という火山が埋もれているとの研究成果もある[3]。古富士火山は、噴火のたびに噴出物を積み重ねて成長を続ける一方で、大規模な**山体崩壊**を何度か起こした[4]。

【図1】静岡県とその周辺で、おおむね過去200万年間に活動した火山の分布[32]

その後、1万7000年前を境にして噴火中心（頻繁に噴火する領域）がやや西に移動し、別の山頂を持つ「**新富士火山**」が形成された。この結果、富士山は新旧2つの峰が東西に並ぶツインピーク時代を迎えたが、東側の古い峰は2900年前に起きた山体崩壊によって東側に崩れてしまった[5]。しかし、その後も富士山はたびたび噴火を続けたため、噴出物によって山体崩壊の跡は埋められ、元の円錐形の美しい形が修復された。

富士山は、たびたび**山頂噴火**を起こす一方で、山腹や山麓での噴火（**側噴火**）も数多く繰り返してきた。こうした側噴火によって生まれた多数の**側火山**が、富士山の表面に群れをなしており、北西－南東方向に偏った配列や分布を見せている（図2）。富士山付近の地殻は、プレート運動によって北西－南東方向に圧縮されており、その方向に沿った割れ目ができやすい状態にあ

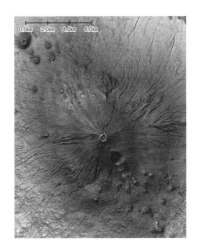

【図2】富士山の立体地形図（「スーパー地形」を使用）

【図3】宝永火口の壁に露出する岩脈群（筆者撮影）

る。そこにマグマが侵入すると、北西－南東方向の割れ目を開きながら地表に達するため、その方向を反映した側火山列や側火山分布の偏りができるのである[6,7]。

　南東山腹にある**宝永火口**（後述）は、富士山の内部構造を観察できる貴重な場所であり、火口壁にはかつて割れ目の中に入り込んだマグマが冷え固まってできた多数の「**岩脈（ダイク）**」を見ることができる（図3）。

　富士山で起きる噴火の場所や様式には時代別の特徴がある（表1）。例えば、3500年～2300年前の須走c期には山頂噴火が多く生じた。しかし、その後の須走d期には山腹での側噴火ばかり起きるようになって現在に至っている[8,9]。歴史時代になってからも、確かなものだけを数えても10回の噴火が起きた（表2）[10]。その中でも二大噴火といってよい大規模なものが**貞観噴火**と**宝永噴火**である。

　貞観噴火は、平安時代の貞観六年（864年）に、富士山の北西山腹の大規模な**割れ目噴火**として生じた。その際流出した13億m³におよぶ青木ヶ原溶岩によって湖が埋め立てられ、富士五湖のうちの3湖（本栖湖、精進湖、西湖）がほぼ現在の形になったことが、古記録・地形と表層地質・ボーリング調査によって確かめられている（図4）[10,11]。その後、青木ヶ原溶岩の上には森林がよく成育し、現在の青木ヶ原樹海となった。

　宝永噴火は、江戸時代の宝永四年（1707年）に富士山の南東山腹で発生し、7億m³のマグマを噴出させた大規模かつ爆発的な噴火だった[12]。その際にできた大きな火口列（宝永火口）は、現在も遠くからよく見える（図5）。宝永火口の縁にそびえる宝永山（赤岩）は、これまで古富士火山の一部が露出している部分と考えられてきた[13]。しかし、近年の調査によって宝永噴火の噴出物が降り積もってできた山であることが分かり、その詳細な形成過程の見直しがなされつつある[14,15]。

ステージ	年代	噴火位置	噴火規模	主な噴火様式
古富士（星山期）	10万〜1万7000年前	山頂と山腹	さまざま	さまざま
新富士1（富士宮期）	1万7000〜8000年前	山頂と山腹	大	溶岩流
新富士2（須走a期）	8000〜5600年前	主に山頂	小	降下火砕物
新富士3（須走b期）	5600〜3500年前	山頂と山腹	小〜中？	溶岩流
新富士4（須走c期）	3500〜2300年前	山頂と山腹	中〜大	降下火砕物
新富士5（須走d期）	2300年前〜現在	主に山腹	小〜中（ただし大2例を含む）	溶岩流と降下火砕物

【表1】富士山で起きる噴火の場所・規模・様式の時間変化（主として文献[8,9]を基に筆者作成）

噴火年	噴火名	噴火の規模	主な噴火様式	記録文字数	火口や堆積物との対応
781		中規模	降下火砕物	27	△鑵子山
800-802	延暦噴火	中規模	降下火砕物と溶岩流	174	△鷹丸尾溶岩
864-866	貞観噴火	大規模	溶岩流	649	○青木ヶ原溶岩
937		中規模	溶岩流	35	△剣丸尾第1溶岩
999		小〜中規模	？	44	×
1033		中規模	溶岩流	33	△日沢溶岩・剣丸尾第2溶岩
1083		小〜中規模	降下火砕物？	17	×
1435		小規模	溶岩流	16	△大流溶岩
1511		小規模	？	53	×
1707	宝永噴火	大規模	降下火砕物	約30000（1943年時点）	○宝永火口

【表2】歴史時代の富士山噴火（主として文献[9,10]を基に筆者作成）。文献記録の信頼性が劣るものは除いた。火口や堆積物との対応欄の記号の意味は、○：確実、△：不確実、×：不明

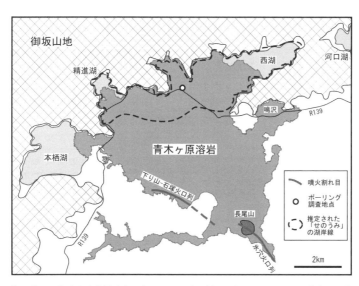

【図4】864年富士山貞観噴火を起こした2列の割れ目火口と、そこから流出した青木ヶ原溶岩（文献[11]に基づく）

【図5】1707年富士山宝永噴火を起こした宝永火口列（筆者撮影）。右上の出っ張りが宝永山

宝永噴火は、同じ年に起きた駿河・南海トラフでのプレート境界地震（**宝永東海・南海地震**、マグニチュード8.7）の49日後から始まったため、地震が引き金となって噴火が生じた例と考えられており、地震から噴火に至る前兆も記録されている[16]。噴火自体は1707年12月16日の午前10時頃に発生し、1708年1月1日未明の噴火停止まで16日間に及んだ。

　宝永噴火は、大量の火山灰を東麓の広い範囲に降り積もらせた（151ページ参照）。この火山灰は、農作物や農地に大きな被害を与えた上、雨のたびに土石流や洪水を引き起こし、噴火後も数十年の長きにわたって人々を苦しめた[17]。宝永噴火後の約300年間、富士山は見かけ上の沈黙を保っている。

　富士山でこれまで起きた個々の噴火の規模を比較すると（図6）、次の3点

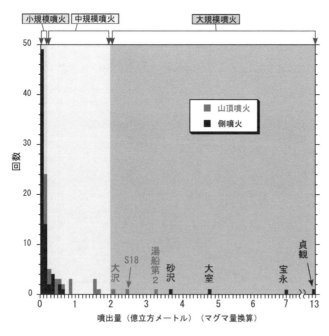

【図6】過去3500年間に富士山で起きた個々の噴火規模（マグマ噴出量）のヒストグラム（データは文献[18]に基づく）

が分かる。

(1)富士山で起きる噴火の約7割は、マグマ**噴出量**が2000万㎥以下の小規模なものである。

(2)山頂噴火の規模は、中規模以上になる場合が多い。

(3)そうした山頂噴火のすべてを上回る規模を持つ4回の特異な側噴火が起きた。およそ3000年前に相次いで起きた2つの噴火、並びに864年貞観噴火と1707年宝永噴火である。

なぜ側噴火よりも山頂噴火の**噴火規模**が全体として大きいのか、なぜ4回の特異な側噴火が生じたのかは、残念ながらまだ解明できていない。

富士火山の防災対策

1976年頃から東海地震説が注目を浴びたため、予知のための微小地震観測網が整備され、高感度の地震観測が始まった。ところが観測を始めてみると、富士山の地下10〜20km付近で奇妙な小地震が時々起きていることが発見された。「**低周波地震**」と呼ばれるこの地震は、通常の地震よりもゆっくり揺れる性質を持ち、マグマや熱水の活動が起こす地震と考えられている[19]。この地震は年十数回〜数十回ほどの頻度で発生しているが、2000年の秋と2001年の春に回数が急増したため、それをきっかけに噴火予知のための観測網の整備や、住民や観光客の安全を守るための**ハザードマップ**の作成等の防災対策が進められることになった。

火山のハザードマップは、噴火史に基づいて将来起きる噴火の規模・様式・影響範囲などをある程度推測した地図であり、避難所や防災施設などを書き入れたものは「**火山防災マップ**」とも呼ばれている。国（内閣府、国土交通省、総務省消防庁）・関係自治体・専門家などから構成される**富士山ハザードマップ検討委員会**が2001年7月から作業を開始し、3年後の2004年6月に検討報告書とハザードマップ（富士山火山防災マップ）が公表された（図7）[20]。このマップ上には、山腹や山麓も含めて、将来富士山で火口ができそうな範囲が示された上で、噴火の際に生じる溶岩流・火砕流・大きな噴石・融雪型火山泥流・降下火山灰・土石流の影響範囲が色分けされている。

その後、富士山の広域防災対策の基本方針や火山との共生方策をさらに煮詰めていく目的で、2004年11月から「富士山火山広域防災検討会」が設置され、2005年7月に最終報告書がまとめられた[21]。その中身に基づき、中央防

ここに着色されているすべての範囲が、同時に危険になるわけではありません。
〔仮に富士山が噴火した場合に、溶岩流・噴石・火砕流などの影響がおよぶ可能性の高い範囲を、すべて重ねて描いたものです。〕

図の見方と記号の意味

火口ができる可能性の高い範囲
（この範囲のすべてでなくどこかに火口ができます。）

過去に火口が出来た箇所
（平成14年9月末日時点での調査による）

噴火しそうな時、噴火が始まった時すぐに避難が必要な範囲を示しています。
（噴火した場合に、下の3つのどれかに当てはまり、すぐに危険になる範囲です。）

火砕流が発生したときに、高熱のガスが高速で届く範囲
火口から噴出した石がたくさん落ちてくる範囲（この範囲内にも、まれに、10cm未満の小石などが飛ばされることもあります）

溶岩が流れ始めた場合に、すぐに到達するかもしれない範囲

すぐ危険にはなりませんが、火口位置によっては避難が必要な避難相に注意して下さい。公的機関からされる避難情報に注意して下さい。また、避難に時間のかかる人（お年寄りや入院患者等）は早めに避難して下さい。
（溶岩が流れ続けた場合に、1日くらいで到達するかもしれない範囲を示しています。）

雪が積もっている時に噴火しそうになった場合に、沢や川には近寄らないようにする必要がある範囲です。
（積もった雪が火砕流により溶かされた場合、発生した泥流が沢や川沿いにあふれるおそれのある範囲を示しています。）

0　5　10km

【図7】富士山火山防災マップ[20]

災会議は「富士山火山広域防災対策基本方針」を2006年2月に公表し[22]、それをもとに富士山麓の自治体は避難計画を作成することになった。その作業はしばらくの間途絶していたが、2012年6月に静岡・山梨・神奈川の3県と富士山麓の自治体・関係機関が「**富士山火山防災対策協議会**」を設置し、具体的な検討が進められた結果、2015年3月に「**富士山火山広域避難計画**」が策定された[23]。その後、この計画に基づいて山麓の各市町村の避難計画が次々と策定されている。富士山の噴火に伴う土砂災害を軽減するための「**火山噴火緊急減災対策砂防計画**」も整備された[24]。

　一方、気象庁は、2007年12月に噴火警報を導入すると共に、富士山を含む主要な活火山に対して「**噴火警戒レベル**」の発表を始めた[25]。噴火警戒レベルの数字（1〜5）とそれに付された防災対応のキーワードによって、火山の

危険度のみならず住民・観光客の防災行動指針が示され、レベルの変化は噴火警報として発表される。2007年12月以来の富士山の噴火警戒レベルは1（活火山であることに留意）である。噴火警戒レベルは観測データに基づいて決められる。富士山には多数の観測機器が設置されており、気象庁によって24時間の監視がなされている[26]。

先に述べた富士山火山広域避難計画の根幹部分は、この噴火警戒レベルとハザードマップに基づいている。具体的には、避難すべき人の立場（観光客・登山者、一般住民、災害時要援護者）、避難すべき人がいる場所（ハザードマップを基に区切られたゾーン）、噴火警戒レベルの数字、の3つの組み合わせによって、どのような避難行動を取るべきかが示されている（表3）。

富士山火山防災対策協議会は、広域避難計画の策定後も様々な防災施策に関する検討を進めている[27]。2018年7月には富士山ハザードマップ（改定版）検討委員会を立ち上げ、同マップ初版以降に蓄積された学術的成果を取り入れた改定作業を実施中である。改定版は2020年度末に完成予定であり、その後はそれに基づいた広域避難計画の改定作業が始まる。

住民の避難対策が進む一方で、富士山の登山者対策は当初大きく立ち遅れていた[28]。しかし、御嶽山2014年噴火によって多数の登山者が犠牲になったことをきっかけに、ようやく富士山の登山者対策が進められ始めた。その1つが「富士山噴火時避難ルートマップ」であり、通常の登山道以外に非常時に使用可能な道が描かれ、噴火ケースに応じた避難推奨ルートや避難時の一

富士山の噴火警戒レベルと主な防災対応

予報警報の略称	レベル	対象者／範囲	観光客登山者	一般住民	災害時要援護者
噴火警報	5	第1次ゾーンに基づく範囲	避難	避難	避難
		第2次ゾーンに基づく範囲	避難	避難	避難
		第3次ゾーンに基づく範囲	活動自粛等	避難準備	避難
	4	第1次ゾーンに基づく範囲	避難	避難	避難
		第2次ゾーンに基づく範囲	活動自粛等	避難準備	避難
		第3次ゾーンに基づく範囲	活動自粛等	—	避難
火口周辺警報	3	第1次ゾーンに基づく範囲	活動自粛等	—	
	2	限定的な危険地域の立入規制等			
噴火予報	1	特になし			

【表3】富士山の防災対応ガイドライン。富士山火山広域防災対策基本方針[22]に基づいて神奈川県がまとめたもの。第1～3次ゾーンは、ハザードマップと積雪期・非積雪期の違いに基づいて線引きされている

般的心得も図示されている[29)]。このマップは、登山シーズン中に各登山道の五合目で無料配布されている。

さらに、富士山においては噴火警戒レベル1の中を2段階に分け、通常の「レベル1（活火山であることに留意）」の上位に「レベル1（情報収集体制）」が設けられた。富士山で噴火警戒レベルを上げていく際にはレベル2を使用しないことになっているため、レベル1とレベル3（入山規制）を無理なくつなぐ段階を設けたわけである。レベル1（情報収集体制）となった際には、登山者や山小屋などへの情報伝達や下山の呼びかけ等を実施することとなっており、その詳細は先述した富士山火山広域避難計画の中に記述されている。

伊豆東部火山群の噴火史

火山には、大きく分けて**複成火山**と**単成火山**の2種類がある。複成火山は、ほぼ同じ場所から休止期間を挟みつつ数十万年間またはそれ以上の長きにわたって噴火を繰り返し、結果として大型の山体をつくる火山である。富士山、箱根山や、天城山などの大型火山が、これに当たる。一方、単成火山は一度だけ噴火して小型の山体をつくった後に、同じ火口からの噴火をやめてしまい、次に噴火する時は全く別の場所に新しい火口をつくる。

15万年前以降の伊豆半島では、なぜか「鎮火」してしまった大型の複成火山の代わりに、**大室山**に代表される単成火山があちこちで噴火するようになった。その結果として小型火山の群れ（伊豆東部火山群）ができ、今日に至っている。この火山群に属する火山は、伊豆半島の東半部（伊豆の国市、伊豆市、伊東市、東伊豆町、河津町）に全部で60余り分布するほか、伊豆半島と伊豆大島の間の海底にも数多く存在する（図1）[30-33)]。

単成火山には、大きく分けて3つの種類がある。それらは、**スコリア丘**、タフリング（あるいはマール）、溶岩ドームである。スコリア丘は、粘り気の少ないマグマが噴水のように噴き上がり、そのしぶき（スコリア）が火口の周りに降り積もってできる。タフリングは、大きな火口とそれを取り巻くリング状（または円弧状）の山体を持つ火山であり、マグマが多量の地下水や湖水などと触れあって激しい爆発を起こしてできる。タフリングと同じでき方を持つ火山で、リング状の山体が目立たず、火口だけが目立つものをマールと呼ぶ。溶岩ドームは、粘り気の多い溶岩が火口のまわりに盛り上がってできるドーム状の火山である。

伊東市や伊豆高原のシンボルとも言える大室山（図8）は、およそ4000年前の噴火でできたスコリア丘である。大室山の噴火は、周辺の大地に様々な変化を与えた[34]。噴火のさなかに、北東側と南側の麓の2カ所から流出した溶岩は谷間や盆地を埋め、伊豆高原を誕生させた。南東に向かった溶岩流は最も量が多く、4kmほどの範囲で海を埋め立て、城ヶ崎海岸がつくられた（図9、口絵3）。「伊豆の瞳」とも呼ばれて市民や観光客に親しまれている一碧湖（図10）は、およそ10万年前に噴火したマールに水がたまったものである。また、浄蓮の滝や河津七滝などの名瀑も、伊豆東部火山群の溶岩流が谷に流れ込んでできたものである。

　噴火が始まると、火山の周りには火山灰が降り積もる。噴火が収まると、こうした火山灰は地中に火山灰層として埋もれ、噴火の物的証拠として残ることになる。個々の火山灰は、色や組織や含まれる鉱物などに特徴があり、崖から崖へと同じものを追跡でき、それを噴出した火山まで元をたどることができる。また、こうした火山灰がどのような順番で重なっているかを調べることにより、火山の噴火順序も決められる。検討の結果、伊豆東部火山群の噴火位置や規模などの変遷が明らかになった（図11）[35-37]。

　図11を見ると、北西－南東方向の火山列の存在が目立つ。同じ火山列に属する火山の噴出物の間には時間差があったことを確認できず、同時に噴火したとみられる。先に述べた富士山の側火山列と同様、伊豆東部火山群の火山列の直下には板状の割れ目があり、その割れ目に沿ってマグマが上昇して噴火を起こした跡と考えられる[38,39]。そしてその方向も富士山と同様に、プレート運動に起因する圧縮応力を反映したものと見られる[6,7]。

【図8】伊豆東部火山群の大室山スコリア丘（筆者撮影）

【図9】伊東市の城ヶ崎海岸（筆者撮影）。大室山（写真右上）から流れた溶岩が相模湾に達してつくられた

【図10】伊豆東部火山群の一碧湖マール（筆者撮影）

【図11】伊豆東部火山群の火口位置・噴出量・噴出した岩石種の時間変化[32]。火口をつなぐ太線は同一の噴火割れ目を示す（破線は推定）

伊豆東部火山群の防災対策

伊東付近で時折生じる**群発地震**は、伊豆東部火山群の地下のマグマが上昇した際に起こす火山性の地震である[40]。古くは1816年、1868年頃、1930年にも発生した記録が残っているが、1978年以降は数カ月から数年の間隔を置いて断続的に続いてきた[32,33,41]。1989年6月末から始まった群発地震は特に規模の大きいものであったが、それが収まるかに見えた7月11日夜、伊東市内の地震計が突然記録した大振幅の震動は、人々に衝撃を与えた。それは、通常の地震波形ではなく、**火山性微動**の波形だったからである。

人々の不安が募る中、2日後の7月13日夕刻、伊東市街地の3kmほど沖の海上に黒々とした噴煙が吹き上がった。有史以来初の伊豆東部火山群の噴火

が目撃された瞬間であった（154ページ）[32,33]。幸いにして噴火はすぐに下火となり、7月21日に至って地下のマグマも動きを止めた。噴火を起こした海底には、直径200 mの火口とそれを取り巻くリング状の山体（**手石海丘**）が残された[42]。その後も群発地震は今日まで時折生じているが、再噴火には至っていない。

噴火を経験したにもかかわらず地元自治体は長らく防災対策に着手しなかったが、2009〜10年度に静岡県が中心となって防災対策の方針と中身が取りまとめられた[43]。確率も導入した噴火シナリオ（図12）に基づく先進的な防災対応システムの提案であり、それを実装するための噴火警戒レベルの導入（2011年）[44]、**伊豆東部火山群防災協議会**の設立（2012年）[45]、伊東市と伊豆市の避難計画の策定（2015年）[46]が行われた。異常の検知と防災判断は、以下のプロセスに従って実施される。

マグマ上昇の開始は**体積歪み計**（東伊豆町奈良本）の変化から検知可能であり、変化開始初期の24時間変化量から群発地震の規模・最大マグニチュード（M）・継続期間が経験則によって推測され[47]、「**地震活動の見通しに関する情報**」として気象庁から随時発表される[48]。この24時間変化量が一定値（200ナノストレイン）以上の場合はマグマ上昇量が大きく噴火危険が高まると考えられ、その値を超えた時点で噴火対策を開始する。まず群発地震の震源分布から火口となり得る領域を推定し、その外縁から一定距離（後述）内を噴火の影響範囲と定める。その後、低周波地震が活発化した時点で気象庁は噴火警戒レベルを1から4に上げると共に地元自治体は避難準備と要援護者等の避難を呼びかけ、低周波地震の多発や火山性微動（あるいは噴火）の発生時点で噴火警戒レベルが5に上げられ、避難勧告・指示が発令される。

その後、2017〜18年度に**ベースサージ**（爆発的噴火に伴って火口から全

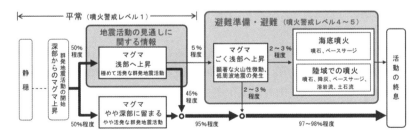

【図12】伊豆東部火山群の噴火シナリオと気象庁が発表する情報[44]

【図13】伊豆東部火山群の噴火が発生する可能性のある範囲とその影響範囲[49]

方位に広がる岩片や火山灰混じりの爆風）と大きな噴石の到達範囲を見直し、かつ陸上噴火を想定した降灰・火砕流・溶岩流・融雪型火山泥流・土石流の影響も新たに見積もった「火山噴火緊急減災対策砂防計画」が立てられた[49,50]。この見直し以前の大きな噴石とベースサージの影響範囲は、どちらも火口想定域の外縁から2kmであった。しかし、大きな噴石の飛散距離が力学計算上は最大3.5km（陸上噴火の場合）となることが判明し、筆者も実際に城星タフリングから3.5km離れた地点でこぶし大の噴石を発見して影響範囲の妥当性を裏付けた。また、他火山でのベースサージの到達実績を再検討した結果、その影響範囲は3kmが妥当となった。

　以上の結果として噴火の影響範囲は陸域3.5km、海域3kmとなった（図13）。これを受けて、2018年に伊豆東部火山群防災協議会は噴火の影響範囲の拡大を決定した。今後は、それに対応した具体的な避難計画の改定作業が始まることになる。なお、伊東市役所庁舎は、噴火の影響範囲が2kmの場合であっても、その範囲内に入る可能性があるが、それに備えた具体的な対策はまだ立てられていない。

市街地直近の海底噴火では**津波**発生も懸念されるため、伊豆東部火山群でも先述した2009〜10年度の防災対策検討時に津波リスクも議論された。しかし、爆発に起因する津波は点源で生じるためエネルギーが拡散し、波長も短いため、内陸部に与える影響は小さいとして想定から除外された。その後、砂防計画の検討中の2018年12月にアナク・クラカタウ島の山体崩壊津波[51]が発生して議論が再燃したが、砂防計画上の検討は困難とされて津波対策は先送りとなった。

　一般に、噴火に伴って発生する津波の主な原因としては、(1)爆発による海面隆起、(2)ベースサージによる海面の引きずり、(3)噴火に伴う海底陥没、(4)噴火に伴う海底地すべり、(5)噴火で生じる流れ現象（山体崩壊による岩屑なだれ、土石流等）による海中への土砂流入、の5つが考えられる。伊豆東部火山群においては(1)を想定外としたわけだが、根拠となる計算がなされたわけではないし、桜島では(1)を想定したハザードマップが公表されている[52]。また、(2)〜(5)について伊豆東部火山群では未検討のままである。

　(4)と(5)は、ある程度の期間にわたって噴火が継続し、海底や陸域で火山体が形成された後に生じるリスクである。幸いにも1989年噴火は短時間で終了したが、防波堤を越えない程度の大波が海岸に達したという証言もあり[53]、今後は急峻な山体を築く噴火が起きる場合も当然あるわけなので、上記5つの原因すべてについて津波リスクの検討が望まれる。

火山と向き合って生きる

　ここまで富士山や伊豆東部火山群の噴火史研究の最新の成果や、それに基づいた火山防災対策の進歩や課題を説明してきた。火山現象の理解や防災対策には、まだまだ未解決の課題が数多く残されている。そうした状況の中で火山と末永く付き合っていくためには、普段から火山を意識した生活を送り、いざという時のために必要な知識を学んでおくことが望まれる。例え火山の麓に住んでいなくても、日本の観光地の多くが火山を抱えているため、旅先で噴火に巻き込まれる可能性もゼロではない。

　火山を意識した生活を送るための秘訣は、火山のマイナス面だけを考えるのではなく、プラス面を積極的に楽しんでいくことである。火山は、いったん噴火を始めれば私たちに恐ろしい災害をもたらすことがあるが、長い目で見ると私たちにかけがえのない恵みを与えてくれる存在だからである。

例えば、日本は降水量が多いため、浸食によって高台は険しい山地になりがちだが、火山のある場所だけは別格である。火山は、その噴出物によって険しい山地や海岸をなだらかな高原や平野に変えていく。さらに、溶岩流は川をせき止め、湖を誕生させる。隙間だらけの山体は大量の水を蓄え、泉となって麓に湧き出す。そうした水資源は、飲料水や農業・工業用水として広く利用される。もちろん、火山内部の熱によって豊かな温泉も湧き出す。

　火山の恵みと危険性の両方をバランスよく住民や観光客に周知し、災害に強い地域社会を築いてゆくための有効な手段として脚光を浴びているのが「**ジオパーク**」である。ジオパークとは、大地が育んだ国際的に重要な景観・資産を保全・活用しながら地域社会の教育と持続可能な振興に活かしていく仕組みである[54]。ジオパークの資産は、地層・岩石・地形・土壌・陸水・地下水・生態系などの自然物のほか、それらをベースとした地域の歴史・産業・経済・観光・教育・文化・防災・社会景観など広い範囲を含む。ジオパークは明瞭な境界を持つ範囲として定義され、通常は地元自治体が主体となった運営組織によって運営されている（図14）。

　現時点で、世界の41カ国147地域が**ユネスコ世界ジオパーク**として認定されている。国内には9地域のユネスコ世界ジオパークのほか、日本ジオパーク委員会が認定する日本ジオパーク35地域がある[55]。伊豆半島の15市町と静岡県は2011年に**伊豆半島ジオパーク推進協議会**を設立し、2012年に日本ジオパーク、さらに2018年にユネスコ世界ジオパークの認定を受けた[56]。

　2008年の第3回ユネスコ国際ジオパーク会議で採択された宣言には「地質災害に関して社会と知識を共有するためにジオパークが役に立つ」という趣旨の一文が盛り込まれ、ジオパークにおける防災教育・防災対策の重要性が明示された。ジオパークは2015年にユネスコの正式プログラムとなり、その地球科学・地質災害リスク低減部門がジオパーク担当部署となったため[57]、防災へのジオパークの貢献がますます重視されている。

【図14】伊豆半島ジオパークの中央拠点施設「**ジオリア**」の内部（筆者撮影）

ジオパークの運営組織である推進協議会の構成メンバーには防災関連セクションを備えた自治体や公共機関が入り、協議会に常駐する研究員やジオパークをサポートする外部専門家も防災関連分野の知識・経験を持つことが多い。つまり、ジオパーク推進協議会は、地域防災に対するアドバイザー的な役割を担い得る存在である。

一方、ジオパークで養成されるジオガイドは、自然現象や自然災害に関する専門知識が豊富な上に、屋外での不測の事態への対処スキルや、科学的知識を人に伝える技術にたけた人々であり、地域の防災リーダーとしても活躍できる素養を備えた人材である。さらに、ジオパークと連携した学校教育は、地域特有の自然現象や災害についても扱うことから、防災教育としての一面を備えている。こうした教育を地域で展開することによって、災害に強い人材が数多く社会に輩出され、地域の防災力を高める効果が期待できる。

こうしたジオパークの持つ地域防災への多面的な効能に関する認識が広まった結果、**静岡県地域防災計画**（火山災害対策の巻）には、2012年度の改訂で「伊豆半島ジオパーク推進協議会と連携し、観光客等に対して火山に関する防災思想と防災対応を広く普及・啓発する」との記述が追加され[58]、伊東市と伊豆市の地域防災計画にも同様の修正が施された。また、伊豆東部火山群防災協議会の構成機関のコアメンバーとして、2012年の発足当初から伊豆半島ジオパーク推進協議会が参加している[45]。さらに、2015年に改訂された静岡県地域防災計画（共通対策の巻）では、「県が伊豆半島ジオパーク推進協議会と連携した取組（ジオツーリズムを通じた県内外への観光客への啓発等）により、地質災害についての啓発に努める」との記述が追加され、火山災害に限らず広く自然災害に関する啓発をジオパークが担うことが明記されている[58]。

ジオパークとの連携は、2016年に国が公表した「活動火山対策の総合的な推進に関する基本的な指針」にも取り上げられ、「国及び地方公共団体においては、ビジターセンター等の案内施設、ジオパーク等の取り組みと連携し、火山地域を訪れる登山者や観光客等が火山の成り立ちや歴史、文化といった火山について学ぶ機会に併せて火山防災についての意識啓発を行うことや、旅行会社、交通事業者など登山者や観光客等と接する機会のある関係者、この他にも様々な関係者と連携して、広く広報・啓発に取り組むとともに、火山防災に関する学校教育について支援する必要がある」と述べられている[59]。

沈み込んだ海水が
火山をつくる

Subducted seawater makes volcanoes

川本竜彦（地質学）

　静岡県はプレート境界に位置している。伊豆半島は**フィリピン海プレート**の北の端にあり、伊豆大島から南に延びる伊豆小笠原諸島はフィリピン海プレートの上に乗って日本列島に向かって北上している。そして、箱根と丹沢山地の間の神縄断層で陸側の**プレート**に衝突して、その下に沈み込んでいる。駿河湾は深さ2500mで、駿河トラフからフィリピン海プレートが沈み込んでいることを地形として表している。フィリピン海プレートは陸側のプレートよりも重いため沈み込んでいるが、伊豆半島はやや軽い地殻物質で構成されているため沈み込めないで衝突している。先に沈み込んだフィリピン海プレートの先端は浅間火山や立山火山の下、深さ150kmくらいまで進んでいると地震波データは示している[1]。そのフィリピン海プレートと陸側のプレート（ユーラシアプレートと北アメリカプレート）は、日本海溝とその南の伊豆小笠原海溝から太平洋プレートの沈み込みを受けている。富士山や伊豆半島の**火山**はこの太平洋プレートの沈み込みと関係している。

　海洋プレートはその名前の通り、海の真ん中にある中央海嶺で生まれ海洋底をつくっている。中央海嶺では火山活動にともなって熱水活動も盛んで、プレートは部分的に水和している。また、沈み込む直前に割れ目が入って、その割れ目に沿って水和すると考える研究者もいる。プレートは岩石でできていて、水和すると結晶構造中に水を持つ**含水鉱物**ができる。海溝やトラフから地球深部へのプレートの沈み込みにともない、高温度高圧力になると含水鉱物は水を保てなくなり脱水する。その脱水した水が**マントル**に入ると、岩石の溶ける温度が下がって、**マグマ**をつくる[2,3]。このようにプレートの

沈み込み帯ではマントルに水が加わることでマグマがつくられている。プレートから水がやってきて、マントルが溶けマグマができ、火山になる。これらの現象は**プレートテクトニクス理論**が考えられ始めた1960年代には既に想像されていたことだった[4]。プレートが水を地下に運んで、マグマができるというのは、プ

【図1】ピナツボ火山から噴出したマントル捕獲岩（右）。左は合衆国アリゾナ州サンカルロスから噴出したマントル捕獲岩（ほとんど水は入っていない）

レートテクトニクス理論を支える大事な仮説の1つだったといえる。

　私たちは、その水は塩水だろうと考えている。そう考えるに至った観察を紹介する。2009年3月のことだった。顕微鏡で**ピナツボ火山**の噴火で地表に現われたマントルの岩石（捕獲岩）を薄片にして観察していた（図1）。そして、カンラン石の中に水のカプセル（流体包有物）を発見した（図2）。同時に炭酸ガスも入っていたことが分かった。この発見は、日本列島のような沈み込み帯のマントルに塩水が存在する初めての物証となった。マグマをつくるのに海水が一役買っていると直感した瞬間である。

　このカプセル（流体包有物）を見つけられたのは、ラマン分光顕微鏡という緑色や青色のレーザー光線を使った散乱光を見るための顕微鏡で観察した

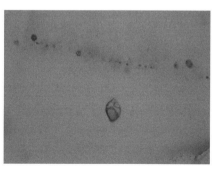

【図2】ピナツボ火山のマントル捕獲岩のカンラン石の偏光顕微鏡写真。塩水と炭酸塩鉱物と水蒸気からなるカプセル。大きさは30μm

からだ。ラマン分光法という手法によって、分子構造によって異なる散乱光の波長を知ることで流体包有物中に水があること、しかも塩水らしいということが分かった。同時に炭酸ガスを構造中に含む結晶（マグネサイト）も入っていることが分かった。次に、熊谷仁孝さんという学生さんと、この流体包有物を顕微鏡の下で

液体窒素を使って凍らせた。そして徐々に温度を上げていって、氷が溶ける温度を決定した。中学校で習った「**凝固点降下**」の原理を使って、NaClだと仮定すると5重量%くらい入っているということを突き止めた。海水の塩濃度は3.5重量%だから、海水よりもしょっぱい塩水だ。この塩水と炭酸ガスが一緒にマントルにいることが分かった[4]。

その時、思い出したのは、兵庫県の**有馬温泉**の金泉と銀泉。有馬温泉のお湯は、ヘリウムガスの同位体比の測定から「マントル」の特徴を持つことで、1980年代から有名だった。近くに火山があれば、マグマがマントルから運んで来たヘリウムガスが温泉水に混ざっていると考えるが、有馬温泉や近くの宝塚温泉の周りに火山はない。また、このようなマントルからやってきた温泉は**中央構造線**沿いにいくつか出ている。東では、長野県の**鹿塩温泉**がそうである。マントルの捕獲岩中の塩水と炭酸ガスのカプセルは、それぞれに有馬温泉の金泉と銀泉に対応しそうだと気付いた。その後、塩水のカプセルを含んだカンラン石のハロゲン元素比などを調べると、沈み込むプレートの最上部に存在する堆積岩層中の水の特徴と似ていることが分かった。有馬温泉の60km下にフィリピン海プレートが沈み込み、南海トラフからの距離は240km。年間4cmで沈み込んでいるとすると600万年かかる（図3）[5]。

いま私たちの想像では、海洋プレートによって地下に運ばれた海水が沈み込み帯で地表に戻ってくると考えている。有馬や宝塚温泉の塩水は600万年

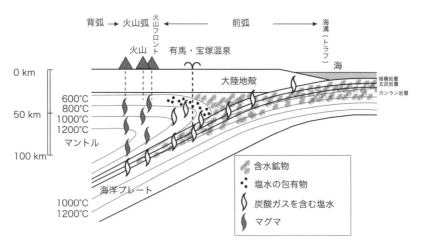

【図3】沈み込み帯では海水は含水鉱物として沈み込み、脱水して温泉やマグマを作っている

【図4】葛飾北斎の『富嶽三十六景・神奈川沖浪裏』をペンで模写(Toshiko Nagao)。海水が沈み込んでマグマを作ることを想像していただきたい

以上前の太平洋の海水を起源にしていると提案している。有馬温泉の下で脱水せずにさらに沈み込んでから脱水すると、より高温のマントルを通過する際にマントルを溶かしてマグマをつくり、中部地方や中国地方の日本海側で火山を作っている。その火山ガスやマグマの中にも塩素がいるが、海水起源のものも含まれていると考えている。葛飾北斎が描いた『富嶽三十六景』の『神奈川沖浪裏』は1832年の作品である。世界中の人に親しまれているこの版画をご覧になられたら、海水が沈み込んで火山をつくっていることに思いを馳せていただきたい(図4)。

第2章

富士山と伊豆東部火山群の マグマ供給系

Magma plumbing systems of Fuji volcano and Izu Tobu Volcano Group

石橋秀巳（マグマ学）

　"マグマ"とは、地下で岩石が溶融した液状の物質のことであり、マグマが地表に噴出する場が"火山"である。火山地下の上部マントル内にはマグマの発生域があり、そこで発生したマグマは浅部に向かって上昇する。そして、その一部が地表まで到達すると"噴火"を発生する。マグマの発生域から噴火口までをつなぐ一連の通路は"マグマ供給系"と呼ばれ、マグマを貯蔵する場である"マグマだまり"と、マグマの通路である"火道"から主に構成される。マグマの状態・物性は、マグマ供給系を移動する過程で大きく変化し、さらにこの変化は火山噴火現象に強い影響を及ぼす。このため、火山の科学と防災の両観点から、火山地下に発達するマグマ供給系について理解することが重要な課題とされてきた。

　前章に述べられたように、静岡県東部には富士山や伊豆東部火山群といった活動的火山が存在する。これらの火山のマグマ供給系に関する現在の知見を紹介するのが本章の目的であるが、そのためにはマグマおよびマグマ供給系に関する基礎知識が必要である。そこで本章では、はじめにマグマ・マグマ供給系に関する基礎知識を簡単に解説し、続いて富士山・伊豆東部火山群のマグマ及びマグマ供給系に関する現在の知見を紹介する。

マグマの性質

　マグマとは、岩石が溶融した融液（メルトと呼ばれる）に気泡や鉱物の粒

子が浮かぶ混相流体のことである（図1）。気泡・鉱物を含まず、メルトのみから構成されるマグマもあるが、混乱を避けるために本章では、マグマ中の融液部分を指す場合はメルト、気泡・結晶も含んだ混合物を指す場合はマグマと用語を使い分ける。地球を構成する岩石の大部分はケイ酸塩鉱物からできているため、これが溶融して生じるメルトも SiO_2 を主成分とする。マグマ中の気泡は、元々メルト

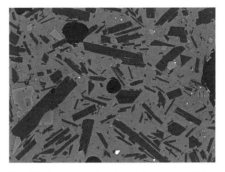

【図1】急冷固化した富士山の玄武岩の電子顕微鏡写真（東京大学地震研究所の FE-EPMA で撮影）。多角形状の物質は鉱物粒子（濃灰色は斜長石、灰色は単斜輝石、薄灰色はカンラン石）、円形の黒色部は気泡、背景の灰色部はメルトが固化したガラス。写真幅 235μm

に溶解していた揮発成分（主に H_2O や CO_2）が、減圧に伴って析出したものである。メルトに溶解できる揮発成分の量（溶解度）は減圧に伴って低下する。このため、マグマが減圧されると、メルトに溶け切れなくなった揮発成分が流体（気体または超臨界流体）として析出して気泡を形成する。マグマ中の浮遊結晶もメルトから析出したものがほとんどである（まれに外来の結晶を取り込んだ場合もあり、それらはゼノクリストと呼ばれる）。これらのうち、マグマだまり内での蓄積時に既に存在していたと考えられる粗粒な結晶は"**斑晶**"とよばれる。結晶の析出は、メルトの温度や H_2O 濃度の低下によって駆動され、これに伴って残液メルトの化学組成は結晶成分に乏しい方向へと変化していく。この過程は"**結晶分化作用**"と呼ばれ、マグマの化学組成を変化させる最も基本的な素過程である。

　天然に産するメルトの SiO_2 含有量はおよそ 40〜80 重量％の範囲で変動し、SiO_2 が 52 重量％以下のものは玄武岩質、52〜62 重量％のものは安山岩質、62〜およそ 72 重量％のものはデイサイト質、そしておよそ 72 重量％以上のものは流紋岩質と呼ばれる（専門的には SiO_2 と Na_2O+K_2O の含有量に基づき、より細かく分類される）。この分類法は、メルトと結晶の混合物であるマグマや、それが地表で固化した火山岩にも適用される。一般に玄武岩質メルトはおよそ 1100℃より高温、安山岩〜デイサイト質メルトはおよそ 1150〜850℃程度、流紋岩質メルトはおよそ 950℃より低温である[1]。玄武岩質メルトを出発点とする結晶分化作用によって、より低温で SiO_2 に富むメルト

をつくることは可能であるが、逆にSiO_2に富むメルトのみを出発物質として玄武岩質メルトをつくることは困難である。このため、特殊なケースを除くと、はじめに発生する初生的なメルト（**初生メルト**と呼ぶ）は玄武岩質であり、これが分化することで、よりSiO_2に富むメルトが形成されると考えられている。

　マグマの運動を考える上で最も重要な物性は**"粘性率"**であろう。粘性率とは流体の粘り気の指標であり、値が大きいほど粘っこく流れにくい。マグマの粘性率は、メルトの粘性率と浮遊結晶・気泡の量、形状に強く依存する[2]。メルトの粘性率は、その化学組成と温度によって決まるが[3]、大まかにはSiO_2に富むメルトほど粘性率も増加する傾向がある[4]。結晶はマグマの粘性を増加させることが知られている。結晶の形状が比較的丸っこい場合、およそ40体積%を超えると粘性率の増加が著しくなり、およそ60〜70体積%を超えるとマグマはほぼ固体として振る舞う[5]。結晶の形が扁平だと、より低結晶量でも粘性率を効果的に増加させる[6,7]。気泡がマグマの粘性率に及ぼす影響は、その形状と量によって変化する。気泡量の増加に伴い、丸い気泡はマグマの粘性率を増加させるが、扁平な気泡はマグマの粘性率を減少させる[8]。気泡の形状は、メルトの粘性変形によって引き延ばそうとする力と、表面張力によって丸くなろうとする力の競合で決まる。気泡量がある閾値（およそ70〜80体積%）よりも増加すると、メルト中に気泡が浮かぶ状態（気泡流）から、ガス中にメルトの液滴が浮遊する状態（噴霧流）へとマグマの流動様式が変化する[9]。この変化を**"破砕"**と呼ぶ。破砕が起こると、マグマの物性を支配する物質がメルトからガスへと遷移し、その結果、マグマの粘性率が著しく下がるとともに膨張しやすくなる。

マグマ供給系

　ここでは、初生メルトが発生してから噴火に至るまでの一般的な過程について解説する。先に述べた玄武岩質マグマの温度は、地殻最下部での温度よりも高く、上部マントル内での温度に相当する。このことから、初生的な玄武岩質メルトは上部マントル内で発生すると考えられる。実際、上部マントルを構成する主な岩石であるカンラン岩（カンラン石〔> 60体積%〕と輝石から主に構成される岩石：図2）を、上部マントル相当の温度圧力条件で部分溶融させると玄武岩質メルトが生じることが実験的に確かめられている[10,11]。

また、天然の玄武岩質マグマ中にはしばしば、上部マントル由来のカンラン岩が外来岩片として含まれることも、この考えを支持している（図2）。

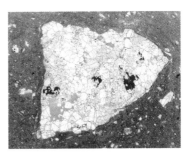

【図2】上部マントル由来のカンラン岩捕獲岩（粗粒白色部）とそのホストマグマが固化した玄武岩（細粒暗色部）。写真幅25mm（福岡県産）

上部マントル内で発生した玄武岩質メルトは、周囲の**カンラン岩**よりも低密度であるため、より浅部へと向かって上昇し始める。比較的低温で溶融していない地殻やマントル最上部では、マグマは岩石中の割れ目を押し広げながら、その割れ目を通って上昇していく。やがて、周囲の岩石と密度が釣り合う深さに到達すると、マグマは上昇の駆動力を失い、そこで停滞してマグマだまりを形成する。マグマだまりに溜まったマグマは徐々に冷却され、結晶分化作用を起こしてメルトの化学組成を変化させていく（より厳密には、結晶分化作用に加えて、化学組成の異なるマグマや地殻の岩石との混合の影響もあると考えられている）。マグマだまりは、マグマが化学的に分化する場としても重要である。結晶分化が進行するとメルトの密度は低下するため、やがてメルトは周囲の岩石よりも低密度になって再び浮力を得る。あるいは、より深部から上昇してきた新しいマグマがマグマだまりへと供給されると、マグマだまり内部の圧力が増大し、より浅部へとマグマを押し上げることが可能となる。このようにして駆動力を得たマグマは上昇を再開し、複数のマグマだまりを経由しながら地表へと向かう。多くの火山の地下には、深さの異なる複数のマグマだまりが存在することが知られている[12]。そして、最終的にマグマが地表まで到達すると噴火が発生する。日本のような**沈み込み帯**では、発生したマグマのうち噴火にまで至るのはおよそ7体積%程度と見積もられており[13]、噴火できなかったマグマは地下で固化して深成岩を形成する。実際、富士山の噴出物中には、地下で固化した深成岩が、噴火するマグマに取り込まれて地表にもたらされものがしばしば見られる[14,15]。地殻の大部分は、こうしてできる深成岩と、それらを源岩とする変成岩によって構成されている。

火山噴火のうち、マグマを主な噴出物とするものを"マグマ噴火"と呼ぶ。マグマ噴火の様式や強度は、比較的穏やかに溶岩流を溢出させるものから、激しい爆発とともに噴煙を成層圏まで上げるものまで多様である。この多様

性は、マグマだまり内でのメルトの状態（温度・化学組成・揮発成分量など）と、そこから地表までをつなぐ火道中でのマグマの上昇の仕方によって決まる。火道浅部では、減圧に伴ってマグマ中に気泡が析出すると共に、それらが著しく膨張する。この結果、気泡量がある閾値を超えると破砕が起こり、マグマが著しく加速されて爆発的な噴火に至る。一方で、火道上昇中にメルトから析出したガスがマグマから外部へと効率的に失われれば（この過程を脱ガスと呼ぶ）、気泡の増加が抑えられて破砕に至らず、マグマは溶岩流として比較的穏やかに溢出する。このように、火道浅部におけるマグマの脱ガス・破砕が噴火様式をコントロールする重要な過程であり、そのメカニズムを解明するための研究が精力的に行われている[16-18]。定性的には、マグマの粘性率が大きいほど、また上昇速度が大きいほど脱ガスが抑制され、破砕に至りやすいと考えられている。実際、玄武岩質マグマよりも安山岩質〜流紋岩質マグマの方が、激しい爆発を伴う噴火を起こしやすい傾向が知られている。ただし、1707年の富士山宝永噴火のように、玄武岩質マグマでも激しい爆発を伴う噴火を起こすことがあるので注意が必要である。また、溶岩流噴火と爆発的噴火を比較すると、後者の方が時間当たりのマグマ噴出量が系統的に大きいことが示されている[19]。

富士山のマグマとマグマ供給系

富士山は、およそ10万年前に活動を開始した火山であるが、その活動史を通して噴出したマグマの大部分は玄武岩質であった[20,21]。しかし、およそ2900年前の砂沢スコリア噴火と1707年宝永噴火では、SiO_2が56〜70重量%の安山岩質〜デイサイト質マグマが噴出している[22,23]。富士山のマグマのSiO_2とNa_2O+K_2Oの濃度の関係を図3に示す。

富士山で噴出する玄武岩質マグマは、そのMgO含有量がおよそ5〜7重量%であり[21]、マントルで発生する初生マグマに比べると分化が進んでいる。これは、富士山の玄武岩質マグマについて見積もられた噴火温度がおよそ1150℃以下と[24,25]、マントルでのカンラン岩溶融温度に比べて低いことからも支持される。およそ5万年前以降に噴出した富士山のマグマは、SiO_2含有量がおよそ49〜53重量%の比較的狭い範囲を示す。しかし、より古い10万〜6.6万年前の噴出物では52.5〜56重量%とややSiO_2に富むことが報告されている[21]。また、およそ5万年以降に噴出したマグマの中でも、およそ

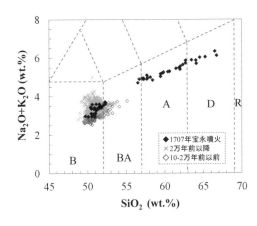

【図3】富士山のマグマのSiO₂と
Na₂O+K₂Oの濃度の関係。マグマ
の化学組成データはWatanabe et
al.（2006）[29]、高橋ほか（2003）[21]、
Miyaji et al.（2011）[23]、Suzuki &
Fujii（2013）[57]による。B：玄武岩、
BA:玄武岩質安山岩、A:安山岩、D:
デイサイト、R：流紋岩（分類の定
義は、Le Maitre et al., 2002[58]によ
る）

5600年前以降に噴出したものは、それより古いものに比べて系統的にSiO₂
にやや富むことが指摘されている[26]。このSiO₂濃度の増加は、比較的浅部に
形成された小規模マグマだまりに溜まっている安山岩質マグマ（後述）が、
より深部から上昇してきた玄武岩質マグマに少量混ざり込むためであるとす
る考えが、カンラン石斑晶中のメルト包有物の研究から提案されている[27]。

　富士山で噴出した安山岩質～デイサイト質マグマのうち、宝永噴火の噴出
物については研究が進んでいる。宝永噴火では、はじめの5時間程度の間に
デイサイト質マグマ（62～70重量% SiO₂）を約1.0億トン、続く28.5時間
程度の間に安山岩質マグマ（56～64重量% SiO₂）を約5.3億トン、その後の
2週間程度の間に玄武岩質マグマを約11.5億トン噴出した[23,28,29]。メルトの密
度を2500kg/m³とすると、噴出した安山岩質～デイサイト質マグマの体積は
およそ0.25km³と計算され、まとまった量の安山岩質～デイサイト質マグマを
蓄積するマグマだまりが地下に存在したことを示唆する。同位体組成から、
これらの安山岩質～デイサイト質マグマは、主に玄武岩質マグマから分化に
よって形成したと考えられている[29]。これらの分化したマグマのうち、デイ
サイト質マグマについておよそ4～6kmの蓄積深度が岩石学的に見積もられ
ている[30]。一方で、富士山の噴出物には、安山岩質より分化の進んだマグマ
に由来すると考えられる斑レイ岩が捕獲岩として含まれており、その岩石学
的研究からおよそ10～15kmの深さにも分化したマグマだまりが存在するこ
とが示されている[15]。ひとつの火山の地下で、異なる深さに複数のマグマだ
まりが存在することは、決して珍しいことではない。

　現在の富士山のマグマ供給系については、主に地球物理学的な研究から検

討が進められている。富士山の地下20km以深には明瞭な地震波低速度域が見られ[31,32]、ここに主要なマグマだまりがあると解釈される。これは、電気比抵抗構造の研究からも支持される[33]。富士山の玄武岩質マグマは、このマグマだまりに溜まっていると考えられている。このマグマだまりの底は深さ30kmより浅部にあることが指摘されている[34]。このマグマだまりよりやや浅い、およそ7〜17kmの領域では低周波地震がしばしば発生する。これは、20km以深のマグマだまりから上昇してきたマグマが貫入する岩脈群に対応すると解釈されている[32,35]。一方で、この領域ではP波速度（V_P）とS波速度（V_S）の比V_P/V_Sの値がやや小さいことから、水や二酸化炭素の超臨界流体が原因という解釈もある[36]。この領域では2000〜2001年にかけて低周波地震が群発した。また、2008〜2010年にかけて、およそ0.01km³の体積の物質が深さ約20kmから約15kmまで移動したことが、地殻変動の研究から指摘されている[37]。これらの現象は、1707年以降に噴火こそ発生していないが、富士山が紛れもなく活動的火山であることを明確に示している。さらに、2011年3月15日に発生した静岡県東部の地震の余震域の北東端が、宝永火口付近の地下5〜15kmの領域にあること[38]も興味深い。ここでは、マグマ供給系と断層が交差している可能性がある。一方でこれより浅部では、マグマの存在を示唆するような地球物理学的データは報告されておらず、マグマだまりが存在したとしても小規模であると考えられる。

富士山では、山腹に火口を開く側噴火が多数発生しており、中には中央火口から水平距離で10km以上離れた側火口もある。これらの側火口は、北西－南東方向の山麓に集中している。また、火口はしばしば割れ目状となったり、直線的に配列した火口列を形成したりすることがあるが、その伸び方向も北西—南東のものが多い[39]。これは、富士山地下でマグマの通り道となる割れ目（**ダイク**）が北西—南東方向に開きやすいためであり、その方向は広域応力場を反映していると解釈されている

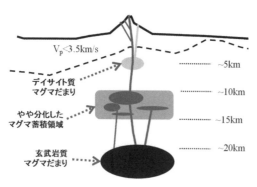

$V_P < 3.5km/s$

デイサイト質
マグマだまり

やや分化した
マグマ蓄積領域

玄武岩質
マグマだまり

……〜5km

……〜10km

……〜15km

……〜20km

【図4】富士山のマグマ供給系モデル。安田他（2019）[15]のモデルを一部改変

$^{39,40)}$。ただし、頻度は比較的低いが、北東麓・南西麓・南麓にも側火口が見られる。Hosono et al.（2016）$^{41)}$は、大地震による地殻内の応力変化がダイクの開きやすさに及ぼす影響について検討し、富士川河口断層地震発生後に南麓でダイクが開きやすくなることを指摘している。

　以上の内容をまとめた富士山のマグマ供給系の描像を図4に示す。

伊豆東部火山群のマグマとマグマ供給系

　伊豆東部火山群における火山噴火史については小山（2010）$^{42)}$で詳しく説明されているので、そちらを参照されたい。ここでは、同火山群で噴出したマグマの特徴について紹介する。伊豆東部火山群のマグマの化学組成は、玄武岩質から流紋岩質まで幅広く変動する。ただし、全岩 SiO_2 含有量がおよそ50～61重量％と68～74重量％の2つの範囲に分かれており、61～68重量％の火山岩は報告されていない$^{43,44)}$。ここでは、SiO_2 に富むマグマをケイ長質マグマ、乏しいマグマを苦鉄質マグマと呼ぶ。

　伊豆東部火山群の15万年間の活動を通して噴火したマグマの大多数は苦鉄質マグマである（図5）。これらの苦鉄質マグマは、マントルで発生した初生マグマが、マグマだまり内で分化したものと考えられる。しかし、そのマグマだまりの深さや噴火温度についてはよく分かっていない。伊豆東部火山

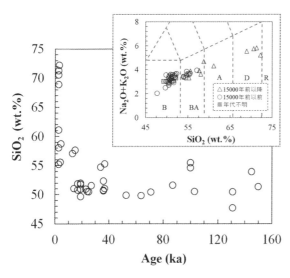

【図5】伊豆東部火山群のマグマの SiO_2 濃度と噴火年代の関係（1ka = 1000年前）。挿図は、マグマの SiO_2 と Na_2O+K_2O の濃度の関係。マグマの化学組成データは宮島（1990）$^{43)}$、鈴木（2000）$^{44)}$、高橋ほか（2002）$^{45)}$、噴火年代データは小山（2010）$^{42)}$による。B：玄武岩、BA：玄武岩質安山岩、A：安山岩、D：デイサイト、R：流紋岩（分類の定義は、Le Maitre et al., 2002$^{58)}$による）

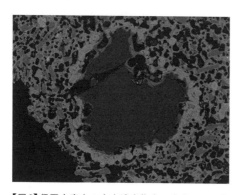

【図6】伊豆大室山の火山噴出物中に含まれる石英結晶の電子顕微鏡写真（東京大学地震研究所のFE-EPMAで撮影）。中央の暗灰色の結晶が石英、石英を取り囲む明灰色の結晶が輝石、灰色の短冊状結晶が斜長石、黒色部は気泡。写真幅1100μm

群では、苦鉄質マグマ中の液相濃集元素の濃度比が空間的に不均一であることが報告されている[45]。ここで液相濃集元素とは、結晶よりメルトに著しく濃集しやすい元素のことで、その濃度比は結晶分化作用によって変化しにくい特徴がある。この液相濃集元素濃度比の不均一は、マグマの起源マントルの化学組成や溶融条件が場所によって異なる可能性を示唆する。

　伊豆東部火山群でケイ長質マグマが噴出するのは、約3200年前（紀元前1210–1187年）に伊豆市のカワゴ平で発生した噴火以降に限られる（図5）。このケイ長質マグマについては温度と蓄積深度が岩石学的に見積もられており、それぞれおよそ790〜850℃、6〜15kmである[44]。これらのケイ長質マグマの成因として、地殻の部分溶融モデルが提案されているが[43,44,46]、その詳細については未だ解明されていない。

　ところで伊豆東部火山群のうち、伊東市の大室山や小室山、伊雄山などの苦鉄質マグマ中には微量の石英結晶が含まれることが知られている（図6）。これらの石英には、溶融や母岩マグマとの反応の痕跡が見られるので、外部から苦鉄質マグマ中に取り込まれたものである。さらに、石英を晶出できるケイ酸塩メルトの化学組成は流紋岩質に限られることから、この地域の地下には隠れた流紋岩質マグマだまりが存在する可能性が示唆されている[42,43,46]。もし、この石英結晶が流紋岩質マグマから取り込まれたものならば、石英以外にも流紋岩質マグマ由来の結晶が存在する可能性がある。そこで、大室山の苦鉄質マグマ中の斜長石斑晶を調べたところ、結晶中に閉じ込められた流紋岩質メルトの包有物が発見された[47]。このことは、大室山の地下に流紋岩質メルトが存在していることを示唆している。しかし、その量は分かっておらず、地球物理学的手法による今後の検討が待たれる。また、石英がこのような斜長石と共存する証拠も見つかっていないため、石英の起源についても未解決である。

ここで近年の伊豆東部火山群の活動に目を向けてみよう。1970年以降のおよそ50年間に、伊豆市東部から伊東市東方沖にかけての領域では群発地震や異常隆起がたびたび観測されており、伊豆東部火山群のマグマの活動が原因と考えられている。これは、伊豆半島のほぼ全域で行われた地下水・噴気の貴ガス同位体比測定の結果からも支持される。伊豆半島では、伊東市赤沢を中心とする半径10km程度の領域（単成火山の分布範囲とほぼ一致する）で、大気の7倍を超える高い^{3}He/^{4}He比が報告された[48]。このような高い^{3}He/^{4}He比は、マグマ起源のHeの特徴と解釈される。この50年間の隆起の圧力源は、伊豆市冷川の地下10km付近、伊東市八幡野の地下10km付近と、伊東市東方沖の**手石海丘**付近に位置する[49-51]。このうち手石海丘では、1989年7月13日に海底噴火が発生した。この噴火では少量の苦鉄質およびケイ長質の火砕物が確認されたが、ケイ長質の

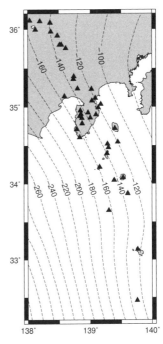

【図7】静岡県周辺の活動的火山の分布。破線は沈み込む太平洋プレートの上面の等深度線（km; Hayes et al., 2012[59]）、三角は第四紀の火山の位置（産業技術総合研究所, 2013[60]）を示す。三井雄太博士作図

ものは古い火山堆積物が再加熱されたものであった。一方で苦鉄質火砕物は新しく供給された玄武岩質マグマに由来すると考えられている[52]。しかし、手石海丘地下のマグマ供給系については未だよく分かっていない。なお、手石海丘噴火の23年後に当たる2012年7月、手石海丘の火口周辺の海水が採取・分析され、火口底で採取された海水中からマグマ起源のガス成分がわずかに検出された。この結果は、噴火の23年後でも火山ガスの放出が継続していることを示唆している[53]。

**富士山と伊豆東部火山群は
何故そこにあるのか？**

　図7に、静岡県周辺の活動的火山の分布を示す。静岡県内では東部地域のみに、富士山、伊豆東部火山群、箱根などの活動的火山がある。その南南西には、伊豆大島・新島・神津島・三宅島・八丈島・伊豆鳥島・

硫黄島などの火山島が並んでおり、その延長はマリアナ諸島まで連なる。これらの火山は、太平洋プレートの沈み込む日本海溝〜伊豆－小笠原海溝にほぼ平行に配列しており、沈み込んだ太平洋プレートの火山直下における上面深度はおよそ$100 \sim 180$kmの比較的狭い範囲に限られる。このような沈み込む海洋プレートの深さと火山の位置の関係は世界中で普遍的に見られ[54,55]、沈み込む海洋プレート（富士山・伊豆東部火山群の場合には太平洋プレート）がマグマの発生に重要な役割を果たしていることを示唆している。なお、この火山の帯状分布のうち、海溝側の境界を"**火山フロント**"、沈み込み帯のマントルのうち沈み込む海洋プレートより浅部の楔形の領域を"**マントルウェッジ**"と呼ぶ。

　沈み込む太平洋プレートは、富士山・伊豆東部火山群のマグマの発生にどのような役割を果たしているのだろうか？太平洋プレートは、海溝に到達するまでの長旅の間に海水と反応し、結晶構造中にH_2Oを含む"**含水鉱物**"としてH_2Oを固定している。ところが、沈み込みに伴って圧力が増加すると、モル体積の大きい含水鉱物は不安定化して無水鉱物＋H_2Oへと分解し、沈み込むプレートからH_2Oが放出される。H_2Oは岩石の融け始める温度（ソリダスと呼ばれる）を低下させる性質があるため、H_2Oに富む流体がマントルウェッジへと浸透すると、そこでカンラン岩のソリダスを低下させる。一方で、太平洋プレートの沈み込みは、マントルウェッジ内での岩石の流動を引き起こし、より深部にある高温のカンラン岩を浅部へと上昇させる。上昇してきたカンラン岩のソリダスは、圧力の減少に伴って低下する。こうして、H_2O量の増加と減圧の合わせ技によって低下したソリダスがカンラン岩の温度を下回ると、部分溶融して初生メルトが生じる。日本のような沈み込み帯では、低温の海洋プレートがマントル中に沈み込むにもかかわらず、全世界で生じるマグマのおよそ25％を生産している[13]。この高いマグマ生産率を実現する上で、沈み込むプレートからマントルウェッジへと供給されるH_2Oが大きな役割を果たしているのである。

　マントルウェッジ内での温度とH_2O濃度の分布は、海洋プレートの沈み込む角度と速度によっておおむね決まる。そして、この温度とH_2O濃度の分布の兼ね合いでカンラン岩が最もよく溶融する領域が決まり、それが火山のできる位置をコントロールする。このことから、富士山や伊豆東部火山群の位置を大まかに決めているのは、太平洋プレートの沈み込み条件であるといえよう。火山の寿命はおよそ数十万年と考えられており、富士山や伊豆東

部火山群の活動もやがては終了する。しかし、太平洋プレートの沈み込み条件が大きく変わらなければ、ほぼ同じ位置に次世代の新しい火山が誕生すると予想される。実際、富士山の山体の下には10万年前より昔に活動した小御岳、先小御岳の火山体が埋まっている[56]。また、伊豆半島でもおよそ15万年前より古い天城火山などの大型成層火山の山体の上に、伊豆東部火山群の単成火山が形成されている[42]。静岡県に住む我々は、地質学的な時間スケールで火山と共存していくことを考えなければならない。

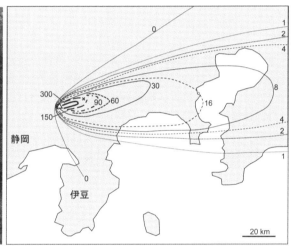

御殿場市（右図の×）の宝永噴火の火山噴出物層の様子（提供：石橋秀巳）

宝永噴火による火山灰の等層厚線（cm）．以下の文献に基づく．
1) 下鶴大輔，1981，富士山の活動史，Disaster Map と災害評価，文部省科学研究費自然災害特別研究「噴火災害の特質と Hazard Map の作製およびそれによる噴火災害の予測の研究」，88-97．
2) 小山真人，2009，富士山噴火とハザードマップ：宝永噴火の 16 日間．古今書院、174p．

コラム
2

巨大地震と火山噴火

Megaquake and volcanic eruption

三井雄太・石橋秀巳（固体地球物理学・マグマ学）

　大きな地震の後には周辺で火山が噴火する、という考えが古くからある[1]。実際に、過去数百年間に発生した火山噴火（火山爆発指数2以上）と大きな地震（マグニチュード7以上）との関係を世界中のデータから統計的に調べた研究[2]が、大きな地震の発生後2日以内に距離200km以内で火山噴火の確率が上がる傾向を見いだしている。これらの数字は、記録のバイアス（過去のデータの不完全性）や考慮する地震のマグニチュードにも依存するが[3]、大きな地震の直後に近くの火山噴火が増えるという傾向自体は確からしいと考えられる。ただし、この噴火確率増大は普段に比べて数倍程度のものであり、噴火全体の中では大きな地震の直後に発生しているものはごくわずかな割合ともいえる。

　では、大きな地震の中でも特に巨大地震に限った場合はどうだろうか。第Ⅰ部第1章の「2011年3月11日東北地方太平洋沖地震の概要」で述べたように、近100年間で世界最大の地震は1960年のチリ地震（Mw9.5）である。この1960年チリ地震の後は、チリ国内の火山が明らかに活発化し、1961年の終わりまでに6つ以上の火山で噴火が発生した[4]。同様に、2004年スマトラ沖地震（Mw9.1）の後には、半年以内に2つ以上の火山で噴火が生じた[5]。一方で、2011年東北地方太平洋沖地震（Mw9.0）の後には、複数の火山近傍で誘発地震の発生程度の応答は見られたが、噴火発生が特に増大したなどの特別な応答は見られなかった。1964年アラスカ地震（Mw9.2）の後も、1966年に1つの火山（リダウト山）が64年ぶりに噴火したのみで、顕著な応答とまではいえない。巨大地震の後であっても、火山噴火が活発になるケースとそうでないケースとがある。

　大きな地震が周辺の火山噴火を活発化させるメカニズムとして、いくつか

のものが考えられてきたが[6]、以下の2つが代表的といえる（図1）。1つは、火山下の**マグマだまり**が地震によって揺らされ、マグマだまり中に泡が発生（**発泡**）して周囲のマグマと共に上昇する、というものである[7]。もう1つは、地震の断層すべりによる周囲の歪み変化がマグマを上昇経路（**ダイク**）へ絞り出す、というものである[8]。図2に示すように、マグマだまりの圧縮・マグマの上昇経路を開くような歪み変化の双方が地震によってもたらされた場合、特に有効と考えられる[9]。とはいえ、いずれにしても、噴火直前の状態になっていない火山を噴火させるほどの強い効果があるとは考えにくい。大きな地震に応答して周辺の火山が噴火するためには、火山がそもそも噴火直前の状態にある必要がある。

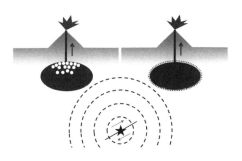

【図1】大きな地震が周辺の火山噴火を活発化させるメカニズム。（左図）地震の揺れにより、火山下のマグマだまりで泡が発生してマグマと共に上昇する。（右図）地震の断層すべりによって周囲が歪み、マグマを上昇経路へ絞り出す

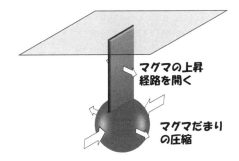

【図2】地震の断層すべりによる周囲の歪み変化が、有効にマグマを上昇経路へ絞り出す場合の概念図

　静岡県近辺の火山としては、**富士山**の火山活動と近隣で発生する大きな地震との関係が注目されてきた。とりわけ、1707年12月16日で発生した**宝永噴火**（火山爆発指数5）が、南海トラフで発生した**宝永地震**（Mw8.6）の49日後に発生したことは、両者の関係性を示す例とされる[10]。しかし、過去1000年以上にわたる富士山の火山活動・南海トラフ地震の発生を概観すると、両者の時間的相関は必ずしも明確でなく、宝永地震・宝永噴火のケースが例外的であるように見える。これに関して、宝永地震・宝永噴火発生前の9月頃から、火山性地震が富士山直下で頻発していた可能性が指摘されてい

る[11]。宝永地震発生前の段階で、既に富士山は噴火直前の状態にあったのかもしれない。

　富士山下のマグマ上昇経路（ダイク）の方向と周辺での大きな地震の断層運動方向との関係、および、両者の位置関係から、富士山下のマグマだまりが地震で圧縮された上に上昇経路も開かれる図2のようなケースは稀であることが、弾性体力学に基づくモデル計算により示されている[12]。このことは、大きな地震に続く富士山噴火を過剰に警戒する必要はないことを示唆する。しかし、もし富士山が噴火直前の状態にまで達していれば、地震の揺れによる発泡[7]やマグマだまりのわずかな圧縮[8]の影響を受けることはあり得るので、富士山の状態を継続的に監視し続けることは重要であろう。

1989年7月13日午後6時41分、海上保安庁の測量船「拓洋」が撮影した伊東沖・手石海丘の噴火。噴煙が断続的に上がり、高さは最大113mに達した（130ページ参照、同庁提供）

静岡県の自然災害と防災

Natural disasters and disaster prevention in Shizuoka Prefecture

第IV部の流れ

岩田孝仁

　静岡県は防災先進県とよく称されるが、そのきっかけを作ったのは1976年に当時東京大学理学部助手の石橋克彦氏が発表した駿河湾での巨大地震発生の切迫性、いわゆる東海地震説である。東海地震説が出された当時の報道資料を見ると、「明日起きても不思議ではない」などの表現が使われ、静岡県という地域社会へのインパクトは相当大きなものであった。以来、全国に先駆けて地震対策に取り掛かったのが静岡県庁をはじめ静岡県内の自治体や関係機関、住民組織である自主防災組織、そして県民の皆さんである。

　第IV部では、こうした歴史的背景をもとに静岡県の自然災害や防災について考えてみることにする。第1章では、東海地震説の発表から現在に至るまでの防災対策にかかわる諸施策について、その背景となった出来事や立法化の動きなども交え、考え方の変遷などを年表にして整理した。第2章では、海・陸のプレート境界が駿河湾や遠州灘など陸域の直近に迫る静岡県の地球科学的特徴から、強震動だけでなく津波の影響が極めて大きいことを踏まえ、津波や津波災害の特性、さらに津波防災対策について解説している。第3章では、プレート境界の付加体堆積物が世界でもまれなスピードで急速に隆起したことから、静岡県内には南アルプスをはじめとする地質的にも脆弱な一面を持つ山地が形成された地域が多い。さらにプレート運動によって日本列島に衝突した伊豆半島、そして富士山の火山地質の影響などの特徴を踏まえ、各地域の土砂災害の特性について解説している。第4章では、東海地震説を受けてこれまでに静岡県などが行ってきた防災対策について、ハードとソフトの両面から見た特徴を解説している。第5章では、付加体独特の地質資源から得られるメタンを燃料とした発電システムの構築という新たな分野で防災という視点からどのように展開できるか、分散型エネルギーの概念なども取り混ぜた最新の成果が述べられている。

　それぞれ、過去から現代、未来にわたって静岡県の自然災害と防災という視点で解説を行った。本企画の一端を分担した岩田孝仁は、東海地震説が出され静岡県が本腰を入れて地震対策を進め始めた1979年に静岡県に入庁し地震対策課に配属され、以来一貫して防災行政と危機管理行政を担当し、危機管理監兼危機管理部長を最後に静岡県庁を退職した。その間、地質・地盤などの基礎調査、地震予知への取り組み、地域の自主防災組織の育成、耐震化や津波・土砂災害対策、地震被害想定や地震対策事業計画の策定、国土利用計画、伊豆東部火山群や富士山など火山防災対策、阪神・淡路大震災や東日本大震災での現地支援、南海トラフ巨大地震対策、危機管理行政などを手掛けた。こうした経験に基づく考察を本稿には盛り込んでいる。

東海地震説から
東日本大震災そして現在

From the Tokai earthquake theory and
Great East Japan Earthquake to the present.

岩田孝仁（防災学）

　駿河湾で大地震の発生の可能性が高いとするレポートが、1976年5月の第33回地震予知連絡会（国土地理院長の私的諮問機関）で東京大学理学部の石橋克彦助手（当時）から緊急報告された。同年8月の第34回地震予知連絡会でデータの再整理を行い改めて報告が行われた。この席上で、地震予知連絡会東海地域部会長の浅田敏（当時）は「今までの東海地震としてその可能性が考えられてきた地震は遠州灘地震というより駿河湾地震である可能性が強いという意見があるので、今後検討したい」と結んでいる[1]。こうした動きを共同通信社が取材し1976年8月24日の静岡新聞朝刊社会面トップの記事として「**駿河湾巨大地震を予測**」と題して報道された（図1）。いわゆる**東海地震説**である。

　同年10月に開催された地震学会（秋季大会）で石橋は駿河湾大地震の発生時期について「現状では予測困難だが……数年以内に起きてもおかしくない」と報告している[2]。報道などでは「明日起きても不思議ではない」との表現がよく使われ、静岡県内の様々な分野で大きな動揺が生じた。その要因として、この時示された東海地震の想定震源域は静岡県民の生活圏の真下にあり震度6や震度7の大きな地震動に見舞われ、多くの建築物が倒壊するのではないかという心配、そして、駿河湾に入り込む駿河トラフでの海底変動により発生した大津波が沿岸の市街地には地震直後に襲来し、大きな被害が発生するという恐れである。こうした事態を契機に、東海地震に備えるため静岡県という地域社会で防災分野の様々な取り組みが始まった。

その後の静岡県庁など行政の動き、**大規模地震対策特別措置法**の制定、1995年阪神・淡路大震災や2011年東日本大震災など国内で発生した様々な災害なども契機に変遷してきた静岡県を取り巻く防災への取り組みを表1に一覧とする。

【図1】駿河湾地震説を報じる静岡新聞
（1976年8月24日付朝刊）

【表1】東海地震説から東日本大震災そして現在に至る防災施策の変遷

年.月	項目	主な動き
1976.8	駿河湾大地震の切迫性の報告(後の東海地震説)	第34回地震予知連絡会で石橋の報告が静岡新聞社会面トップの記事として公表され、発生の切迫性と被害なと地震の及ぼす影響の大きさから静岡県民をはじめ社会が動揺する。
1976.10	静岡県庁に地震対策班を組織	東海地震説への行政対応を検討するため、静岡県庁では消防防災課内に課員5人の地震対策班を組織する。1977年5月に18人に増員し、同年8月に正式な組織として**地震対策課**が発足する。地震対策の様々な施策を検討するため、一般行政以外に土木、建築、地質、教育、警察の分野からも専門の職員が集められた。
1978.1	1978年伊豆大島近海の地震	マグニチュード7.0の地震発生により、伊豆半島の河津町なとで死者・行方不明者25人、住家全壊89棟なとの被害が発生した。
1978.6	大規模地震対策特別措置法の公布	東海地震説の発表以来、**地震予知研究**の加速と早期実現に対する社会の要望は大きくなり、既に1977年には自由民主党の地震対策特別委員会や全国知事会から地震予知情報を活用する新たな法律案要旨の発表があった。伊豆大島近海の地震の発生がその動きを加速させ、議員立法により4月5日の法案提出から6月7日参議院本会議での採決まで、約2カ月という異例の短期間で国会審議を終え法案は成立した[3)]。法律では、地震予知情報を活用し、内閣総理大臣が**警戒宣言**を発する。これを受けて国や地方公共団体、民間特定企業などとは予め定めた計画に沿って警戒態勢を取る。そのための事前の防災体制の整備なとが定められた。この法制定によって、いわゆる東海地震対策が法律上の裏付けを持って進められることとなった。

1978.11	東海地震の危険度の試算を公表	想定東海地震の発生による**被害想定**を静岡県が行い、「東海地震の危険度の試算」として公表。東海地震の被害の全貌を定量的に示すとともに、突然発生による死者は 10,927 人、地震予知が実現でき事前避難など的確な地震防災応急対策が実施できれば死者はゼロにできるという目標も想定として示している。ある意味、地震予知に期待する被害想定である。 併せて、表層地質図や 4 種の地盤分類図、震度分布図、液状化危険度図、津波浸水想定図などが示された。こうした取り組みは、自治体として地域ごとの災害危険度を周知する先駆けであった。
1978	建築物の耐震診断基準の適用	東海地震説の発表を受け、特に学校や庁舎などの公共建築物の耐震強化の必要性が高まり、1977 年には財団法人日本特殊建築安全センター（後の日本建築防災協会）が静岡県用の鉄筋コンクリート造（RC 造）耐震判定指標を作成した。 これを受け静岡県が 1978 年に鉄筋コンクリート造建築物構造設計指針や耐震診断手法、大規模木造建築物の耐震診断基準及び改修指針を策定、1979 年に鉄骨造建築物の耐震診断方法及び改修設計方法を策定し、公共施設の耐震診断や改修事業が始まった[4]。
1979.3	法人事業税超過課税の実施	静岡県や県内市町村の地震対策財源の確保のため、県税として法人事業税の超過課税の実施が県議会で可決される。超過税率 10％により毎年おおむね 100 億円の財源が確保され、静岡県と県内市町村が行う耐震対策や自主防災組織の育成、防災備蓄など様々な地震対策事業を実施するための自主財源に充てられた。1 期 5 年の時限措置で、3 期 1979 年度〜1994 年度まで続く。1989 年度からは当時のバブル景気を受け、目標おおむね 100 億円の水準を維持するため超過税率 7％に修正された。

年.月	項 目	主な動き
1979.8	**地震防災対策強化地域**の指定	大規模地震対策特別措置法に規定する地震防災対策強化地域として、静岡県全域を含む6県（神奈川、山梨、長野、岐阜、愛知と静岡）170市町村が指定された。政府が示した指定要件としては震度6以上の強い揺れと20分以内に高い津波（3m以上）が来襲する地域としている。強化地域の指定により民間事業所においても一定の規模や業種には警戒宣言発令時の対応などを定める地震防災応急計画の策定が義務付けられた。
1980.1	静岡県地域防災計画東海地震対策編の策定	静岡県の地域防災計画に、警戒宣言発令時に各機関が実施する地震防災応急対策を定めると共に、事前の予防対策として県民が自ら行う家屋の補強や落下倒壊危険物対策、飲料水・食料などの備蓄（食料は最低7日分、うち3日分は非常持ち出し）などの事項を定める。さらに、地域の**自主防災組織**が防災資器材の整備や消火や避難などの防災訓練を行う他、避難所の運営などは地域の自主防災組織が主体的に実施すると定める。全国自治体では初めて、今でいう住民自ら実施する「自助」、そして「共助」の要としての自主防災組織の位置付けが地域防災計画に明記された[5]。
1980.5	地震財特法の公布	正式には「地震防災対策強化地域における地震対策緊急整備事業に係る国の財政上の特別措置に関する法律」で、この法律施行により強化地域に指定された各自治体の行う地震対策緊急整備事業が内閣総理大臣により承認され、公共事業として財源の裏付けが得られることとなる。静岡県では第1期5年（1980年度から1984年度）分として1,900億円（1982年に526億円の2次計画分を追加）が承認され、防潮堤や津波水門などの津波対策事業を始めとする公共施設整備としての地震対策事業が本格的にスタートした。5年の時限立法で成立したが、これまで7回延長され、現在は2020年3月までの時限立法である。

1981.6	建築基準法改正に伴う 新耐震基準の適用	震度5程度の揺れでは損傷しないこと、震度6強から7程度で倒壊しないことを目標水準とするよう建築基準法が改正された。いわゆる「新耐震基準」と呼ばれる改正である。木造建築物においても基礎の強化や壁量の見直しなど基準強化が行われた。6月1日以降の建築確認に適用。
1982.5	静岡県地域防災計画に **突発地震**対策を明記	静岡県の地域防災計画の修正に当たって、東海地震が予知されずに突然発生したことも前提とするため第5編災害応急対策が追加された。追加した計画の冒頭には「東海地震が発生する恐れがあるときには、警戒宣言が発令されることになっているが、この編には万一の場合を考えて、警戒宣言が発令されないまま、地震災害が発生した場合にも対応できるような計画とする」と記載。地震予知が未成熟であることを意識して、制度の矛盾を防災計画で補っている。
1983.5	**日本海中部地震**	1983年5月26日に秋田県沖でマグニチュード7.7の地震が発生。当時の観測震度は秋田市などで震度5であったが、秋田県、青森県、山形県の沿岸で10mを超える津波が観測され、地震による死者104人の内100人が津波による犠牲者であった。 この地震を契機に静岡県では、地震が突然発生することを意識するため、政府や自治体が主導する9月1日の総合防災訓練(警戒宣言発令から地震発生に至る想定で訓練実施)とは切り離し、突発地震対応の防災訓練を行うこととなった。1944年東南海地震の発生が12月7日であったことから、12月の第一日曜日に各地域で結成されてきた自主防災組織が主体となった地域防災訓練の取り組みが始まった。
1986.12	緊急警報放送が始まる	警戒宣言や津波警報の発表などの緊急放送を行うため、テレビ・ラジオを自動的に起動させる緊急警報放送がNHKおよび民間放送局で開始された。テレビ受信機の開発は試作で終わったが、ラジオ受信機は市販され、現在も継続している。

年.月	項目	主な動き
1986.12	静岡県が「地域防災の日」を制定	静岡県が独自に12月の第一日曜日を「地域防災の日」と定め、1983年12月から静岡県内で毎年実施してきた地域の防災訓練を地域の自主防災組織が主体となって実施する「地域防災訓練」として位置付けた。 静岡県が発表する訓練参加者は例年60〜70万人で、2019年12月の地域防災訓練では72万人（県人口364万人の20％）である。各機関からの報告ベースの参加人数であるが、多くの県民が関わっていることに大きな意義がある。
1989.4	**静岡県地震防災センターの開館**	東海地震に立ち向かうため、県民の知識と技術の普及向上、防災意識の高揚を図るとともに、自主防災組織の活性化を図ることを目的に、静岡県の啓発施設として平成元年4月20日に静岡市に開館した。
1989.7	伊豆東部火山群の伊東沖で海底噴火	1978年以来、伊東市などの伊豆半島東方では毎年のように群発地震活動が繰り返し発生してきた。この年6月から始まった激しい群発地震活動の末、7月13日に伊東沖約3kmの海底で噴火に至った。
1993.6	静岡県が第2次地震被害想定を発表	公共施設の耐震化や津波対策事業など地震対策の各種事業が進捗を始め、対策の効果を定量的に分析するため、地震災害による被害要因別に分析した新たな地震被害想定を発表した。住宅の大破は155,263棟と大きな推計値であるが、死者は2,574人と比較的小さく見積もられている。電気、水道、ガス、緊急輸送路などライフラインの被害や復旧日数などの想定も定量的に行われた。 神奈川県境で発生する地震の被害想定も追加し、静岡県東部地域の地震や津波災害への備えが強化されることになった。

1995.1	阪神・淡路大震災	平成7年（1995年）1月17日に兵庫県南部地震が発生し、その被害の大きさから政府は阪神・淡路大震災と呼称している。神戸市などの市街地を最大震度7の揺れが襲い、死者6,434人、行方不明3人、負傷者43,792人、住家全壊104,906棟、住家半壊144,274棟、全半焼7,132棟などの被害を出した（被害の出典は消防庁）。耐震性確保の重要性や都市機能の長期間マヒへの対応、全国からの応援の在り方などが問われた。
1995.6	地震防災対策特別措置法の公布	阪神・淡路大震災の教訓を踏まえ、全国どこでも地震が起きることを前提に、政府の地震調査研究の推進や全国都道府県で地震防災対策施設の緊急整備などを推進することが規定された。従来、大規模地震対策の取り組みが東海地域に特定されているように受け止められていたが、全国的に地震対策の重要性を意識させることとなった。
1995.7	政府に地震調査研究推進本部を設置	兵庫県南部地震は地殻変動などの常時監視体制が取られていない中で発生し、予知情報などは出されなかった。しかし、一般的には地震予知の可能性に期待が高まっていたため、地震予知への不信感から、政府に置かれていた地震予知研究推進本部は廃止され、新たに地震調査研究推進本部が設置され、政策推進体制も大幅に変更された。例えば、全国の活断層の定量的評価を行い、成果は全国地震動予測地図として公表されることになった。
1996.3	静岡県が地震対策推進条例を制定	大地震による災害から県民を守るためには行政だけでなく、「自らの命は自ら守る」「自らの地域は皆で守る」という地震対策の基本を条例にも明記した。建築物の耐震改修の他、落下物やブロック塀の改修、自動販売機の転倒防止を推進するため、改修成果の報告を義務付けるなど、新たな取り組みも明記された。その後、2006年及び2016年の改正では緊急輸送路の安全確保や既存建築物の耐震改修策の強化なども追加された。地域防災計画で様々な規定が明記されてはいるが、条例化により実効性をより高めることが可能になる。

年.月	項目	主な動き
1998.5	被災者生活再建支援法の制定	災害被災者の生活再建を図るため議員立法で成立したが、私有財産に公費を投じることに政府が難色を示したことから当初は住宅再建資金の支援には適用されなかった。法制定後も住宅再建は公共的な意義が大きいとの議論を重ね、2004年3月の法改正で、住宅再建資金として最大300万円の支援金が拠出できる制度に改められた。支援金の財源は政府が1/2、全国都道府県による拠出基金で1/2を賄う仕組みである。
2001.5	静岡県第3次地震被害想定を発表	地震災害の要因別かつ町丁目別の定量的な想定に加え、ライフラインの途絶など様々な被害を地域別のシナリオ想定として提示することにより、各地域での対策検討の基礎資料として提示した。阪神・淡路大震災の被害実態に即して見直し、死者5,851人、重傷者18,654人、大破建物192,450棟という結果が示された。 同年6月に静岡県「**地震対策アクションプログラム2001**」を公表し、耐震化などの施設整備だけでなく住民啓発など、ハード・ソフト両面での地震対策事業の実施計画が策定された。
2002.4	東海地震想定震源域の見直し	中央防災会議の検討により、東海地震の想定震源域が従来の想定より西側内陸に拡大し、地震動や津波の影響など政府の被害想定が見直された。その結果、地震防災対策強化地域は従来の6県から8都県263市町村に拡大した。
2002.7	東南海・南海地震対策の推進	南海トラフでの地震発生を視野に、東南海・南海地震対策特別措置法が議員立法で成立した。
2003.1	政府の東海地震被害想定見直し	中央防災会議において東海地震の被害想定の見直しが行われ、建物の全壊・延焼36万棟から46万棟、死者数は7,900人から9,200人に拡大した。 これを受け政府の「東海地震対策大綱」が示され災害予防対策や災害発生時の対応力強化の他、災害発生時の全国からの広域応援体制確立のため「東海地震応急対策活動要領」が示された。

2004.4	静岡県が公共建築物の耐震性能のリストの公表と表示	東海地震対策大綱に基づき、静岡県が所有する公共建築物の耐震性能に関するリストを公表し、さらに2006年には県有施設入り口に耐震性能と地震発生時等の使用の可否など注意事項を直接表示するシートを掲示した。 同様の取り組みは静岡県内の市町村でも順次行われた。
2005.6	富士山火山防災計画の作成	富士山火山防災協議会（国、静岡・山梨・神奈川3県、関係市町村が参加）において2004年6月に富士山火山防災マップが作成され、これを基に検討が進められた富士山火山防災計画が静岡県地域防災計画に初めて位置付けられた。
2006.6	静岡県の地震対策アクションプログラム2006を公表	静岡県の地震対策アクションプログラム2001を改正し、ハード・ソフト両面から計画的に事業を進め、今後10年間に静岡県第3次地震被害想定で想定した犠牲者を半減するという減災の数値目標が示された。
2011.3	**東日本大震災**	平成23年（2011年）3月11日に東北地方太平洋沖地震が発生した。被害の甚大さから政府は東日本大震災と呼称する。沿岸に襲来した大津波は場所によっては10mを超えた。死者・行方不明者は18,000人を超え、建築物の全壊・半壊は合わせて40万戸を超えるなど甚大な被害が発生した。 断層の破壊領域が従来の想定レベルを超えたことから、災害外力として**レベル1、レベル2**の考え方が津波防災や耐震設計などの各分野で取り入れられるようになった。
2012.8	政府が**南海トラフ巨大地震**被害想定を発表	中央防災会議の防災対策推進会議のワーキングが南海トラフ巨大地震の被害想定を発表。東海地方が大きく被災するケースでは全壊及び焼失棟数95万棟〜238万棟、死者8万人〜32万人、津波の最大波高は34m（高知県黒潮町）との想定が示された。特に、津波による想定被害が甚大であることから、東海から近畿、四国、九州にかけての沿岸自治体は、その対応に迫られる。

年.月	項目	主な動き
2013.6	静岡県が第4次地震被害想定及び地震・津波対策アクションプログラム2013を発表	静岡県が駿河トラフから南海トラフにかけての大地震についてマグニチュード8クラスのレベル1、マグニチュード9クラスのレベル2の地震発生に伴う被害想定を発表した。レベル2の最大クラスの地震で想定される死者は約10万5千人、全壊・焼失建物約30万棟など、甚大な被害が想定された。併せて、相模トラフ沿いで発生する地震に関してもレベル1地震、レベル2地震想定結果も発表した。静岡県は、これまでの想定をはるかに超える大きな被害に対処するため、地震・津波対策を積極的に進め想定される犠牲者を今後10年間で8割減らすとの目標を設定した「地震・津波対策アクションプログラム2013」を併せて発表した。
2013.12	南海トラフ地震に係る地震防災対策の推進に関する特別措置法	従来の東南海・南海地震対策特別措置法の対象とする地震を駿河トラフから南海トラフ全域に改め南海トラフの地震防災対策特別措置法が制定された。地震防災対策と地震津波避難対策の推進地域には千葉県から鹿児島県まで1都13県が指定された。 なお、同月には首都直下地震を対象にした地震防災対策特別措置法が制定された。
2017.3	静岡県建築基準条例を改正	条例改正により、建築物を新築する際これまで行政指導で行ってきた静岡県独自の地震地域係数Zs1.2の適用を義務化した。
2017.9	南海トラフ沿いの地震活動変化に応じた防災対応検討	中央防災会議防災対策実行会議において、南海トラフ沿いの地震活動に変化が出た場合の防災対応についての検討結果が報告された。 南海トラフの東半分、または西半分で先行してM8クラスの地震が発生した場合（半割れ）、震源域周辺でM7クラスの地震が発生した場合（一部割れ）、想定震源域周辺で地殻変動などの異常が出現した場合（ゆっくりすべり）の3ケースに応じた防災対応の考え方が示された。

2017.11	**南海トラフ臨時情報発表体制へ移行**	11月1日より地震発生の可能性の高まりに応じて気象庁は南海トラフ地震に関連する情報（臨時）の発表体制に移行した。同時に、政府は従来の警戒宣言の発表体制は運用しないことを決定した。2019年5月に情報名を「南海トラフ地震臨時情報」と変更。
2019.3	南海トラフ地震の多様な発生形態に備えた防災対応の検討	内閣府から南海トラフ地震の多様な発生形態に備えた防災対応検討ガイドライン【第1版】が示され、自治体やライフライン企業など関係機関での検討が具体的に始まった。

注）レベル1、レベル2：中央防災会議は、南海トラフ沿いでおおむね100〜150年周期で発生するマグニチュード8クラスの地震・津波を「レベル1」、数千年に一度でも発生すれば甚大な被害をもたらすあらゆる可能性を考慮した最大クラスのマグニチュード9程度の巨大地震・津波を「レベル2」としている。

安政型地震の発生間隔
「東海地震はいつ起きるのか」

Recurrence interval of Ansei-type earthquakes.
When will Tokai earthquake take place?

北村晃寿（第四紀環境学）

　1854年の安政東海地震は、駿河トラフから三重県沖までのＣ〜Ｅ領域の
プレート境界断層の活動によって起き、震度6〜7の揺れと大津波を静岡
県沿岸にもたらし、駿河トラフ西岸を約1m隆起させた（第Ⅱ部第5章・図
4）。この地震の後、1944年**昭和東南海地震**と1946年**昭和南海地震**が起きたが、
駿河トラフ西岸では隆起は起きなかった。これらの地震の発生パターンと昭
和東南海地震で「地震の前触れと思われる地殻変動（**プレスリップ**）」が起き
たことから、近い将来、駿河トラフでプレート境界断層の活動、すなわち東
海地震の発生が危惧され、1978年に事前予知の可能性を前提にした大規模
地震対策特別措置法が制定された。

　だが、制定から40年が経ち、その間の研究で、プレスリップと思われた
現象は統計的に有意でないこと、1707年宝永地震と1498年明応地震では駿
河トラフ西岸は隆起しなかったことが判明した。つまり、500年間に、安政
東海地震のような駿河トラフでプレート境界断層が活動した地震（以下、**安
政型地震**とする）は、1回しか起きていないことが確実となった。そして、
安政型地震の再来周期が当初の見込みより長いことの科学的説明も出されて
いる。例えば、Heki & Miyazaki[1]はGPSデータを解析し、南海・駿河トラフ
の陸側プレートは一枚板ではなく、またフィリピン海プレートも伊豆地塊が
ブロック化（伊豆マイクロプレート）し、遠州灘から銭洲海嶺での短縮変形
によって、東海地域の収束速度（年間約2cm）が紀伊半島以西の約1/3になっ
ているため（第Ⅱ部第5章・図1）、地震再来周期が西の地域に比べて長いと
説明している。

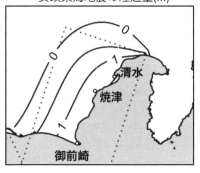

安政東海地震の隆起量(m)

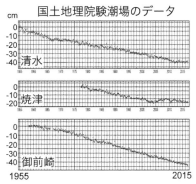

国土地理院験潮場のデータ

【図1】左図内の点線は、石橋 (1994)[5]の震源断層モデルの仮想の断層面の輪郭。右図は国土地理院験潮場データ[6]に基づく

　さて、このような地球物理学的研究では、1970年以降の測量データや1990年代中盤以降のGPSデータを用いるが、データの蓄積に伴い地殻変動のパターンに揺らぎがあることが分かってきた。例えば、国土地理院の験潮所のデータにおいて、焼津では1977 ～ 2004年まで年間8.2mmで沈降していたが、2005年以降は停滞している（図1）。同様の傾向は清水でも見られ、2012年頃に沈降から停滞に変わっている。この揺らぎは、安政型地震の再発間隔の推定の確度を低下させる。

　一方、地層・化石記録などから1854年以前の安政型地震の発生履歴を実証した研究はほとんどなかったが、我々は2018 ～ 2019年に相次いで安政型地震を示す地層・化石記録を発見した。地震性隆起が起こると、波打ち際では、海底だった場所が陸地に急変する。この環境変化は地層や化石記録に残ることがあり、その痕跡を見つけ、年代決定できれば安政型地震の履歴が分かるのだ。

　2018年には、御前崎の波食台で離水した貝化石を発見し、1361年正平（康安）東海地震が安政型地震であったことを明らかにした[2]（詳細は第Ⅱ部第5章を参照）。

　2019年には、清水平野の海長寺（海抜3.8m）で全長8mの2本のコア試料を掘削した[3]。同地を調査した理由は1011年から現在地にあることが分かっているからで、安政型地震で離水したならば、それは1011年以前であることが確実だからだ。コア試料の堆積物、貝化石、有孔虫化石を分析し、有機炭素と硫黄の量を測定した。その結果、堆積環境が潮下帯（干潮時でも海面

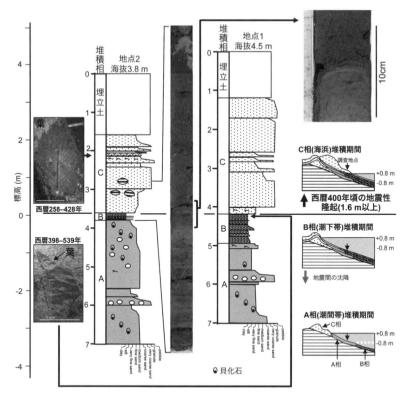

【図2】静岡県清水区海長寺から採取した2本のコア試料のデータ[3)]

下にあり、深さ0.8m以深）から海浜（満潮時でも水没しない）への急変を発見した（図2）。この急変は、「干潮時でも海面下の場所」から「満潮時でも海面上の場所」への変化なので、1.6 m以上の隆起が必要となる。そして、その境界の上下の堆積物から見つけた保存状態の良い葉の[14]C年代測定から、398年～428年の間に隆起したことが分かった。これらのデータに加えて、静岡県西部の坂尻遺跡から400年頃（古墳時代）の液状化痕が報告されていることから[4)]、隆起は安政型地震によると解釈し、さらにその発生年代を400年と結論した。

　御前崎と清水からの発見で、安政型地震は400年頃、1361年、1854年に発生し、発生間隔は960年、490年となる（図3）。今後は、400年の地震と1361年の正平（康安）東海地震との間の歴史地震—684年白鳳地震、887年

仁和地震、1096年永長東海地震—で地震性隆起があったかどうかを解明すれば、安政型地震の発生間隔を決定でき、「東海地震はいつ起きるのか」という問いに応えることができる。

なお、400年頃に奈良県の赤土山古墳で地滑りが発生しているので[4]、この地震は南海トラフ東部から駿河トラフ（C〜E領域）まで及んだ可能性がある。また最古の歴史地震の684年白鳳地震との発生間隔は約280年で、この値は1361年正平（康安）東海地震以前の南海トラフ巨大地震の発生間隔の200〜260年に近い値である。

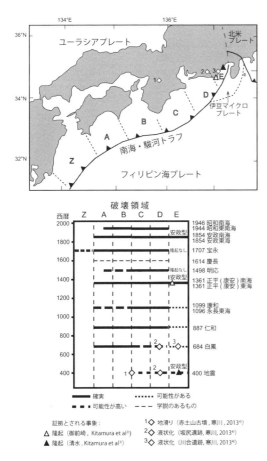

【図3】過去1600年間の安政型地震の発生履歴
（気象庁HP[7]、石橋(2014)[8]も参照）

第2章

静岡県における
津波災害とその対策

Tsunami disasters and countermeasures
in Shizuoka Prefecture

原田賢治 （津波工学）

はじめに

　ここでは、大規模自然災害の一つとして、静岡県における津波による大規模自然災害とその対策について考えていくことにする。ただし、本書のタイトルにもある「静岡の大規模自然災害の科学」として、これまでの科学的・学術的検討を踏まえた内容とするため出来るだけ丁寧に説明をしていくこととする。まず、主要な関心事である「大規模自然災害」が指し示す意味について考えると、自然現象によって引き起こされる災害が大規模に発生する状況が対象であると言える。特に本章で取り扱う津波災害については、自然現象として「津波」を取り扱い、静岡県においてその社会的影響としての大規模な「災害」が引き起こされる状況、さらにはその「対策」がどのように考えられているのかについて主に説明をしていく。

自然災害

　我が国における災害対策関連法律の一般法である**災害対策基本法**[1]では、第二条第一項において、災害を「暴風、竜巻、豪雨、豪雪、洪水、崖崩れ、土石流、高潮、地震、津波、噴火、地すべりその他の異常な自然現象又は大規模な火事若しくは爆発その他その及ぼす被害の程度においてこれらに類す

る政令で定める原因により生ずる被害をいう」と定義している。災害とは、何らかの原因により発生する被害を指し示す言葉である。

　一般的に、自然災害は自然現象が引き起こす被害・損害の発生の状況を意味しており、自然現象そのものではない。具体的に言えば、地震、津波、火山噴火、台風などは自然現象そのものであるが災害ではなく、地震発生に伴う地震動や津波の陸上遡上氾濫などによる建物倒壊や死者・負傷者などの被害発生が災害である。

　英語では、災害のことをDisaster（**ディザスター**）という単語で表し、災いや不幸な出来事や結果を意味する時に用いられる。一方で、**Hazard（ハザード）**という単語が危険性をもたらす出来事や事象に対して用いられており、Disasterとは異なる意味で用いられている。ちなみに、Disasterはイタリア語disastro（dis+astro）を語源とする悪い星回りの意味から、災害や災難の意味として用いられている。Hazardはアラビア語を語源とするサイコロの出た目で勝敗を決めるゲームの賭け事を意味しており、転じて損害・損失の危険性をもたらす原因となる事柄に対して用いられている。英語においても、地震や津波は被害をもたらす原因となるHazardであり、地震や津波によって発生する建物倒壊や死者・負傷者の被害の結果はDisasterとして別の意味で単語が用いられている。

　災害発生の発生過程については、素因と誘因の関係性で考えることができるとする考え方がある[2,3]。素因はその地域が持つ性質を意味しており、地形、地質、気候等の自然素因と人口、資産、社会経済システム等の社会素因が挙げられる。誘因は被害をもたらす引き金となる異常な現象のことであり、自然現象の場合は地震、津波、火山噴火、台風等の自然現象が挙げられる。誘因と素因の相互作用の関係性の中で被害が発生し災害となる。類似した考え方として、災害の発生過程を地震や津波等の現象が脆弱性を持つ人間社会へ作用する結果として評価する**PARモデル**（Pressure and release model）が知られており、災害リスクをHazardとVulnerabilityの関数として評価するモデルとなっている[4]。さらに、国連国際防災戦略事務局（UNISDR）では、災害リスク（Disaster risk）をHazard、Exposure、Vulnerabilityの関数として評価しており[5]、災害リスクはこれらの要素が複雑に相互作用をするとしている。また、2015年に仙台で開催された第3回国連世界防災会議において採択された仙台防災枠組（SF-DRR: Sendai Framework for Disaster Risk Reduction 2015-2030）[6]では、2030年を目標に災害リスク軽減に向けた行動の枠組みと

して7つのグローバル・ターゲットと4つの優先分野が設定されている。この仙台防災枠組（SF-DRR）のグローバル・ターゲットは、持続可能な開発のための2030アジェンダ[7]の17ゴール（**SDGs**）の幾つかと密接に関連しており、災害リスク軽減の実現により持続可能な開発のためのゴール（SDGs）の達成に貢献することができるものである[8]。

大規模自然災害

　大規模自然災害についての定義はあまり明確ではない。

　大規模地震対策特別措置法[9]では、大規模な地震による災害から国民を保護するための特別の措置が規定されており、具体的な地震の検討として東海地震と呼ばれるマグニチュード8クラスの地震を大規模地震として取り扱っている。なお、大規模地震対策特別措置法では、地震災害として、「地震動により直接に生ずる被害及びこれに伴い発生する津波、火事、爆発その他の異常な現象により生ずる被害をいう」と定義しており、自然現象とそれによる被害である災害を明確に区別している。また、地震調査研究推進本部地震調査委員会の長期評価[10]によると、マグニチュード8～9クラスの地震が今後30年以内に発生する確率を70～80%としており、同状況に基づいた内閣府の南海トラフ地震の多様な発生形態に備えた**防災対応ガイドライン**[11]では、マグニチュード8～9クラスの大規模地震が南海トラフ想定震源域内で発生した場合に残りの領域で大規模地震の発生を検討している。これらのように、マグニチュード8クラスの地震に対して、大規模地震という言葉を用いることがある。しかしながら、これは地震の規模を表すマグニチュードに対して大規模という言葉を用いているのであり、地震によって発生する災害について大規模という言葉を用いているわけではない。

　災害の規模について、河田[12]は様々な自然災害による死者数の分析を行い、死者数が国内において1,000人、世界においては10,000人を超える災害を巨大災害としている。しかしながら、これも大規模（自然）災害という名目ではない。

　また、**大規模地震防災・減災大綱**[13]では、南海トラフ地震、首都直下地震、日本海溝・千島海溝周辺海溝型地震、中部圏・近畿圏直下地震による災害への防災・減災対策の大綱がまとめられている。日本社会にとって重大な影響を与える可能性のある大規模地震による災害の可能性が検討され、その対策

方針がまとめられている。

　東日本大震災を踏まえた災害からの復興の枠組みの創設において、災害対策基本法の改正、大規模災害からの復興に関する法律[14]の制定が行われている。大規模災害からの復興に関する法律[14]の第二条一項において、特定大規模災害が「著しく異常かつ激甚な非常災害であって、当該非常災害に係る災害対策基本法（昭和三十六年法律第二百二十三号）第二十八条の二第一項に規定する緊急災害対策本部が設置されたものをいう」と定義されている。なお、これまでに災害対策基本法に基づく緊急災害対策本部が設置された事例は、東日本大震災発生時における緊急災害対策本部の設置事例のみであり、これは大規模かつ広域にわたる津波災害事例であり、政府が主導して災害復興を担うような災害である。政府が主導して災害復興を担う必要のある「著しく異常かつ激甚な非常災害」として特定大規模災害の対象とされたと考えられる。

　以上のように、大規模自然災害の対象としては、自然現象による甚大な被害が地域社会において生じる災害を指し示すと考えられるだろう。甚大な被害が発生するには、被害を受ける対象となる社会の規模、社会の持つ災害への対応能力、ハザードの強さが関係してくる。一定程度以上の人口規模や社会資本の集積が地域の中に形成されることに加えて、地域社会の災害への対応能力の限界を超えるような強力なハザードが来襲することで甚大な被害が発生し、大規模自然災害となると想定される。これを静岡県の大規模津波災害という観点に当てはめれば、津波により静岡県内において甚大な被害を発生させる災害が本章の対象となる災害ということになる。

静岡県に来襲が考えられる津波

　地震や火山噴火と同様に、「津波」それ自体は災害ではなく、災害を引き起こす要因となるハザードに分類される自然現象である。一般的に津波は海底面の変動により発生する水の波の現象と理解されている。海底面の変動の原因としては、地震の断層運動に伴う地殻変動や海底地すべりなどが挙げられる。静岡県は遠州灘、駿河湾、相模湾を通じて太平洋に面しており、沿岸地域への津波の来襲の可能性が考えられる。駿河湾内には、ユーラシアプレートとフィリピン海プレートのプレート境界である駿河トラフ・南海トラフがあり（第Ⅱ部第1章図2、第Ⅱ部第5章図1）、遠州灘沖合へと続いており、

海溝型地震の断層運動の発生により海底面が変動して津波が発生し短時間で高い津波が沿岸地域を襲う可能性がある。相模湾側においても、北米プレートとフィリピン海プレートのプレート境界である相模トラフが存在しており、海溝型地震の断層運動により津波が発生し、伊豆半島の東側沿岸地域を中心に津波が来襲する可能性がある。実際に、過去に駿河・南海トラフで発生した宝永地震、安政東海地震、昭和東南海地震および相模トラフで発生した元禄地震、大正関東地震により、静岡県沿岸地域に津波が到達した記録が残されている（第Ⅱ部第5章図3）。これらの津波が陸上に遡上することにより人的被害、家屋被害などの甚大な直接被害の災害の記録も残されている（第Ⅱ部第5章表1）。

　これらのように2つのプレート境界における海溝型地震による津波が静岡県沿岸地域に繰り返し来襲しており、今後もその発生の可能性が防災対策上危惧されている。現状では、東日本大震災以降の**津波防災地域づくり法**[15]に示される国の方針に基づいて静岡県が検討した**第4次地震被害想定**[16]において、駿河・南海トラフおよび相模トラフで発生が予想される地震・津波が、**レベル1、レベル2**としてそれぞれ2段階設定されており、地震・津波により引き起こされる被害が算出されている。東日本大震災の経験を踏まえ、災害を引き起こすハザードである地震津波の想定条件は、2段階で検討されるようになっている。まず、頻度の高い地震津波を想定することで、防潮堤や水門などの海岸保全施設の整備により地域全体の人命と財産を津波災害から守ることが考えられている。さらに、最大クラスの地震津波を想定することで、東日本大震災の様に全ての資産を守ることができない場合でも地域の人命の安全の確保を可能にするための防災対策が考えられることになる。静岡県では、最大クラスの地震規模として、南海トラフの地震としてマグニチュード9クラスの地震、相模トラフ地震としてマグニチュード8.7クラスの地震がレベル2の地震・津波として設定されている。また、来襲頻度の高い地震規模として、数十年から百数十年に1回程度対象地域を襲う地震が条件設定され、静岡県では東海地震、東南海地震、南海地震、大正関東地震がレベル1の地震・津波として設定されている。これらのレベル1、2の地震の発生に伴う海底地殻変動量を数値解析により求め、これを津波初期波形として用いて津波数値シミュレーションを行い、各地の津波来襲時の最大津波高等を算出することで想定津波ハザードの検討が行われている。

　静岡県第4次地震被害想定[16]の結果では、駿河・南海トラフ地震による津

波は、**レベル1の地震**により駿河湾内（松崎町～牧之原市）で3～11m程度、遠州灘（御前崎市～湖西市、浜松市北区は浜名湖内のため除く）で5～11m程度、伊豆半島南部（下田市、南伊豆町）で7～9m程度、伊豆半島東部（熱海市～河津町）で2～4m程度の最大津波高と算出されており（口絵4）、**レベル2の地震**では、駿河湾内の沿岸地域で6～16m程度、遠州灘で10～19m程度、伊豆半島南部で26～33m程度、伊豆半島東部で5～14m程度の最大津波高と算出されている（口絵4）。津波の到達時間については、レベル1の地震による津波の場合、海岸で水位上昇が50cmを越えるまでの時間は、駿河湾内で地震発生直後から数分程度、遠州灘で数分から10数分程度、伊豆半島南部の下田あたりで10数分程度、伊豆半島東海岸の伊東・熱海で10数分から20数分程度と算出されている。レベル2の地震による津波の場合は、駿河湾内で地震発生直後から数分程度、遠州灘で数分程度、伊豆半島南部の下田あたりで10数分程度、伊豆半島東部の伊東・熱海で10数分から20数分と算出されている。このように、南海トラフで発生するレベル1、2の地震による津波は、静岡県の沿岸域においてともに高い津波高と短い到達時間を示しており、人口の多い沿岸地域で甚大な被害になることが想定されている。

　一方、静岡県の東側の相模湾において相模トラフ沿いで大規模な地震が発生することを想定した津波は、レベル1の地震により伊豆半島東部（熱海市～河津町）で4～7m程度、伊豆半島南部（下田市、南伊豆町）で4～5m程度、駿河湾内（松崎町～牧之原市）で2～4m程度、遠州灘（御前崎市～湖西市、浜松市北区は浜名湖内のため除く）で2～3m程度の最大津波高と算出されており、レベル2の地震により伊豆半島東部で6～9m程度、伊豆半島南部で9～10m程度、駿河湾内で3～6m程度、遠州灘で3～6m程度の最大津波高と算出されている。津波の到達時間については、レベル1の地震による津波の場合、海岸で水位上昇が50cmを越えるまでの時間は、伊豆半島東部の伊東・熱海で数分から10分程度、伊豆半島南部の下田あたりで10分程度、駿河湾内で30～40分程度、遠州灘で40分以上と算出されている。一方、レベル2の地震による津波の場合は、海岸での水位上昇が50cmを越えるまでの時間は、レベル1の地震による津波とほぼ同等だが、やや早く到達する傾向であると算出されており、伊豆半島東部の伊東・熱海から下田あたりで3分程度、駿河湾内で10～30分程度、遠州灘で40分程度である。相模トラフで発生するレベル1、2の地震による津波は、伊豆半島東部から南部において高い津波が短い時間で到達することが想定されており、沿岸地域で

の甚大な被害になることが想定されている。

　また、地震以外の要因で発生する津波の来襲の可能性については、一般的な被害想定では評価に考慮されることはほとんどないのが現状である。地震以外の要因で発生する津波としては、土砂崩れ、海底地すべり、火山活動に伴う山体崩壊、地球外からの隕石衝突、人工的な海中爆発などが挙げられるが、これらにより発生する津波については被害想定では考慮されていない。理由としては、これらの現象により発生する津波についての発生メカニズムが十分に理解されておらず定量的な評価が難しいこと、これらの現象により発生する津波の発生頻度が低いことなどが考えられる。静岡県第4次地震被害想定[16]においても地震以外の原因で発生する津波については検討しておらず、地震以外の要因で発生する津波により地震被害想定で示された数値を超える津波高が発生する可能性がありうるとの指摘がなされている。

津波数値シミュレーションの結果の見方

　津波に関する科学技術の進展により、地震被害想定のように津波の来襲状況を、**地震断層運動**による津波の発生過程や地域の海岸地形などを考慮した**津波数値シミュレーション**を用いて検討することが可能になっている。さらに、近年のコンピュータ性能の飛躍的な向上により、詳細な海底、陸上の地形条件を考慮することも可能になっており、静岡県地震被害想定[16]の津波数値シミュレーションでは、最小で10×10mの空間解像度で津波の挙動を解析している。

　通常の津波数値シミュレーションでは、津波の挙動を水の運動として物理方程式を数値的に解いており、**非線形長波方程式**と呼ばれる水の運動方程式を用いることが多く、静岡県地震被害想定の津波数値シミュレーションにおいてもこの方程式が用いられている。この方程式は、津波の様に水深に対して波の波長が十分に長い時に適用されるものであり、多くの津波の挙動を表現することが可能となっている。

　しかしながら、津波数値シミュレーションを行うことで津波に関する全ての事柄が正確に結果として算出される訳ではなく、結果に影響を与える要素を適切に設定する必要がある。例えば、**津波初期波形**が異なれば津波の挙動は異なり、結果として沿岸に到達する津波高や浸水範囲は変化することになる。津波初期波形は、地震断層運動に伴う海底面地殻変動により形成される

と考えられており、地震断層運動がどのように発生するのかによって、津波高や浸水範囲が変化することになる。しかし、地震断層運動がどのように発生するのかについては、現在の地震学では事前に正確に知ることはできないものであり、同様に津波高や浸水範囲も事前に正確に知ることはできない。津波数値シミュレーションでは、津波の挙動については水の運動を物理方程式に基づいて適切な結果を算出することができるが、入力条件となる地震断層運動の正確な設定が行われなければ実際の現象に対する適切な結果を得ることはできない。地震被害想定の津波数値シミュレーションで用いられている地震断層運動の条件は、これまでの地震学の科学的知見に基づいて設定されているが、設定通りの地震断層運動が発生することを保証して設定している訳ではない。東日本大震災の経験を踏まえて2段階の地震津波のレベルが設定されるようになったが、この際に設定される地震断層運動は防災対策を検討することを目的として設定されているものであり、次に発生する地震を予想しているものではない。特に、レベル2として設定されている南海トラフ地震のような巨大地震に対しては、次に必ず発生するというものではないということが、この条件を設定した内閣府の被害想定の報告書にも明記されている[17]。したがって、被害想定で見られる地震断層運動は不確定なものであり、その条件を用いて検討される津波数値シミュレーションの結果である津波高や浸水範囲も確定したものとは言えない。被害想定の結果に見られる津波高やハザードマップで示される浸水範囲は、防災対策を検討するための参考として使用するものであり、必ず示された通りの現象が起こることを保証しているものではないことは理解しておく必要がある。

津波災害のメカニズム

　津波により沿岸地域に甚大な被害が発生することは、2011年の東日本大震災や2004年のインド洋大津波の被害状況を見れば理解されることであろう。このような津波による災害がどこでどのようにして発生しているのかについての科学的な分析検討も進められており、その成果の一部は地震被害想定における津波被害の算出において考慮される様になってきている。ここでは、津波による被害の発生について説明する。
　災害をもたらすハザードとしての津波の規模だけで災害の規模が決まらないことはすでに述べた通りである。防災対策を検討する上でも、ハザードで

ある津波という自然現象により、人間社会において被害がどのように発生しているのかを把握することは重要な課題となっている。津波により発生する直接的な被害を、被災対象により分類をしてそれぞれの被害の発生状況を理解することができる。代表的な津波による直接被害としては、人的被害、建物被害、防災施設被害等が考えられる。

　人的被害は被害を受ける対象となる人の避難行動により大きく結果が左右され、地域の人口規模や人口分布によっても被害規模に影響が出ると考えられる。東日本大震災の死因分析の結果によると、92.4%が津波により溺死したとされており、高い津波高が沿岸に位置する標高の低い地域を襲い、人口の集中した市街地で避難が間に合わず津波に巻き込まれて人的被害が発生したと考えられる。津波は陸上部を遡上する際には、海から内陸へ向けて早い速度を持つ流れとして流入してくるため、たとえ小さな浸水深（8ページ参照）であってもひとたび津波の流れに巻き込まれるとその中で人が立っていることは困難であり、転倒して流されてしまう。さらに、市街地における津波の流れには瓦礫などの漂流物が一緒に流れてくることになり、漂流物のある津波に巻き込まれると漂流物が人体を傷つけたり、衝突により意識を奪ったり、水面を瓦礫が覆うことで浮かび上がることができなくなったりする状況となり、人的被害が発生しやすくなる。また、津波は陸上への押し波による浸水と海への引き波による戻り流れが何度も繰り返し発生するため、津波に巻き込まれると高い確率で人命に関わる人的被害が発生することが考えられる。

　津波による建物被害の特徴は、浸水深と強い相関があることが現地被害調査により確認されていることである。浸水深が2mを超える津波浸水地域では、一般的な木造家屋で全壊・流出の重大な被害の発生確率が急激に増加していたことが東日本大震災の調査結果で明らかにされている[18]。また、津波浸水深が増加すると津波の波力が増大し、建物を破壊しながら遡上することで瓦礫を含みより強い破壊力を持つ流れとなり被害が拡大する。建物被害は直接的な被害だけでなく、被害が発生することで住民の生活の場が失われることになりその影響は間接被害へと連鎖することになる。

　さらに、防波堤、防潮堤、水門のような海岸保全施設などの防災施設が被害を受けると、津波の陸上への侵入を防ぐことができなくなり、背後地での被害が拡大する。東日本大震災では、防災施設を乗り越えた津波が内陸側の基礎、地盤、法面を侵食し、防災施設が大きく被害を受けたことが確認され

ている。これを踏まえて防災施設を乗り越えるような津波が来襲しても大きな被害が発生しない設計とするように津波に対する設計基準が変更されている。

静岡県で想定されている津波災害

　現在、静岡県で想定されている津波災害としては、内閣府による地震被害想定[17]と静岡県第4次地震被害想定[16]の検討が公開されている。内閣府による検討は、**南海トラフ巨大地震**による被害を対象として2012年（平成24年）に想定結果が報告されており、その後の被災対象となる社会についての最新データに基づいた再計算結果が2019年（令和元年）に報告されている。静岡県による第4次地震被害想定は、駿河トラフ・南海トラフおよび相模トラフ沿いで発生する地震による被害を対象として、2013年（平成25年）に結果報告しており、その後の内閣府の地震モデルの検討会の成果報告を受けて2015年（平成27年）に相模トラフ沿いで発生する地震による津波浸水想定による結果を追加資料として報告している。

　2014年の内閣府の南海トラフ巨大地震による被害想定における静岡県で最も被害が大きくなる条件では、建物被害の総数が全国で約121万4千棟、静岡県内で約31万9千棟（地震動で約20万8千棟、火災で7万5千棟、津波で約3万棟）、人的被害の総数が全国で約32万3千人、静岡県内で約10万9千人（津波で約9万5千人、建物倒壊で1万3千人）と算出されている。全国の人的被害の約3分の1が静岡県内の被害であり、静岡県内では津波により発生する人的被害が圧倒的な被害発生要因となっている。さらに、静岡県第4次地震被害想定におけるレベル2地震津波において最も被害が大きくなる条件では、建物被害の総数が静岡県内で約30万4千棟（地震動で約19万1千棟、火災で6万6千棟、津波で2万6千棟）、人的被害の総数が静岡県内で10万5千人（津波で9万6千人、建物倒壊で約7800人）と算出されており、内閣府の検討結果と同規模の災害が想定されているが静岡県の地域の状況をより詳しく考慮することで想定される被害数は変動している。

　また、内閣府の2019年の再計算結果では、2014年と同じ地震津波のハザード条件に対して最新の被災対象となる社会についてのデータを用いることで、建物被害総数が全国で約105万7千棟、静岡県で約26万棟（地震動で約14万9千棟、火災で7万8千棟、津波で約2万9千棟）、人的被害総数が全

国で約23万1千人、静岡県で約8万8千人（建物倒壊で約9300人、津波で約7万9千人）と算出されている。地震津波のハザードが同じ条件であっても、被災対象となる社会の条件の変化により被害想定の結果である被害規模の数値が変動しており、被害想定の結果は社会の状況により変化するものであることが分かる。適切な防災対策を実施し社会の状況を変えることで、被害を減らすことが災害や防災を検討する上で重要である。

　これらの被害想定結果より、静岡県では南海トラフ地震により甚大な被害が発生することが想定されており、特に地震動による建物被害と津波による人的被害が大きいことが特徴的と言える。さらに、津波の浸水範囲である沿岸地域には、多くの人口を有する都市域、市街地が数多くあり、水産関係産業、工業産業、商業サービス産業などの様々な社会経済活動が行われている。このような沿岸地域にひとたび津波が来襲することになれば、都市域、市街地や社会経済活動自体が被災対象となり、津波により直接的な被害を受けるだけでなく、間接的に大規模な社会的機能不全による被害が発生する可能性が高い。静岡県は、人口約364万人で全国10位、製造品出荷額で全国4位の工業生産の多い地域となっている。地震動による建物被害や津波による人的被害の直接被害が多く発生する可能性があり、直接的・間接的両面において工業生産活動への影響が懸念される。特に、木材、パルプ、紙、輸送用機械器具、電気機械器具、飲料・たばこ・飼料などは静岡県内での生産が多く行われており、これらの生産活動が停止することによる被害が発生することが懸念される。また、静岡県は首都圏と中京圏との間に位置し、東西を結ぶ重要な交通・物流区間となっており、地震津波による交通・物流への影響が発生することも懸念されている。

静岡県における津波防災対策

　東日本大震災の経験を踏まえ、日本における津波防災対策の方針は、新たに「津波対策の推進に関する法律」、「津波防災地域づくりに関する法律」の2つの津波防災に関連する法律が制定され、津波防災地域づくりによる総合的な対策により巨大な津波からでも命を守ることができる対策方針に更新されている。すでに述べたように津波に対して2段階のレベルを設定して地域の被害想定を検討し、最大クラスの巨大な津波来襲に対しても地域住民の命を守るためにハード・ソフトの様々な津波防災対策を組み合わせた多重防御

の考え方で各地域の津波防災対策が検討されるようになっている。津波災害リスクのある沿岸都道府県は、法律の規程により津波浸水想定を行い、その結果を公表する必要があり、各都道府県で検討されている地震被害想定における津波浸水想定の検討結果は広く一般にも公開され、市町村が作成するハザードマップの基礎資料として提供されている。また、市町村では、法律に基づいて新たに津波防災地域づくり推進計画を作成することが可能となっており、地域の津波災害リスクの状況や社会経済状況への配慮事項などを地域住民も参画する推進協議会で総合的な計画として検討することも行われるようになっている。さらに、法律に基づいて新たに「津波災害警戒区域」、「津波災害特別警戒区域」の地域指定をすることも可能になっている。津波からの警戒避難体制を整備する必要のある地域において地域関係者の意見を聴取した上で「津波災害警戒区域」として知事が区域指定することが可能となっている。さらに、福祉施設の入所者や病院の入院患者や幼児・児童などとの避難に配慮が必要な者等が建築物の中にいても津波からの安全を確保できる様にする地域として「**津波災害特別警戒区域（オレンジゾーン）**」として知事が区域指定することができ、要配慮者への津波災害リスクからの安全性を確保するために社会福祉施設、病院、学校の建築、開発行為に対して居室床面の高さや構造等を制限することができる。また、津波災害リスクが高く一般の地域住民であっても迅速な避難が困難となる地域に対しては「**津波災害特別警戒区域（レッドゾーン）**」として市町村の条例で指定することで、住宅等の居室床面の高さや構造を制限し津波災害リスクに対して安全を確保できる様にすることができる。これらのような津波防災対策を総合的に計画した津波防災地域づくりが各地域で進められている。

　静岡県では、第4次地震被害想定の結果を受けて、**静岡県地震・津波対策アクションプログラム2013**を策定しており、命も守る、生活を守る、復旧復興を成し遂げるの3つを基本目標に、関連する様々な施策を総合的に検討して11の施策分野と162のアクションを計画している。静岡県の場合、地震被害想定の結果から津波による人的被害が非常に多く想定されており、津波防止対策は重要な課題となっており、アクションプログラムの中でも重要な施策分野として位置付けられている。特徴的な静岡県の津波防災対策として、地域特性を踏まえた「**静岡モデル**」の推進が挙げられる。静岡県では、「静岡モデル」として、既存の防災林、砂丘、道路のかさ上げ・補強等による安全度の向上策を、通常のレベル1対応の津波防災施設整備に併せて行うとし

【図1】静岡モデルの施設整備の例（静岡県河川砂防局のホーム（http://www.pref.shizuoka.jp/kensetsu/ke-320/measures/shizuokamodel.hyml）の図を改変）

ている（図1）。静岡モデルの取り組みの代表例として、地元の篤志家からの多額の寄付をきっかけとしたレベル1津波高を超える津波防潮堤整備が浜松市沿岸約17.5kmにおいて進められている。この津波防潮堤整備では、防潮堤中心部にCSGと呼ばれるセメントと土砂の混合物による堤体が構築され、法面を盛土で覆い盛土法面に防災林を植栽して防災林効果の維持向上を図るとともに防潮堤整備による景観・環境面への影響を抑える効果を見込んでいるものである。このような防潮堤の整備は全国的に見ても珍しく、地域からの要望を踏まえた先進的な津波防災施設整備の事例と言える。

　また、静岡県においても、津波防災地域づくりによる対策が各沿岸地域で取り組みが進められている。すでに全国の12の市町で津波防災地域づくり推進計画が作成されているが、静岡県内では焼津市、浜松市、磐田市、静岡市、伊豆市の5市で津波防災地域づくり推進計画が作成されている。特に伊豆市土肥地区では、津波災害警戒区域、津波災害特別警戒区域の指定も受けており、津波災害特別警戒区域については全国初の指定となっている。この伊豆市土肥地区では、様々な津波防災対策の取り組みを積極的に推進している地域として、全国の津波防災地域づくりの先進地域として高く注目されている。津波防災地域づくり推進計画として、「伊豆市"海と共に生きる"観光防災まちづくり推進計画」[19]を地域住民や観光産業などとの関係者が参加するワークショップを繰り返し実施しながら作成し、土肥地区の温泉旅館などの観光産業を主産業とする地域特性を踏まえ、地域づくりとして観光振興と津波防災を同時に検討しているという特徴を持っている。さらに、津波災害警戒区域および津波災害特別警戒区域の指定に関しては、津波災害の負のイメージが先行することが懸念されたが、そこを逆手に取った対応として津波災害に対して適切な安全対策を積極的に推進している温泉観光地域であることを明確にするために、指定区域の名称に対して地域独自の愛称を公募によ

り全国から募集を行い、「海のまち安全避難エリア（津波災害警戒区域）」と「海のまち安全創出エリア（津波災害特別警戒区域）」という愛称を設定するといった取り組みが行われている。これらのような伊豆市土肥地区の地域主体の観光振興と津波防災の地域づくりの協働の取り組みは、ジャパンレジリエンスアワード2018 グランプリとして表彰を受けており、人口減少高齢化の進む地方の観光地における好例として全国から注目されている。このような津波防災と関連して地域の課題を同時に考えることで、地域の特性に合わせた津波防災地域づくりを総合的に推進することの重要性、可能性を見出すことができる。

追記

　本稿脱稿後、政府特別機関の地震調査推進本部地震調査委員会より、令和2年1月24日に「南海トラフ沿いで発生する大地震の確率論的津波評価[1]」が公表されたため追記する。南海トラフ沿いで発生する地震はセグメントに分け176パターン設定され、ロジックツリーにより8区分に分類した重み付けにより起こりやすさを考慮している。「波源断層を特性化した津波の予測手法（**津波レシピ**）[2]」を用い特性化断層モデルで津波計算を行い海岸での最大津波水位上昇量を求め、地震パターンの重みをかけて重ね合わせ津波ハザードカーブとして整理し、確率論的津波評価を行っている。評価では、3m以上、5m以上、10m以上の3段階の津波高について、今後30年以内に南海トラフ沿いで大地震が発生し、海岸の津波高が各津波高以上になる確率を6%未満、6%以上26%未満、26%以上の3段階で市町村ごとに示している。なお、30年以内の超過確率が6%と26%の場合、再現期間は500年と100年に当たる。

　静岡県内では、今後30年以内に南海トラフ沿いで大地震が発生し、海岸の津波高が10m以上になる確率について、沼津市の一部、南伊豆町の一部、松崎町の一部では6%以上26%未満、その他の市町区域では6%未満と評価されている。また、海岸の津波高が3m以上になる確率が26%以上と評価されているのは、浜松市西区（遠州灘）、浜松市南区、沼津市、掛川市の一部、下田市（爪木崎以南）、湖西市（遠州灘）、伊豆市、御前崎市（遠州灘）、牧之原市、南伊豆町、松崎町、西伊豆町となっている。今回公表された確率論的津波評価の結果は、各地域に来襲が予想される津波高ごとに来襲確率を評価しており、多様な地震発生パターンが考えられる南海トラフ地震による津波の防災対策を検討する際の参考とすることができるものである。

第 3 章

静岡県の土砂災害

Sediment disasters in Shizuoka Prefecture

今泉文寿（砂防学）

はじめに

　近年は日本各地で毎年のように大規模な土砂災害が発生している。2010年代以降に注目しても、紀伊半島大水害（2011年）、伊豆大島土砂災害（2013年）、広島土砂災害（2014年）、九州北部豪雨（2017年）、西日本豪雨（2018年）、胆振東部地震（2018年）など、死者行方不明者が30人を超える土砂災害が多く発生している。静岡県ではこの期間、多くの犠牲者を出すような土砂災害は発生していないものの、静岡県には脆（もろ）い地質、急峻な地形、地震の発生、高い降水量等、土砂災害が発生しやすい条件がそろっており、過去には甚大な被害をもたらした土砂災害が数多く発生している。

　土砂災害と一言でいっても、崩壊、**土石流**など、様々なタイプがあり、それぞれで起きやすい場所や被害の特徴が異なる。そこで本章では、まず土砂災害の種類を説明し、静岡県の地形・地質的特徴と土砂災害の関係性についてまとめる。その上で、過去の静岡県内の土砂災害について振り返り、土砂災害への対策とそれが有する課題について示す。

土砂災害の種類
崩壊と地すべり

　崩壊と地すべりは、斜面上の土砂が集合的に移動する現象である。**山崩れ**とも呼ばれる。崩壊は突発的に発生し、土塊の移動速度が速く（秒速数ｍ〜

数10m程度）、移動の過程で土砂がかき乱されるものを指すことが多い（図1a）。地すべりは移動速度が年数mm〜数10cm程度と緩慢なものを指すことが多く、一般的に土砂の塊が構造を保ったまま移動する（図1b）。崩壊は**表層崩壊**と**深層崩壊**（大規模崩壊）に大別することができる。移動する土塊の下面をすべり面というが、表層崩壊はすべり面が表土と基盤岩の境界部分、あるいはそれよりも浅い位置にあり、移動土塊の厚さは数m以下である。表層崩壊は**がけ崩れ**とも呼ばれる。深層崩壊のすべり面はそれよりも深い位置に形成され、時として数10mを超える厚さで土塊が移動する。地すべりと深層崩壊は同程度の移動土塊の厚さを有するが、深層崩壊は一度土塊が移動を開始すると斜面末端まで止まらずに移動することが多いのに対し、地すべりは移動土塊が斜面上に残存することが多い。

　崩壊や地すべりは、重力により土砂が斜面下方へすべろうとする力が、土砂が有する抵抗力を上回ることで発生する。すべり面は土層や火山性の堆積物、風化が進んだ岩盤に形成されることが多いが、それは抵抗力が低いためである。崩壊・地すべりの引き金は主に豪雨と地震である。豪雨により多量の水が斜面内へ供給されると、斜面内で抵抗力が低下し、土砂の移動が起きる。地震時には、地震動によりすべろうとする力が増加、あるいは抵抗力が減少することで、土砂の移動が開始される。崩壊・地すべりが発生しやすい場所は、土砂移動のタイプごとにより異なる。表層崩壊は、斜面の傾斜が発生のしやすさに関わる重要な要因であり、30〜50°の比較的急峻な斜面で発生頻度が高い。表層崩壊の発生場所は地質的な偏りが少ないとされる。一方、地すべりや深層崩壊はすべり面が基盤岩の中に位置することが多く、発生場所は地質への依存性が高い。

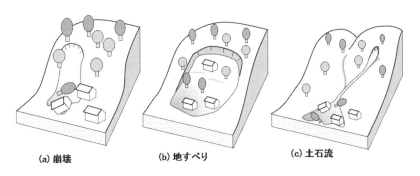

(a) 崩壊　　　　　(b) 地すべり　　　　　(c) 土石流

【図1】土砂災害の模式図

土石流

　土石流は渓床勾配が10〜30°程度の急勾配渓流において発生し、土砂と水が一体となって流下する土砂移動現象である（図1c）。土石流は、通常の河川の出水ではあり得ない流量の急激な変化を伴い、数秒で流量が数10倍に増加することもある。流れは最大で時速40 km程度と速く、また大量の土砂を含むため、大きな破壊力を有する。流下距離が長いこともあり（一般に数100 m〜数km）、大きな災害につながりやすい現象である。土石流は河川の勾配が緩やかになると停止をしやすく，一般には勾配が5°を下回る前に停止をすることが多いが、火山地域では渓床勾配が2°程度の緩やかな区間において流下することがある。火山地域で発生する土石流は、火山灰等の細粒子を多く含み、通常の土石流よりも流動性に富むため、特に**火山泥流**（あるいは**ラハール**）と呼ばれることがある。

　土石流の代表的な発生メカニズムには、崩壊（地すべり）の発生などにより集合的に移動開始した土塊がそのまま土石流へ移行するものと、一度渓床上に堆積した崩壊土砂や渓床堆積物が渓流上の水により侵食され土石流化するものがある。また豪雨や地震により山腹で発生した崩壊・地すべり土砂が河道をせき止めた場合（河道閉塞）、その上流側に多量の水が貯留され、河道をせき止めた土塊（**天然ダム**）の決壊あるいは侵食とともに土石流が発生することがある。

　土石流の大きな特徴の1つに流下過程での激しい土砂の侵食・堆積現象が挙げられる。土石流の流下に伴い数m以上の侵食、堆積が見られることは珍しくない。このため、発生の初期段階において流量が小さい場合であっても、流下とともに規模を発達させ、下流域においては発生時の10倍以上の流量になることもある。また流下の過程で、流路沿いの樹木を流れの中に巻き込んでいく現象が確認される。流れに取り込まれた樹木は流木として流下し、下流域で橋脚等に引っかかることで河道をせき止め、土石流や河川を流れる水の河道外へ氾濫させることがある。この場合、被害の範囲はさらに拡大する。

静岡県内における土砂災害
静岡県内における土砂災害の特徴

　静岡県内において、昭和期以降に発生した主な土砂災害を図2に示す。静岡県内では豪雨、地震いずれも多くの土砂災害を引き起こしている。この他に、1960年の**室戸台風**、1961年の梅雨前線による豪雨（36.6豪雨）でも20人を超える犠牲者（土砂災害以外の犠牲者も含む）が出ており、また犠牲者が10人前後の災害が県内各地において度々発生している。昭和期以降で大規模な土砂災害の数が特に多いのは伊豆半島である。静岡県中部においても大規模な土砂災害が発生しており、また図にはないものの過去の南海トラフ地震では大規模な崩壊が多く発生している（100ページ、表2参照）。近年、静岡県西部においては多くの犠牲者が出る土砂災害は起きていないものの、犠牲者が数人程度の災害は多く見られる。また、静岡県西部では地質的な原因から多くの地すべりが発生しており、家屋や道路の被害が多数見られる。

　第Ⅱ部第1章で述べたように、静岡県の大きな特徴の1つに多様な地質が分布することが挙げられる。その地質に依存して、静岡県内では地域ごとに特徴的な土砂災害のタイプが異なる。

【図2】静岡県内における主な土砂災害
（本章で扱う災害のうち、被害範囲に関する記録が残る昭和期以降の災害のみ記載）

静岡県の伊豆や東部（特に富士山東麓）には、伊豆東部火山群や富士山からの**火山噴出物**が厚く堆積するエリアが広がる。火山噴出物は岩石と比較して強度が低いため、豪雨時や地震時などに崩壊を発生させやすい。また、豪雨時に渓流の流量が増えると、渓流周辺の火山噴出物が流れに取り込まれることで土石流が発生する。火山灰やスコリアなどは、粒子が細かいために特に流下しやすく、土石流の規模の拡大や長距離流下につながる。

　伊豆では**北伊豆地震**や**伊豆半島沖地震**、**伊豆大島近海の地震**などの地震時に表層崩壊や、大規模な崩壊、地すべりが発生した。**狩野川台風**によってもたらされた豪雨では表層崩壊や土石流が多発し、深層崩壊も発生した。これらの災害の多くは、火山噴出物の移動が関係している。

　富士山麓では**雪代（スラッシュ雪崩）**と呼ばれる特徴的な災害が発生する[1-3]。これは富士山の積雪期に降雨があることで発生する現象であり、水と雪の混合物が流下を開始し、流下過程で土砂を取り込みながら発達し、大きな人的・物的被害をもたらすものである。2007年には富士山の西～南斜面の多数の渓流においてスラッシュ雪崩が発生した。この地域では豪雨による災害も発生しており、近年では2010年9月、台風によりもたらされた豪雨で小山町周辺において表層崩壊、土石流が多発し、激甚災害に指定された。

　静岡県中部は、付加体の堆積岩が広く分布する。付加体の堆積岩は深部まで亀裂に富むため、大規模な深層崩壊が発生しやすい。**安倍川源流域では宝永地震**によって後述する**大谷崩**が形成され、また**安政東海地震**でも多くの大規模な崩壊が発生した[4]。豪雨に伴う崩壊・土石流も発生しており、1907年と1966年には静岡市葵区梅ヶ島地区でそれぞれ死者23人、26人に及ぶ災害が発生している[5-7]。静岡市清水区由比や、静岡市葵区口坂本などは全国的に知られている大規模な地すべりが見られる。日本平周辺は第四紀の未固結の堆積物からなり、また特に南側は隆起と海食と河川による侵食によって急峻な地形が形成されているため、1934年の**静岡地震**や1974年の**七夕豪雨**などでは表層崩壊や土石流が発生し、大きな被害が生じている[8,9]。

　静岡県西部は中央構造線の近傍に位置するため破砕帯の影響を受けており、また変成岩が広く分布する。その地質的特徴から、多くの地すべりが発生している[10]。また、北遠地域は地形が急峻であり、崩壊や土石流の発生が見られ、過去にも多くの災害が発生している[11]。

静岡県における土砂災害の事例
宝永地震と安政東海地震

　過去の南海トラフ地震は静岡
県において甚大な津波災害をも
たらしたが、同時に多数の崩壊
を発生させ、大きな土砂災害を
もたらしている。南海トラフ地
震によって発生した代表的な崩
壊に、静岡市北部、安倍川源流
域に位置する大谷崩が挙げられ
る（図3）。大谷崩は安倍川支流

【図3】静岡市北部、安倍川源流部に位置する大谷崩。
日本三大崩れの一つとして知られている

大谷川の源流域に位置し、前述のように宝永地震のときに形成されたと考
えられている。崩壊土砂量はわが国の崩壊の中でも最大級である約1億2000
万㎥に及び、日本三大崩れの一つに数えられている。この崩壊は岩盤深くか
ら崩れているため、深層崩壊に分類される。

　大谷崩の発生は、安倍川上流域の地形を大きく変化させた[12]。大谷崩は崩
壊の発生に伴い山腹が大きく削られ、鉢状の地形となっている。崩壊によっ
て移動を開始した土砂は土石流化し、大谷川沿いを流下しながら大量の土砂
を堆積させた（図4）。大谷川沿い（特に西日影沢との合流地点付近）にはなだ
らかに傾斜した地形が見られるが、これは土石流の堆積物が形成した地形で
ある。さらに土石流は安倍川本流（三河内川）との合流地点付近、現在の赤
水の滝周辺に達し、そこでも大量の土砂を堆積させた。この堆積により安倍
川がせき止められ、かつてその上流側には堰止湖が形成された。現在ではそ
の堰止湖は存在しないものの、安倍川本流のそれよりも上流側には山間部に
は似つかわしくない平坦地が広がっている。赤水の滝よりも下流側には現在
の河床よりも数10m高い位置の山腹に数段の平坦な地形（段丘堆積物）が形
成されている。この平坦面も、大谷崩から流出した大量の土砂が安倍川に堆
積したことで形成されたものと考えられている。

　大谷崩の内部では、発生から300年ほど経過した現在でも岩盤が崩れ続け
ており、崩れた土砂が降雨時に流動化することで年間4回程度の土石流が発
生している[13]。大谷崩から流出する土砂は、今でも安倍川を流下する土砂量
の中の重要な部分を占めている[14]。そのため、土砂の移動量を調整するため

【図4】大谷崩の発生とその後の土砂移動（地理院地図の陰影図に加筆）

の工事が、国土交通省によって1937年から継続的に行われている。宝永地震ではこの他にも富士宮市や牧之原市においても崩壊が発生したという記録がある[3]。

安政東海地震のときにも静岡県内、特に静岡市清水区以西で多くの崩壊が発生した。安倍川流域の名主が、地震により100カ所以上の崩壊が発生したことを幕府に届け出ており、そのときの絵図によると安倍川流域の広い範囲にわたり崩壊が分布している[4]。富士宮市や川根本町においても大規模な崩壊が発生したという記録がある[3]。

富士川沿いの白鳥山（富士宮市）では宝永地震と安政東海地震の2つの地震によって、共に大きな斜面崩壊が発生した[15]。いずれの地震発生時にも崩壊土砂が富士川をせき止め、上流側に一時的に湖を形成した。

北伊豆地震

静岡県はたびたび地震に襲われ、多くの土砂災害が発生しているが、昭和期以降で最も広範囲に土砂災害を発生させた地震は北伊豆地震（1930年）である。犠牲者の数は255人に及び、家屋の倒壊による犠牲者が最も多かったものの、土砂災害による犠牲者も多数いた[16]。崩壊が集中的に発生したエリアは箱根から伊豆市南部まで及ぶ。

この地震により大規模な崩壊が多数発生したが、そのなかでもよく知られているものに奥野山崩壊（別名 佐野山津波、梶山地すべり）が挙げられる（図5）。奥野山の山頂付近を源頭部として崩壊が発生し、崩土は流動化して長距離流下し、山麓を流れる狩野川に達した。この土砂により狩野川はせき止め

られ、長さ600mにわたる堰止湖が上流側に形成された。この地域は湯ヶ島層群に属しており、地表に厚く堆積した火山灰が地震によって崩壊、流動化したことでこのような災害になった[16]。移動を開始した場合に長距離流動化しやすい火山灰の性質を反映した災害であるといえる。この崩壊による死者は15人に及んだ。

北伊豆地震ではこのほかにも、大野旭山、田中山、城などにおいても大規模な崩壊や地すべりが生じた[16,17]。このほかに無数の表層崩壊が発生した。特に崩壊が集中したのは、箱根から伊豆市にかけて延びる北伊豆断層帯の近傍である。火山噴出物が厚く堆積する地域であり、火山噴出物の堆積が崩壊の発生に影響を及ぼした場所が多い。

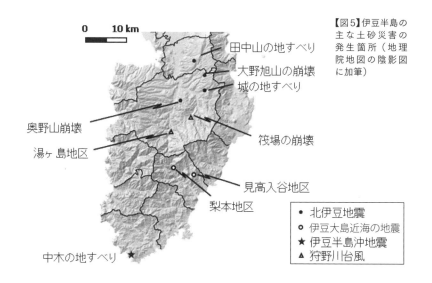

【図5】伊豆半島の主な土砂災害の発生箇所（地理院地図の陰影図に加筆）

伊豆半島沖地震と伊豆大島近海の地震

伊豆半島沖地震と伊豆大島近海の地震はいずれも1970年代に発生した地震であり、大きな土砂災害をもたらした。

伊豆半島沖地震は1974年南伊豆町付近を震源として発生した、M6.8の地震である。南伊豆町において集中的に崩壊・地すべりが発生し、特に石廊崎断層南側および海食崖において分布密度が高い[18]。死者30人、全壊134棟の被害が出ており、南伊豆町中木地区で発生した地すべり（土量4.4万㎥）によっ

て22戸が被災し、27人が死亡した[4,18]（図5）。被害地域の地盤を構成する白浜層群は凝灰質砂岩が多くを占め、安山岩溶岩、凝灰角礫岩を伴っており、多くの岩脈に貫かれている。所により鉱化作用を受けて変質した部分があり、この変質が多数の崩壊の発生に影響を及ぼしたという指摘がある[19,20]。

　伊豆大島近海の地震は1978年に伊豆大島西岸沖を震源として発生した、M7.0の地震であり、25人の犠牲者を出した。河津町を中心とし、東伊豆町、西伊豆町、伊豆市などの地域に多数の崩壊を発生させた。多くの表層崩壊が発生したのがこの地震の特徴であり、河津町梨本では特に多くの崩壊が発生した（図5）。ここでは基盤岩（凝灰岩）の上に堆積していた風化土層が主に崩れたほか、一部は基盤岩の凝灰岩も含めて崩れた[21]。河津町見高入谷においては幅100 m、長さ200 mを超える大規模な崩壊が複数発生した。この崩壊は、性質の異なる火山噴出物の境界部分で土塊がすべることにより発生した[21,22]。

　2つの地震ではいずれも凸型斜面（尾根状に盛り上がった斜面）において多くの崩壊が発生した[23,24]。また、断層近くで多くの崩壊が発生したことも共通した特徴であり、これらの特徴は2つの地震に限らずに、多くの地震において共通して見られる。

狩野川台風

　狩野川台風は1958年に伊豆半島から関東地方にかけて甚大な被害を及ぼした災害であり、狩野川流域だけでも死者行方不明者が853人に及んだ[25]。降雨の中心は伊豆市湯ヶ島付近であり、日雨量728 mm、最大時間雨量120 mmという、記録的な豪雨であった[25,26]。多くの表層崩壊や土石流が発生し、伊豆市湯ヶ島地区近傍、および狩野川支流大見川流域において特に発生頻度が高い[27]。

　狩野川台風では深層崩壊も発生しており、最も知られている崩壊は筏場の崩壊である（図5）。狩野川支流大見川に流れ込む筏場川沿いの軽石質砂礫層が大規模に崩壊したものであり、それが土石流化して大見川に多量の土砂の堆積をもたらした[27]。このように、この災害でも火山噴出物が流動性に富むという特性により被害が拡大した。

梅ヶ島災害

　1966年9月24日から25日にかけて、台風の通過とそれに刺激された秋雨前線により、安倍川上流の梅ヶ島地区に連続雨量300mm、最大時間雨量100mmを超える降雨があり、土石流が同地区の温泉街を襲った。これにより死者行方不明者29人に及ぶ大きな災害が発生した[5]（図5）。この降雨は新たに大規模な崩壊を発生させることはなかったが、梅ヶ島地区には以前から多数の崩壊地が存在しており、それらの崩壊地から供給された不安定な土砂が渓流周辺に存在していた[5]。土石流はこのような渓流周辺の土砂を侵食することでその規模を大きくし、甚大な災害を引き起こした。

　安倍川上流地域は亀裂に富んだ脆弱な地質と急峻な地形が特徴であり、前述のように宝永地震、安政東海地震の時の大規模な崩壊の発生や、1907年の藤代集落における災害など、多数の災害が発生している。このため、土砂災害への重点的な対策が必要な地域であるといえる。

七夕豪雨

　1974年7月7日から8日にかけて、静岡県付近に停滞していた梅雨前線が台風によって刺激されることで、静岡市において24時間雨量の最大値が508mmという記録的な豪雨となった[9]。特に7日21時〜8日午前4時にかけての深夜に時間雨量50〜80mmの強雨が継続した。この降雨によって、静岡市街地（清水区を含む）を中心にがけ崩れ（表層崩壊）と洪水が相次ぎ、死者44人の災害となった。このうち35人が、がけ崩れによるものであった[28]。大きな被害となった原因としては、豪雨のピークが深夜であり避難が難しかったこと、静岡市は山の裾野まで宅地化が進んでおり、小規模な表層崩壊であっても発生すれば直下の住宅に深刻な被害を及ぼすことが挙げられる。

土砂災害への対策と課題

　前節までに述べたように、静岡県内では過去にも多数の甚大な土砂災害が発生してきた。土砂災害を今後減らしていくためにも、積極的な対策が必要である。土砂災害への対策は、大きく**ハード対策**、**ソフト対策**、そして森林の機能を利用した対策に分けられる。

ハード対策は構造物の建設により災害を減らす手法であり、代表的なものに**砂防堰堤**がある。背後に土砂のたまっていない砂防堰堤は土石流を直接受け止める効果がある。背後に土砂がたまっていたとしても、渓流の勾配を緩やかにすることで土砂が一度に流出することを防ぐ効果、不安定な渓流周辺の不安定な土砂の移動を防止する機能などを有する。また地すべりへの対策としては、地下水を排除する工事、斜面に杭やアンカーを打ち込むことで斜面を補強する工事などがある。ハード対策の利点は、施設の計画時に想定した効果を、ある程度確実に見込めることにある。欠点としては、多額の予算が必要なこと、計画以上（あるいは計画外）の土砂移動現象があった場合に移動を防ぎ切れないことが挙げられる。また施設の建設により自然環境が悪影響を受けることがあり、近年では環境へ配慮した施設の建設も行われている。

　ソフト対策は、**ハザードマップ**の作成、**警戒避難**情報の発表、防災に対する啓発活動などがある。利点としては、ハード対策よりも低予算で対策を行うことができること、自然環境への負荷が少ないことなどが挙げられる。欠点としては、降雨や地震の予測精度に限界がある現在において、警戒避難情報が的確でない場合が多々あること、避難情報が発表されたとしても多くの住民が避難しないケースが多々あること、七夕豪雨のように豪雨が深夜にあると避難所まで避難することが難しいこと（このような場合は建物の2階以上へ避難することが好ましい）などが挙げられる。

　森林は、その根が土壌を補強することで、表層崩壊の発生を抑える効果がある。そのため、健全な森林の育成は、土砂災害の防止のために大変重要である。その一方で、樹木の根系は通常深さ1m程度までしか発達しないため、深い層からすべる深層崩壊や地すべりに対しては発生抑止効果がほとんとない。つまり森林の育成のみで完全に土砂災害をなくすことは不可能である。

　以上のように、土砂災害には様々な対策手法があるが、それぞれに利点、欠点があり、1つの手法のみで災害を減らそうとしても効果が限定的である。静岡県は本書で述べたように多様な地質、地形を有し、地域ごとに土砂災害の特徴が異なる。場所ごとの土砂災害発生リスクを住民、行政ともに熟知し、複数の手法を組み合わせた有効な対策をとっていく必要がある。

第4章

南海トラフの巨大地震への備え

Preparing for the huge Nankai Trough earthquake

岩田孝仁（防災学）

はじめに

　東日本大震災を契機に、南海トラフ沿いで対象とする地震を従来の想定東海地震や南海地震のマグニチュード8クラスから、南海トラフ全域が大きく破壊するマグニチュード9クラスの巨大地震を想定の最大クラスとし、その対策に向けて政府全体が急速に舵を切った。中央防災会議が2012年に発表した被害想定[1]では、駿河トラフから南海トラフ全域が同時に活動し、プレート境界でいわゆるレベル2の最大規模の地震が発生した場合には、震度6弱以上の揺れや30cm以上の津波が浸水する地域の被災人口は合わせると6,100万人、死者は最大で32万人に及ぶという極めて深刻な事態が発生するという想定である。その範囲も東海地域から近畿地方を含む紀伊半島、四国、九州にかけての西日本一帯の広域である。特に、製造業などを中心に日本経済を支える多くの産業が集中する東海地域が被災するため、経済的な損失は直接被害だけで最大170兆円に、さらに全国の経済活動へ波及する損失が最大51兆円、合わせると221兆円との試算が出された[2]。また、南海トラフ沿いの震源域周辺には東名高速道路から名神高速道路、国道1号線、東海道新幹線など日本列島を東西につなぐ大動脈が集中し、新たに超高速鉄道のリニア中央新幹線の建設も計画されている。

　静岡県が2013年に発表した第4次地震被害想定[3]によれば、南海トラフ巨大地震による想定死者は最大で10万5千人であり、同時に、様々な地震・津波対策を充実させることで、今後10年間に死者数を8割減らす数値目標

を設定した地震・津波対策アクションプログラムが示された。

　静岡県や各市町村では、いわゆる東海地震説が発表された1976年以来、地域の**自主防災活動**の推進、建築物などの耐震対策、津波・山崩れ対策、延焼火災対策、発災後の救出救助、医療救護、緊急輸送など様々な分野で全国的にも先進的に防災対策を推進してきた。静岡県の資料[4]によると、1979年から2018年までに地震防災対策などに要した経費は2兆4,051億円であり、その成果は防災拠点となる公共施設の耐震化率93.7%（2017年度末）などとなって表れている。2019年6月の静岡県防災会議において、2017年度末までの地震・津波対策の推進により想定死者数は4割減少できたとの減災効果が報告された。

　将来起こる南海トラフの巨大地震にどう備えていくのか、静岡県内での特徴的な防災対策などを参考に考えてみる。

自助・共助の取り組み

　災害対策基本法第5条には、「市町村は、基本理念にのっとり、基礎的な地方公共団体として、当該市町村の地域並びに当該市町村の住民の生命、身体及び財産を災害から保護するため、関係機関及び他の地方公共団体の協力を得て、当該市町村の地域に係る防災に関する計画を作成し、及び法令に基づきこれを実施する責務を有する」と規定されている。

　このように基礎自治体である市町村には住民の生命、身体及び財産を災害から保護する責務が明記されているが、南海トラフ巨大地震のように大規模地震の発生で隣接する自治体も含め広域に大きく被災すると、救助や救援など様々な災害応急活動の支援を受けることすら困難となる。住民自ら命を守る行動と地域住民が協力して助け合うことが不可欠である。

　静岡県は東海地震対策を本格的にスタートさせた1979年当初から、県民一人一人の備えとしての自助、地域相互に助け合う共助として自主防災活動の推進に取り組んできた。静岡県地域防災計画に初めて東海地震対策編を組み入れた1980年1月の計画には、国や県、市町村などの防災関係機関と並び、県民や地域の自主防災活動について以下のように規定されている。

　県民の果たすべき役割を「県民は自分たちの安全は、自らの手で守る意欲を持ち、平常時から地震発生後に至るまで、可能な防災対策を着実に実施する必要がある」とし、家屋補強や家具その他の落下倒壊物対策、飲料水、食料、

日用品などの備蓄を挙げている。

自主防災組織の活動としては「県や市町村と協力し、地域の防災は自らの手で担う意欲を持って次の活動をするものとする」とし、防災知識の学習や資機材の整備、情報収集・伝達、初期消火、避難、救出・救護、炊き出しなどの防災訓練の実施を求めている。さらに、情報の収集・伝達、出火防止活動、防災資機材の配備または活用、避難及び共同避難生活を自主防災組織の活動と位置付けている。1980年当時の地域防災計画としては、県民や自主防災組織が行政機関などと並んで地域防災の重要な主体として規定されたことは画期的であった。

現在では、静岡県内の全域に約5,000の組織が結成され地域の防災活動を担ってきているが、静岡県の自主防災組織実態調査[5]によると、住民や役員の高齢化が進みいざという時の対応が不安との意見もある。地域社会では少子・高齢化が進み従来型の地域コミュニティ活動が成立し難くなっている地区も目立ってきた。自主防災組織の96%は自治会が母体となっているため、地域住民の高齢化がそのまま組織体制に反映してくる。こうした地域住民が主体となる防災体制を支えるためには、地域の学校や学生との連携、さらに防災だけでなく福祉や子育て支援など様々な分野で活動する団体の協力を得るなど、新たな枠組みを整えることも必要となる。

2013年の災害対策基本法の改正で、自助及び共助に関する規定がいくつか追加された。その中に、地域コミュニティにおける共助による防災活動の推進の観点から、市町村内の一定の地区の居住者及び事業者（地区居住者等）が行う自発的な防災活動を**地区防災計画**として市町村の地域防災計画に位置付けることが可能になった。従来の自主防災組織の平時の活動体制や災害時の、例えば被害情報の収集や被災者の救援などの対応について実施主体を明確にすることで、地域の共助と自治体の公助を防災計画の上でも連携させる新たな枠組みである。静岡県内でも、静岡市上足洗三丁目地区、富士駅南地区、三島市中島地区など先進的な地区がいくつも生まれてきている。こうした取り組みは大いに参考になる。詳しくは、内閣府の地区防災計画モデル事業報告‐平成26〜28年度の成果と課題‐[6]や静岡県の平成30年度静岡県地域防災活動推進委員会活動報告[7]などを参照されたい。

地域での防災訓練の実施

　全国的には、関東大震災の発生日に合わせ、毎年9月1日前後の防災週間に防災訓練を実施する地域が数多くある。静岡県内では9月の総合防災訓練以外に、12月の第1日曜日に各地域で防災訓練が行われている。この**地域防災訓練**は1983年から取り組みが始まり、1986年からは12月の第1日曜日を静岡県が独自に「地域防災の日」と定め、主に各地域の自主防災組織が中心となって訓練を行うよう促している。例年、静岡県人口365万人の約2割に相当する60万～70万人が参加している。2016年度の実態調査[5]では、9月の総合防災訓練の実施が60.9%に対し12月の地域防災訓練の実施は89.1%で、地域防災訓練が重要な位置付けになっている。

　こうした防災訓練に多くの中学生や高校生が参加している。特に、12月の地域防災訓練では顕著で、後押しとなっているのは、静岡県内の中学校や高等学校で地域防災訓練の前に生徒に訓練出席カードを配布し、訓練に出席して確認印をもらい学校に提出するという仕掛けである。2002年から行われてきた静岡県独自の取り組みで、2017年12月の地域防災訓練への中学・高校生の参加率は60%に上る。少子・高齢化が急速に進む中、若い人たちの防災活動への関心を少しでも引き出そうという取り組みである。子供たちにとって地域社会の中で災害時の自分たちの役割を知る良い機会でもある。大人たちにとっても中学生・高校生が災害時だけでなく普段の防災活動でも大きな戦力になることを改めて意識する良い機会になっている。

　地域社会の少子・高齢化や防災の担い手不足は全国的な課題である。こうした取り組みが全国にも広がると共に、防災訓練だけでなく地域の様々な活動に子供や学生が関わる機会を増やす仕組みをもっと打ち出していく必要がある。

防災対策を考える基礎情報の共有

　住民一人ひとりの防災対策の確立と地域の自主防災組織の育成強化は静岡県が東海地震対策に取り組み始めた当初からの大きなテーマであった。これを進めるためには、地震対策の必要性を行政だけでなく住民自らも共通に意識する必要があった。そのため、静岡県では当初より津波の浸水予測図や土砂災害危険箇所、液状化危険度など地域の災害危険度に関する情報、さらに

それらの災害特性を理解する基礎的な資料として、収集した地質ボーリング資料、表層地質や地質地盤分類、土地の人工改変地の分布などの基礎資料を作成し積極的に公開してきた。

　従来はパンフレットや地図などの印刷媒体をベースにした情報提供であったが、近年はインターネットの普及に伴い、GIS（地理情報システム）を活用した各種の情報が提供されている。例えば、静岡県のホームページの「**静岡県GIS**」（https://www.gis.pref.shizuoka.jp/）では、表層地質などの基礎資料、震度分布、液状化危険度、津波浸水予測図、土砂災害や洪水など各種ハザードマップ、国土地理院の所有する旧版地形図など、防災対策の立案や災害時の行動を考えるための有用な地理情報が入手可能である（図1）。静岡県内の浜松市や静岡市などの自治体でもGISを活用した防災情報の提供が行われており、こうした情報を住民自らもしっかり入手し、平時からの備えや災害発生時の対応に活用しておくことが重要である。

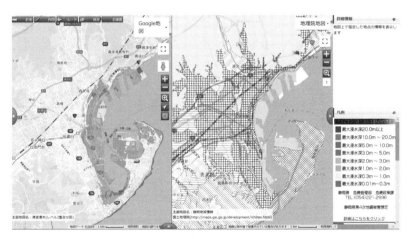

【図1】静岡県 GIS の表示例　左：津波浸水（レベル2重合せ図）、右：静岡地質情報

建築物の耐震化

　1976年に東海地震説が出されると、静岡県内の建築物の耐震化をどう進めるかの検討が真っ先に始まった。当時の建築基準法による耐震基準のレベルでは、多くの建物が東海地震で想定される震度6強や震度7の揺れには耐えることができない。特に、学校や病院、社会福祉施設といった公共的施設

【図2】鉄骨ブレース工法による耐震補強例（静岡県立春野高校）

では利用者や入所者の命をどう守るかが大きな課題となった。このため、静岡県の直下で起きる東海地震を想定し、耐震性のレベルを日本の他の地域の1.5倍程度とする独自の耐震基準が作られた[8]。さらに、既存建築物の耐震化を図るためには、時間と経費をかけないで耐震補強を実施できる補強工法の開発が急務であった。学校建築物の補強でよく使われている鉄骨ブレースの筋交いによる耐震補強工法は静岡県での試行錯誤の結果生まれた工法である（図2）。

1995年の阪神・淡路大震災では強い揺れにより10万棟を超える建築物が倒壊し多くの犠牲者を出した。公共建築物も大きく被災したことから、政府は自治体が所有する公共建築物の耐震化計画の促進に関して、中央防災会議が2003年5月に示した東海地震対策大綱において「公共建築物については、耐震診断実施状況や実施結果を基にした耐震性に係るリストを作成し、住民に周知するよう努める」との方針が示された。静岡県では、住民への周知の手段として耐震性リストの公表だけでなく、施設入り口に耐震性能の個別表示を行った。こうした取り組みにより公共施設の耐震化は加速されていった。2017年度末現在、静岡県内の公共施設の耐震化率は97.3％とのことである。まずは災害時の拠点となる施設が健全に確保されることが、災害時の迅速な対応につながる。

一方、住宅に関しては、1995年の阪神・淡路大震災での犠牲者の多くは自宅の倒壊が原因であったことから、静岡県と県内市町村では、木造住宅の無料耐震診断と耐震補強工事費の一部を補助する制度を2001年度からスタートさせた。プロジェクト「TOUKAI-0（ゼロ）」と称し、2019年3月末現在、この制度で補強工事に取組んだ木造住宅は23,000棟に及ぶ。

総務省統計局の住宅・土地統計調査（平成30年）[9]によれば、耐震設計基準が強化される1980年以前の住宅は全国では5,360万棟で全住宅の22.4％（静岡県内307,300棟、21.6％）、木造住宅に限れば3,050万棟で28.0％（静岡県内247,800棟、27％）である。住宅の耐震化はまだまだ大きな課題である。

静岡県では、震度7程度の揺れでも建物が大きく損傷しないレベルに建築物の耐震性能を高めるため、1984年から建築基準法で定める地震地域係数を通常の1.2倍に引き上げる行政指導を行ってきている。1999年の建築基準法の改正により、従来は行政機関だけで実施してきた建築確認業務が、指定を受けた全国の民間機関も行えるようになったため、基準を明確にするためにも静岡県建築基準条例を2017年に改正し、静岡県内で建築物を新築する際に用いる地震地域係数を1.2倍にすることが義務化された。

　国も阪神・淡路大震災の教訓から、耐震性能も含め住宅そのものの品質を向上させるため、1999年6月に「住宅の品質確保の促進等に関する法律」が制定された。建築基準法では、耐震性能に関しても最低限のレベルを求めているが、住宅性能としてそれを上回るレベルまでを耐震等級として明示することができるようになった。例えば耐震等級3は建築基準法の1.5倍の地震力に対して倒壊しないレベルとされている。これまで住宅の耐震性能に関してあまり関心を示さなかった市民も、住宅の入手段階から耐震性能を意識することができる。自らが居住する住まいの耐震性能を知り、地震時にどう行動するかを自ら考える、これは防災の基本である。

沿岸の津波対策

　駿河トラフから南海トラフにかけての巨大地震の発生は、地震動だけでなく津波による沿岸の被害が大きいことも特徴である。特に、静岡県の沿岸域は震源域に近いことから、襲来する津波の高さも大きく、何よりも地震発生から数分で大津波が襲来することは大きな脅威である（176〜177ページ参照）。

　静岡県と関係の市町村がこれまで取ってきた津波対策は、海岸の防潮堤や河川河口や港の出入り口に耐震水門を整備するなどハード面での対策と、住民の避難施設としての**津波避難ビル**や避難タワー、最近では**命山**と称する人工的な避難高台の整備など、住民が迅速に避難するというソフト面をサポートする対策が進められてきた。

　耐震水門の整備にあたっては、静岡県沿岸での津波が地震発生から数分で襲来することを考慮し、震度5強相当以上の揺れを地震計で感知すると自動的に緊急降下させる仕組みが取られている。操作を行った人が津波の犠牲となることを避けるための措置である。

【図3】遠州灘沿岸に整備された延長17.5Kmの防潮堤（浜松市）

遠州灘の浜松市沿岸には、地元の企業からの寄付金を建設資金として延長17.5km、高さ13mの防潮堤が建設されている（図3）。既存の防災林の単純な嵩上げではなく、CSGと呼ぶ土砂とセメントを混合した材料を芯材にして仮に津波が防潮堤を乗り越えても大きく破壊しないよう工夫されている（184ページ、図1参照）。津波という外力に対して抵抗しながら粘り強く機能を発揮することが期待できる。完成後は防災林の再生も行われる。

一方、住民の避難というソフト面の対策では、1982年の日本海中部地震を契機に、各市町村では津波からの緊急避難場所として居住地近くに津波避難ビルを指定するようになった。避難ビルの確保ができない地域では地区のコミュニティ施設などを兼ねて新たに避難ビルの建設を行った自治体も見られる。焼津市内の津波浸水想定地域内に建設されたコミュニティ防災センターは、屋上への外階段が常時開放され、緊急時には夜間でもセンターの玄関のガラス戸を割って入れるようハンマーがセットされている（図4）。

東日本大震災の被災地である岩手県山田町に、津波からの緊急避難場所になった周囲を石垣で囲った人工の高台が存在する。1611年の慶長三陸地震津波で被災した教訓から、年貢米を備蓄する蔵を人工の高台に造ったことから御倉山と呼ばれている。400年を経た

・夜間でも屋上へ駆け上がれる外階段設置
・緊急時の破壊侵入口の表示とハンマー

【図4】津波避難ビルとして整備したコミュニティ防災センター（焼津市）

現代でも十分機能した津波避難場所であった。静岡県内にも、1680年代に
遠州灘沿岸を襲った高潮災害を教訓に築造された築山、地元では命山と呼ば
れる小山が残っている。地物として残る命山は時代を経ても緊急避難場所と
して十分機能する。津波対策として静岡県内の沿岸には現代版の命山も整備
されつつある（図5）。

　津波に対する警戒避難体制の充実を図るため、東日本大震災の直後の
2011年12月に津波防災地域づくりに関する法律が制定された。その大きな
特徴は津波の浸水が想定される地域を土砂災害防止法（土砂災害警戒区域等
における土砂災害防止対策の推進に関する法律）と同様に、警戒避難などの
体制を整備する地域を津波災害警戒区域に指定し、その中でも開発行為の制
限など特別な対応が必要な区域は津波災害特別警戒区域に指定するものであ
る。法指定に対する抵抗感からか、2019年9月現在の警戒区域指定は全国で
14道府県にとどまる。

　そうした中、静岡県の伊豆市は特別警戒区域の指定まで踏み込む先進的な
取り組みがされている。全国でも唯一であり、地域住民や観光業者などと自
治体が熱心な意見交換を繰り返した成果でもある。

南海トラフの地震　異常な現象への防災対応

　過去の南海トラフ沿いの地震発生のパターンには様々あることが分かって
きた。直近の3回の地震発生事例を見ても、1707年の宝永地震では東海から
南海の震源域はほぼ同時に破壊し、1854年の安政地震では、東海地震の発
生から約32時間後に南海地震が発生した。昭和の地震では1944年12月に東
南海地震が発生し、その2年後1946年12月に南海地震が発生した。防災対

応を取る上で大変厄介な発生パターンである。

　政府の検討では、南海トラフ沿いで発生する典型的な異常現象として、東側もしくは西側半分が破壊する地震が発生した場合（半割れケース）、マグニチュード7クラスの地震が発生した場合（一部割れケース）、プレート境界でゆっくりすべり（57ページ参照）が観測された場合（ゆっくりすべりケース）の3ケースが挙げられた[10]。

　こうした事態に対し防災対応のトリガーとなる情報として、2019年5月31日より、気象庁から「**南海トラフ地震臨時情報**」が出されることとなった。中でも震源域のほぼ半分が破壊した「半割れ」状態で巨大地震発生の可能性だけが強く残ってしまった地域に対しては、臨時情報に「**巨大地震警戒**」とのフラグが付けられ、1週間は警戒が呼びかけられる。防災対応としては、地震発生後の避難では明らかに避難が完了できない地域の住民は、非常に限定的に当面の間は安全な場所に避難しておくこととする。解除後もさらに1週間は「巨大地震注意」として注意喚起を継続する[11]。こうした事態への対応が急がれているが、一定のルールができても、地域社会の混乱は覚悟しておく必要がある。

　ただし、気象庁からこうした「臨時情報」が出されるのはごくまれでしかない。突然地震が発生すると、耐震性が不足し倒壊の危険性が高い住宅、津波がすぐに襲来し逃げ切れない地域、背後の土砂災害から逃げ切れない地域といった、生命の危険が明らかな建物や場所については、あらかじめの予防措置が大原則である。

　ここに、当面解決していかなければならない課題をいくつか列挙しておく。

1）事前避難の対象地域と対象者の絞り込み

　地震が突然発生すると命の危険がある地域が事前避難対象地域として指定される。こうした地域で、臨時情報で巨大地震警戒の1週間もしくは巨大地震注意の2週間が過ぎ臨時情報が解除された後、通常の生活に戻れるかが大きな課題となる。混乱を防ぐためにも、防潮堤などの防御施設や緊急避難施設などのハード面の整備で一定の安全確保ができる地区を増やすなど、緊急整備目標を具体的に示していく必要がある。

2）耐震性を十分に備えた避難所の確保

　避難者を受け入れたまま大地震を迎えても安全を確保するためには、避難所となる施設は構造そのものの十分な耐震性に加え、天井や壁、照明器具など非構造部材の耐震性確保が重要な課題となる。

3)極端に高齢化が進む地域での避難行動支援

　津波からの避難施設として整備してきた高台へ駆け上がる階段などが、お年寄りには利用困難な場所も出てきている。さらに、高齢者を支援できる者が昼間は外へ働きに出てしまうと、多くの避難行動要支援者を支えられない地域も出てくる。臨時情報の巨大地震警戒の段階で福祉避難所の受け入れがどこまで可能か、地域ごとの検討が重要になる。

今後に向けて

　今回、この章で取り上げた個々の防災対策は、それぞれある意味当たり前で地道な対策の一例である。従来の想定東海地震に比べ、南海トラフの巨大地震はその規模も被害の及ぶ範囲も一層広域になった。さらに、東海地震と南海地震が時間差で発生する可能性もあることで、災害応急対応は一層複雑になる。混乱を最小限にするためには、ここで述べた基本的な予防対策の充実が必須である。

　住民一人一人の備えや自主防災組織など地域住民相互の助け合いによる防災対策の重要性はますます高まる。建物などの基本的な耐震性が確保できていれば、救助などの活動は最小限に抑えられ、あらゆる応急対応が大幅に楽になる。そのためにも、災害拠点施設だけでなく、一般住宅や民間事業所の耐震化は急務である。

　沿岸の津波対策については、防潮堤などハード面と、避難施設などソフト両面での対策が進み、いざという時には一人一人が確実に避難行動を起こすことでより多くの人命は助かる。たとえ浸水被害を受けてもその後の復旧は早い。

　現状では、突然発生では命が守れない津波や土砂災害の危険の高い地域では、防潮堤などの防御施設の充実も重要であるが、一方で特別に警戒を要す地区として居住環境を見直すなど、土地利用に対する一定の制約も考えていく時期に来ている。特に、人口減少や高齢化が進む地域社会では、将来の街づくりの視点で災害に強い安全な住環境を整えることは、将来に向かって地域の持続的発展を進めるための大きな視点である。

　全国的に見ると、和歌山県串本町では、津波浸水リスクの高い地域にあった公共施設などの高台移転を順次進め、それに合わせて新たな住宅用地を高台に確保し、津波浸水リスクの高い既成市街地の住民が順次高台に移転して

きている。隣接のすさみ町でも同様の取り組みが進められ、いわゆる**事前復興政策**として進めるこうした街づくりは大いに参考になる[12]。

　さらに、近年の人口減少社会に合わせるように、中心市街地の活性化の視点で、街づくりの見直しを行う地域も増えてきている。1950年代中頃から1970年代初頭にかけての高度成長期に、地方都市では従来は開発の手が及ばなかった郊外地に製造業などの産業用地や居住区域が拡大していった。こうした街が静岡県内にも多い。今は、中心市街地への再集約や市街地のコンパクト化に移行する動きが見られる。こうした過程で、改めて災害に対する脆弱性を大きな視点として捉え、安心して暮らせるまちづくりに再展開する絶好の機会である。

　冒頭でも述べた通り、南海トラフの巨大地震の発生により、直接の被災地域での人的・物的被害も大きいが、全国への波及被害も経済損失に換算し221兆円規模に上る。これは日本の国家予算101兆円（2019年度）の2倍を超え、日本列島全体に深刻な影響が出る巨大災害である。こうした事態を簡単に避ける特効薬があるわけではない。今課されているのは、国や自治体、関係機関、企業、国民それぞれが被害を防ぐための最大級の努力を確実に積み重ねていくことに尽きる。

第 5 章

ライフラインを自家供給する地域防災拠点の創成

Creation of regional disaster prevention base
that can supply lifeline independently

木村浩之（地球微生物学）

はじめに

　日本の第5次エネルギー基本計画では、2050年を視野に入れた将来ビジョンと2030年までの行動計画が示され、再生可能エネルギーの主力電源化を目指すことが提言された。また、原子力発電は重要なベースロード電源として位置付けることや火力発電の低炭素化を進めることが目標として掲げられた。さらに、原発の電源構成比率を20～22％まで回復させる計画が示されるとともに、再生可能エネルギーについては、その電源構成比率を22～24％まで引き上げる計画である。このような日本のエネルギーの将来計画を実現させるためには、**新エネルギー**に関する科学的知見と革新的な技術の開発が必要不可欠である。

　一方、2011年3月の東日本大震災では、地震に加えて、巨大津波、液状化現象、地盤沈下、原発事故、ダムの決壊といった災害が発生し、死者・行方不明者は約2万人となった。また、建築物の全壊・半壊は合わせて40万戸が認定された。さらに、震災時には各種ライフラインが寸断され、停電は800万戸以上、断水は180万戸以上となった。そして、東日本大震災発生直後の避難者は40万人以上となり、多くの住民が避難所生活を強いられた。

　近年では台風や豪雨による災害も増加している。2018年9月には台風24号がマリアナ諸島近海で発生し、猛烈な勢力に発達してフィリピンの東の海上を北上した。そして、9月29日には南西諸島に接近し、30日午後には強

い勢力を保ったまま和歌山県田辺市付近に上陸した。その後、台風は日本列島を横断し、10月1日に日本の東の海上で温帯低気圧に変わった。静岡県内では袋井市にある可睡斎（かすいさい）の総門が全壊する被害があった。また、ライフラインへの影響も深刻であった。静岡県の富士川以西の中部電力管内では約78万戸が停電した。その後、停電解消まで時間を要し、10月2日の午前においても19万戸が停電していた。さらに、山間部においては6日後の10月6日まで停電が続いた。

　また、2019年9月には台風15号が南鳥島近海で発生した。この台風は非常に強い勢力を保ったまま北上を続け、9月9日に神奈川県三浦半島を通過した。台風の中心は東京湾に抜けて北東に進み、千葉県千葉市付近に上陸した。その後、茨城県水戸市付近で海上に出た。台風15号の影響により、千葉県内では送電塔2本と電柱84本が倒壊した他、約2,000本の電柱が損傷し、千葉県と神奈川県を中心に9月9日時点で93万戸が停電した。特に、千葉県内では野田市、我孫子市、浦安市を除くすべての地域で停電が発生し、9日午前のピーク時で64万戸が停電した。そして、停電は長引くこととなり、8日後の9月17日時点において6万戸が停電したままの状態であった。一方、千葉・東京・静岡の3都県において大規模な断水も起こり、最大断水戸数は12万戸となった。

　地震や大雨、洪水が発生した際の安全確保および、迅速な避難行動は非常に重要である。一方、避難所や病院、役場、空港などの**防災拠点**において、災害時に電気・水・ガスといった**ライフライン**をどのように確保するのか、今後の重要な検討課題といえる。

　西南日本の太平洋側の地域は、**付加体**と呼ばれる厚い堆積層からなる[1,2]。付加体は、海洋プレートが大陸プレートの下に沈み込む際に海洋プレートの上に堆積した海底堆積物が大陸プレートの縁辺部に付加し、その後、隆起してできた堆積層である（43-45ページ）。付加体の深部帯水層には嫌気性の地下水と大量の**メタン**が蓄えられている[3]。付加体が分布する地域に構築された大深度掘削井（深度1,000～1,500mの掘削井が多い）からは深部帯水層に由来する嫌気性の地下水が揚水され、温泉として利用されている。また、これらの掘削井では激しく気化する温泉付随ガスを見ることができる[4]。

　我々は、地球科学と微生物学を融合させた研究手法を用いて、付加体の深部帯水層の特徴および、そこに生息する微生物群集の生態を明らかにすることを目的とした基礎研究を進めてきた。また、付加体の深部帯水層における

メタン生成メカニズムに関する知見も得た[5-7]。さらに、付加体の深部帯水層に由来する温泉付随ガスを利用した**温泉メタンガス発電施設**を実用化した。本章では、付加体の深部帯水層でのメタン生成メカニズムについての研究成果について述べるとともに、災害時にライフラインの自家供給を可能とする**分散型エネルギー生産システム**について解説する。

付加体の構造と分布

　地球の表面は十数枚のプレートによって覆われている。プレートには海洋プレートと大陸プレートがある。海洋プレート同士の境界域である海嶺は、プレートが拡大する場所である。一方、海溝と呼ばれるプレート境界では、大陸プレートの下に海洋プレートが沈み込んでいる。海洋プレートが大陸プレートの下に沈み込む際には、海洋プレートの上に堆積した海底堆積物が剥ぎ取られ、大陸プレートの縁辺部に付加する。そして、長い年月をかけて厚さ10km以上にもなる堆積層が形成される（図1）。このような厚い堆積層は"付加体"と呼ばれている[1]。

　西南日本の太平洋側の地域は、付加体によって形成されている。これらの付加体は、フィリピン海プレート（海洋プレート）が日本列島の下に沈み込んだ際に海底堆積物がユー

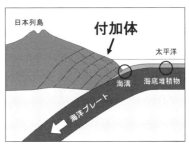

【図1】海洋プレートの沈み込みによって形成される付加体の断面図

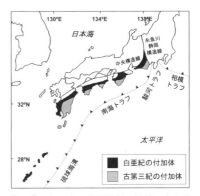

【図2】西南日本の太平洋側の地域に広く分布する付加体。特にフィリピン海プレートの沈み込みによって、白亜紀から古第三紀に形成された四万十帯の分布域を示す。図はKano et al.（1991）[1]を改変した

ラシアプレートの縁辺部に付加してできた地層である。これらの付加体は、主に白亜紀から古第三紀に形成されたものであり、"四万十帯"と呼ばれている[2]。四万十帯は、静岡県中西部から愛知県南部、紀伊半島南部、四国南部、九州南部、そして沖縄地方まで約1,800 kmの広い地域に分布している（図2）。

四万十帯は、主に砂岩層とケロジェンなどの有機化合物を多く含む泥岩層の互層によってできている[8]。四万十帯には多くの断層や破砕帯が見られ、そこから海水および天水が地下へ浸透する。そして、砂岩層に大量の地下水が蓄えられ、帯水層となる。さらに、付加体の深部**地下圏**は地熱によって温められており、深部帯水層には大量の地下水が蓄えられている。

付加体の深部帯水層の特徴

　西南日本の太平洋側の付加体の分布域には、数多くの温泉施設がある。これらの温泉施設の多くは温泉用掘削井（深度1,000 ～ 1,500mの井戸が多い）を所有しており、掘削井を介して深部帯水層から地下水（非火山性温泉）を揚水している。付加体の深部帯水層から地下水を汲み上げる際には水中ポンプを用いることがあるが、自噴によって深部帯水層から地下水が湧出する掘削井も数多く見られる。また、付加体が分布する地域に構築された温泉用掘削井では，地下水とともに付随ガスを見ることができる（図3）[4]。

【図3】静岡県中西部（A、B）、宮崎県東部（C）、沖縄本島（D）に構築された大深度掘削井から湧出する地下水（非火山性温泉）と温泉付随ガス（主にメタン）

我々は、四万十帯の分布する静岡県中西部、宮崎県東部、沖縄本島を調査し、深度150〜2,119mの温泉用掘削井を介して、深部帯水層から地下水および温泉付随ガスを採取した。地下水の環境データを測定した結果、地上部での水温は24.2〜53.7℃を示し，地下水のpHは7.1〜9.3の弱アルカリ性を示した。地下水の酸化還元電位は-250mV前後と非常に低い値であった。電気伝導度は110〜5,690mS m^{-1}（NaCl濃度に換算すると0.05〜3.6%）を示し、地下水の塩分は淡水から一般的な海水の間であった。これらの環境データにより、付加体の深部帯水層は酸素（O$_2$）を含まない嫌気状態であることが明らかとなった[5-7]。

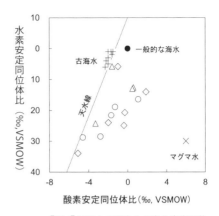

【図4】地下水の酸素と水素の安定同位体比。プロットは静岡県中西部（○）、宮崎県東部（◇）、沖縄本島（△）の温泉用掘削井から採取した地下水、一般的な海水（●）、古海水（＋）[10,11]、マグマ水（×）[13,14] を示す。VSMOW,Vienna Standard Mean Ocean Water

　次に、我々は温泉付随ガスの組成分析を行った。ガスクロマトグラフを用いたガス分析の結果、メタンが49.5〜99.7 vol.%の割合で含まれていた。また、メタン以外に窒素ガスが0.2〜50.2 vol.%の割合で含まれていた。さらに、0.01〜2.25 vol.%の割合でエタンも検出された。

　さらに、地下水の酸素・水素安定同位体比を分析した。その結果、付加体の深部帯水層に由来する地下水は主に天水線付近および天水線の右側にプロットされた（図4）[9]。そして、雨水や河川水、一般的な海水、南関東ガス田から採取された古海水（化石海水とも呼ばれている）とは異なる性質を示した[10,11]。また、天水や海水と比べて地下水は^{18}Oを多く含むことが示された。これらの結果から、付加体の深部帯水層は高温状態にあり、一部の地下水が蒸発していることが示唆された[12]。また、多くの地下水が天水線とマグマ水（有馬型深部上昇水とも呼ばれている）の間にプロットされたことから、表層の天水および海水に由来する地下水に加えて、海洋プレートの沈み込み帯の深部地下圏から上昇してきたマグマ水も深部帯水層に混入している可能性がある[13,14]。

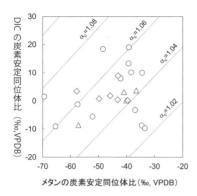

【図5】付随ガスに含まれるメタンと地下水の溶存態無機炭素（DIC）の炭素安定同位体比。静岡県中西部（○）、宮崎県東部（◇）、沖縄本島（△）の温泉用掘削井から採取したサンプルの値を示す。炭素同位体分別係数（α_c）は（$\delta^{13}C_{DIC}+10^3$）/（$\delta^{13}C_{CH4}+10^3$）によって算出される[15]。$\alpha_c=1.02 \sim 1.04$ は熱分解起源のメタンを、$\alpha_c=1.06 \sim 1.08$ は微生物起源のメタンを示す。VPDB, Vienna Pee Dee Belemnite

付加体の深部帯水層でのメタン生成メカニズム

　付加体の深部帯水層には大量のガスが含まれており、その主成分はメタンであった。堆積層中に存在するメタンについて、一般的にいくつかの生成メカニズムが知られている。180℃以上の高温環境においては、堆積層に含まれるケロジェンなどの有機化合物が熱分解されて、無生物的にメタンが生成される（有機物の熱分解起源のメタン）。一方、原核生物のアーキアに分類されるメタン生成菌によってメタンが生成される場合もある（微生物起源のメタン）。

　我々は、付加体の深部帯水層に由来する温泉付随ガスのメタンの生成過程を解明するために、地下水の溶存態無機炭素（DIC、主にHCO_3^-）と温泉付随ガスに含まれるメタンの炭素安定同位体比を分析した。その結果、溶存態無機炭素とメタンとの炭素同位体分別係数（α_c）は、$1.02 \sim 1.08$ を示した（図5）。そして、付加体の深部帯水層に含まれるメタンは熱分解起源のもの、微生物起源のもの、または微生物起源と熱分解起源の混合によるものが存在することが明らかとなった[15]。

　次に、地下水に含まれる微生物群集を対象とした各種解析を試みた。微生物群集の蛍光顕微鏡観察を行ったところ、地下水サンプル1mL当たり$3.0 \times 10^3 \sim 1.0 \times 10^7$ 細胞の微生物が含まれていることが判明した[5-7]。また、LIVE/DEAD細胞生存率アッセイキットを用いた微生物細胞の観察を行った結果、$20 \sim 60\%$ の割合で微生物が生きていることが明らかとなった。

　地下水サンプルに含まれる微生物群集の16S rRNA遺伝子を対象とした解析を行った結果、主に *Clostridiales, Rizobiales, Sphingomonadales, Rhodocyclales* といったバクテリアに属する発酵細菌（嫌気性の従属栄養細菌）が同定された。また、アーキアに分類される原核生物においては、水素資化性メタン生成菌（*Methanobacteriales, Methanocellales, Methanomassillicoccales*

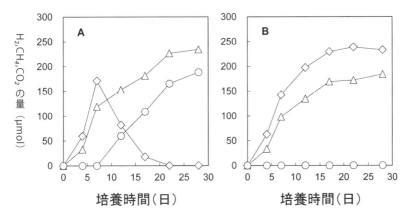

【図6】地下水に含まれる微生物群集の培養実験。Aは30 mlの地下水に有機基質（YPG）を添加した嫌気培養の結果を示す。Bは30 mlの地下水に有機基質（YPG）とメタン生成菌阻害剤（BES）を添加した嫌気培養の結果を示す。プロットは、培養用のバイアル瓶の気相中の水素ガス（◇）、メタン（○）、二酸化炭素（△）の量を示す

など）が優占していた。さらに、一部のサイトでは、酢酸資化性メタン生成菌（*Methanosarcinales*）も検出された。

　加えて、地下水に含まれる微生物群集のメタン生成ポテンシャルを明らかにする目的で、酵母エキス（Yeast extract）、ペプトン（Peptone）、グルコース（Glucose）を混合させた有機基質（YPG）を地下水サンプルに添加した嫌気培養実験を試みた。その結果、培養4〜5日で培養用のバイアル瓶の気相から水素ガスおよび二酸化炭素が検出された（図6A）。その後、水素ガスが減少するとともにメタン生成が観察された。以上の結果から、有機物を分解して水素ガスと二酸化炭素を生成する水素発生型発酵細菌（有機物→H_2 + CO_2）と水素ガスと二酸化炭素からメタンを生成する水素資化性メタン生成菌（$4H_2$ + CO_2 → CH_4 + $2H_2O$）が共生して、有機物からメタンを生成していることが示された（有機物→ H_2 + CO_2 → CH_4）。また、培養を開始してから10日前後でメタン生成が観察されたことから、地下水に含

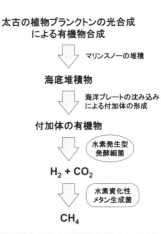

【図7】付加体の深部帯水層でのメタン生成メカニズム

まれる水素発生型発酵細菌および水素資化性メタン生成菌は高い活性を有しており、これらの微生物群集によるメタン生成ポテンシャルは高いことが明らかとなった。さらに、地下水サンプルにYPGとメタン生成菌の増殖を特異的に阻害する試薬（2-bromoethanesulfonate, BES）を添加した、水素発生型発酵細菌を対象とした嫌気培養実験も試みた。その結果、水素発生型発酵細菌の増殖と水素ガスの生成が観察された（図6B）。培養開始から3〜4日で水素ガスの生成が見られたことから、地下水に含まれる水素発生型発酵細菌も高い活性を有していることが示された[5-7]。

一連の研究結果より、付加体の深部帯水層では堆積層中の有機化合物が水素発生型発酵細菌によって分解され水素ガスと二酸化炭素が生成され、その後、水素資化性メタン生成菌によって水素ガスと二酸化炭素からメタンが生成される微生物メタン生成メカニズムが示された（図7）。また、一部の地下水からは酢酸からメタンを生成する酢酸資化性メタン生成菌（$CH_3COO^- + H^+ \rightarrow CH_4 + CO_2$）の16S rRNA遺伝子も検出された。よって、有機物から酢酸を介してメタンが生成される微生物代謝経路も存在する可能性がある。

【図8】静岡県島田市の川根温泉メタンガス発電施設。写真は、発電施設と川根温泉ホテル（A）、メタン分離槽と日帰り温泉施設（B）、ガスホルダー（2基）とコージェネレーション（25 kWガスエンジン発電機 x 4基）（C、D）を示す

温泉メタンガス発電施設の実用化

　付加体の深部帯水層に由来する非火山性温泉、温泉付随ガス、微生物群集を対象とした基盤研究を基に、我々は温泉付随ガスに含まれるメタンを燃料とした発電システムの構築を進めた。具体的には、自治体、設備会社、発電機メーカー、ガス会社と連携して、静岡県島田市の川根温泉において**温泉メタンガス発電施設**を構築し、実用化した（図8）。川根温泉は静岡県中西部に位置しており、深度1,148mの温泉用掘削井を所有している。この掘削井からは48.7℃の地下温水（温泉）が自噴により湧出しており、その湧水量は毎時37㎥である。また、86%の割合でメタンが含まれている温泉付随ガスも湧出しており、そのガス量は毎時31 N㎥である。一方、火山性温泉とは異なり、川根温泉の付随ガスは硫化水素や亜硫酸ガスを含んでいない。また、川根温泉の水温や湧出量、付随ガスの組成や湧出量は非常に安定しており、時間変動および季節変動はほとんど見られない。

　川根温泉メタンガス発電施設では、大深度掘削井を介して付加体の深部帯水層より地下水（非火山性温泉）と温泉付随ガスを採取し、その後、メタン分離槽にて温泉とガスを分離する。メタンはもともと水に溶けにくい性質をもつため、メタン分離槽の内壁や網目状の板に地下水を激しく打ちつけることによって、容易にメタンを温泉水から分離することができる。次に、ガスホルダーに付随ガスを一時的に蓄えたのち、コージェネレーション（25kWガスエンジン発電機×4基）に供給する。2017年4月に川根温泉メタンガス発電施設は稼働し、現在においても年間73万 kWhの発電と年間68万kWhの熱供給を行っている。そして、これらのエネルギーは川根温泉ホテルおよび日帰り温泉施設にて有効利用されている。

　日本の付加体が分布する地域（特に四万十帯）には多くの温泉施設が存在し、温泉用掘削井が数多く構築されている。そして、これらの掘削井を介して地下水（非火山性温泉）とともに、温泉付随ガス（主にメタン）が湧出している。現在、温泉施設を安全に運用するために、温泉から分離された付随ガスは大気放散されている。一方、メタンは地球**温暖化**に及ぼす影響が大きい温室効果ガスである。今後、温暖化対策としても、温泉付随ガスに含まれるメタンを有効活用する必要がある。

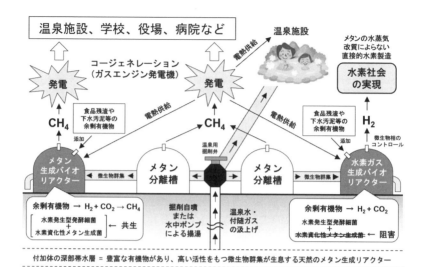

【図9】分散型エネルギー生産システムの概略図。温泉用掘削井とメタン分離槽、コージェネレーション、メタン生成リアクター、水素ガス生成リアクターを結合させて地産地消エネルギーを生成するシステム

メタン・水素ガス生成リアクターの開発

　我々は、温泉付随ガスに含まれるメタンを利用した発電システムに加えて、地下水に含まれる微生物群集を嫌気的に培養し、メタンおよび水素ガスを生成する**バイオリアクター**の開発も進めている（図9）。メタン生成リアクターにおいては、温泉用掘削井を介して付加体の深部帯水層から地下水を採取する。メタン分離槽にて付随ガスを除去したのち、嫌気状態を保ったまま地下水をリアクター内に注入する。次に、下水汚泥や食品残渣などの余剰有機物を添加することにより、地下水に含まれる水素発生型発酵細菌および水素資化性メタン生成菌を増殖させる。そして、これら2種類の微生物群集を共生させて、余剰有機物を分解しながらメタンを生成する。

　一方、水素ガス生成リアクターにおいては、地下水に下水汚泥や食品残渣などの余剰有機物とBESを添加する。そして、メタン生成菌の増殖を特異的に阻害し、水素発生型発酵細菌のみを増殖させることにより水素ガスを生成する[16-18]。さらに、我々は付加体の地下水に含まれる水素発生型発酵細菌および水素資化性メタン生成菌の生育温度を測定した。その結果、水素資化性メタン生成菌と比べて水素発生型発酵細菌は高い生育温度を持つことを見いだ

した。そこで、水素発生型発酵細菌と水素資化性メタン生成菌を共生させるメタン生成リアクターの培養温度よりも10℃高い温度でインキュベートすることにより、BESを添加することなくメタン生成菌の増殖を特異的に阻害し、水素発生型発酵細菌のみを増殖させる水素製造技術を開発した[19,20]。

今後、バイオリアクターの構造や培養条件、添加する有機物の種類などを検証することにより、メタン生成速度および水素ガス生成速度を向上させることが期待できる。特に、深部帯水層に由来する地下水は嫌気状態で採取できるため、連続嫌気培養システムを構築できる。将来的には、培養温度を制御することにより微生物相をコントロールしつつ、メタンと水素ガスの両方を生成するシステムを実用化できると考えている。

将来展望

西南日本の太平洋側に広く分布する四万十帯の深部帯水層では、水素発生型発酵細菌と水素資化性メタン生成菌が共生することにより、堆積層中の有機物からメタンが生成されている。これらの地域の温泉用掘削井から湧出するメタンは、純国産エネルギーといえる。有効活用すればメタンの大気放散を抑えることが可能であり、温暖化対策にもなる。また、巨大地震や台風、豪雨などによる大規模災害が発生した際には、水・ガス・電気・熱のライフラインを自家的に供給する防災ステーションとしても活用できる。ただ、温泉付随ガスに含まれるメタンを利用するためには、改正鉱業法に基づいた特定区域の指定や採掘権の取得が必要となる。さらに、掘削井の適切な保安管理も求められる。これらの制度は温泉メタンを利用する際の高いハードルとなる。一方、エネルギー自給率が極めて低く、近年、地震や豪雨による大規模災害が増加している日本においては、災害時にライフラインを確保する目的で、これらの地域資源を最大限に活用すべきである。

海洋プレートが沈み込むことによって海底堆積物から形成される付加体は、台湾やインドネシア、トルコ、ギリシャ、イタリア、ペルー、チリ、ニュージーランド、米国アラスカ州、米国ワシントン州といった海外の国や地域にも分布している[21-24]。今後、地質学や地球化学および微生物学を基盤とした科学的知見および応用技術が、地産地消エネルギーの生産、温暖化防止、持続可能な社会の実現、そして大規模災害時のライフライン供給に地球規模で貢献することを期待したい。

海水準変動

Sea-level changes

北村晃寿（第四紀環境学）

　第Ⅱ部第5章で、レベル2津波・地震の履歴調査の対象期間を約4000年前以降としたが、なぜさらに古い時代に遡って調査しないのかという疑問を持つ方もいるだろう。そこで、その回答をこのコラムに記すとともに、回答内容に関連する事象である**海水準変動**について概説する。

　海水準変動は、地域的な海水準変動と**汎世界的海水準変動**に区別される。地域的な海水準変動には，地盤の上下運動や海水の移動などがある。地盤の上下運動の原因には、地殻の変形（断層運動や褶曲運動及び火成活動）、堆積や侵食などがある。一方、海水の移動の原因には、潮汐周期、風・気圧・海流の変化、津波などがある。潮汐は月、太陽、地球の相対的位置関係に起因し、約半日の周期がある。静岡県の潮汐は、気象庁のHP（https://www.data.jma.go.jp/gmd/kaiyou/db/tide/suisan/index.php）に、伊東、下田、南伊豆、石廊崎、田子、内浦、清水港、焼津、御前崎、舞阪の潮位の予測値が掲載されている。風と気圧による海水準変動は高潮・高波でも起き、直近では2017年10月の台風第21号や2019年10月の台風第19号により発生し、静岡県各地に被害をもたらした。

　汎世界的海水準変動の原因には、海水量の変動と海洋底の地形変動がある。海水量の変動は南極

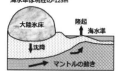

最終氷期最盛期（約3〜1.9万年前）
海水準は現在の-125m

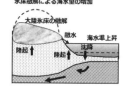

海水準上昇期（1.9万年前から7000年前）
氷床融解による海水量の増加

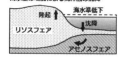

現在
海水量の増加による海洋底の沈降

【図1】アイソスタシーの概念図。国立極地研究所のHPの図を改変　https://www.nipr.ac.jp/info/notice/20120329Nature.html

や北半球高緯度地域にある**大陸氷床**の体積の増減に起因し、この海水準変動を**氷河性海水準変動**という。海洋底の地形変動は、海嶺の生産速度の変化や大陸氷床・海水量の変動に起因する**アイソスタシー**の効果などがある（図1）。海嶺の生産速度については、それが増加すると、海洋底の平均深度が浅くなるため、海水準が上昇する。アイソスタシーは、大陸氷床や海水の量的変動に伴う荷重変化へのマントルの応答に関する概念である。この概念では、マントル内の地下のある深さでは、圧力はどこでも等しい状態を保持する。例えば、氷床量の荷重が増加すると、アイソスタシーを保つため、氷床の下のマントルは氷床のない場所にゆっくりと移動していく。その結果、氷床の底は沈下していき、逆に氷床の周辺の基盤は隆起する。

　氷河性海水準変動をもたらす大陸氷床の増減は、数万年周期の全球気候変動によって起こる。この周期的気候変動は、地球軌道要素の周期変動（**ミランコビッチ・サイクル**）による「北半球高緯度の夏季日射量」の変動を、地球表層システムが増幅することで起き、日射量の減少期に寒冷化が起き（氷期への移行）、増加期に温暖化が起きる（間氷期への移行）（図2）。地球軌道要素の変化は、太陽、月、木星、土星などの天体の引力の影響によるもので、約2.3万年の周期変動（歳差サイクルという）や約4.1万年の周期変動（地軸の傾きの変動という）がある。

　氷河性海水準変動は、約270万年前から約90万年前の期間では、4.1万年周期で約30〜80m変動した。そして、60万年前以降は約2.3万年周期で約30〜40m変動し、4あるいは5回目の歳差サイクルの時に130mほどの海水準上昇が起きる。これは、大陸氷床が成長し、氷床の基底が海水準より下に沈み、歳差サイクルに伴う海水準上昇で大規模な融解が起きたためである（図3）。約90万年前から60万年前の期間は、全球気候変動と氷河性海水準変動のパターンの移行期に当たる。

　さて、現在と同様の温

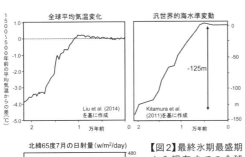

【図2】最終氷期最盛期から現在までの全球平均気温[5]、汎世界的海水準変動[6]、北半球高緯度夏季日射量[7]の変動

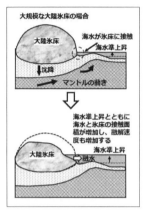

中規模な大陸氷床の場合

大陸氷床

海水が氷床に
接触しない。

海水準上昇

リソスフェア

アセノスフェア

大規模な大陸氷床の場合

大陸氷床

海水が氷床に接触

海水準上昇

沈降

マントルの動き

海水準上昇とともに
海水と氷床の接触面
積が増加し、融解速
度も増加する

海水準上昇

大陸氷床

融水

【図3】規模による大陸氷床の海水準上昇に対する応答の違い

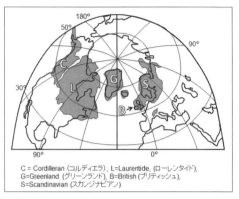

C = Cordilleran (コルディエラ), L=Laurentide, (ローレンタイド),
G=Greenland (グリーンランド), B=British (ブリティッシュ),
S=Scandinavian (スカンジナビアン)

【図4】最終氷期最盛期の北半球の大陸氷床の分布。Clark & Mix (2002)に基づく[8]

暖期は約12万年前に起こり、**最終間氷期**といい、海水準は現在よりも4～6mほど高かった。その後、北半球高緯度に大規模な大陸氷床が成長するとともに、海水準は小規模な上下動を伴いながら低下し、約3～1.9万年前の**最終氷期最盛期**には約-125mまで低下する（図2、4）。この海水準低下期に河川による浸食が発達し、離水した陸域には谷地形が形成された（図5,6）。

　北半球高緯度の夏季日射量は，約2.2万年前より増加に転じ、1万年前にピークに達した後、減少している（図2）。北半球高緯度の大陸氷床は、約1.9万年前より融解し始め、海水準は上昇し、日本周辺では約7000年前に現在の海水準よりも1～2mの高さに達した。そのため、低海水準期に形成された谷は海面下に没して**溺れ谷**となった（図5,6）。

　その後、海水準上昇による荷重で、マントルが海洋底の下から陸域の下にゆっくりと移動した結果、陸域が隆起し、相対的に海水準は徐々に低下し、現在に至る。この高海水準期に、河川や沿岸流の運搬する土砂で、溺れ谷は埋積され（図6）、また海岸線は海側に前進していった（図5）。この埋積過程で、静岡県では狩野川下流、浮島ヶ原、清水区の巴川流域、焼津市の瀬戸川以北、菊川下流、太田川下流に40m以上の厚さの粘土層がたまった[1]（50ページ参照）。これらの場所は、地震時に強震動域となり、液状化が多発する。

　このように約7000年前以降から現在までは、海面は現在より高く、海岸

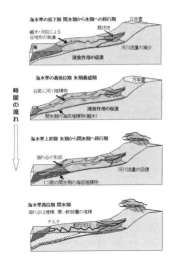

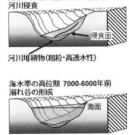

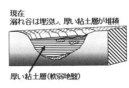

【図5】海水準変動に伴う海岸平野での堆積環境の変化
【図6】溺れ谷の埋積過程の様子

線は現在より内陸側にあった。これらは、津波堆積物の分布から津波の規模を推定するのに必須の情報なので、過去に遡るほど、津波の規模の推定は困難になる。そして、著者のレベル2津波・地震の履歴調査は静岡平野大谷地区で開始し、最も古い津波堆積物（T2）の年代は約4000年前であり、その下位の鬼界アカホヤ火山灰（暦年代で約7300年前）までの地層には津波堆積物はない[2]。これらのことから、静岡県中東部の津波堆積物の調査対象期間を約4000年前以降としたのである。

　前記した通り、北半球高緯度の夏季日射量は、1万年前にピークに達した後、減少している（図2）。したがって、全球気候は寒冷化に向かうはずである。しかし、全球平均気温は最近100年間で約1.5℃上昇しており[3]、温暖化の原因は人為起源の二酸化炭素の排出による可能性が極めて高いとされている。また、グリーンランドと南極氷床の融解や温暖化による海水膨張で、1993年から2010年までに汎世界的海水準は約4cm上昇（年間約3mm）している[4]。この上昇速度は"それほど"速いものではないが、30年で約10cm上昇するため、津波高を押し上げる効果はある。その上、温暖化によって、台風は強い勢力を維持したまま、より高緯度まで進む。従って、高潮・豪雨の発生頻度は今後さらに増加するので、高潮・洪水と地震・津波が同時発生する確率も増加することになる。静岡県の大規模自然災害の防災・減災の観点から、温暖化対策は重要である。

過去1億年間で
最悪のハザード

The worst natural hazard in the past 100 million years

池田昌之（堆積学・古環境学・層序学）

　6600万年前、直径約10kmの巨大隕石がメキシコのユカタン半島沖に衝突した。この**隕石衝突**により、モーメントマグニチュード約11の大地震（東北地方太平洋沖地震のエネルギーの1000倍）が発生し、最大波高300mに及ぶ巨大津波が沿岸域を襲った。この津波に伴う津波堆積物は**クレーター**周辺から数多く報告されており、何度も繰り返し津波が襲来したことが明らかになっている。2019年には、クレーターから1800km離れた北米内陸部のノースダコダ州ヘルクリーク層から浸水イベント堆積物が報告された[1]。この堆積物には隕石衝突地点から飛来した直径数mm程度のスフェリュールと呼ばれるガラス小球体が大量に確認され、この落下に伴う直径数cmの微小クレーターが複数発見された。スフェリュールが1800km離れた地点まで飛来するには、数分〜2時間必要と計算される一方、津波が同地点まで到達するには少なくとも8時間を要する。そのため、この堆積物は津波では説明できず、局所的な地震動で励起された**静振**（セイシュ）に起因すると解釈された。静振とは、地震や風に誘発されて起こる局所的な水面の振動で、2011年3月の東北地方太平洋沖地震では、箱根の芦ノ湖で20cm水位が変化し、震源地から8000km離れたノルウェーのフィヨルドでも1mの水位変化が観測されている。隕石衝突に伴う大地震においては、数10mの大きな"静振"が起こることが指摘されている。この他にも、隕石衝突に伴う高温の突風や局所的な地すべりによって高波が起きた可能性もあるが、今後の検証が待たれる。

　このイベント堆積物には恐竜やモササウルス、アンモナイト、魚、植物などの様々な化石が密集して堆積し、チョウザメ化石のエラには多数のスフェリュールが詰まっていた。おそらく窒息死したものもいたであろう。この堆

積物は、隕石衝突直後のスナップショットのような記録であり、絶滅の実態解明が進められると期待される。

　この巨大隕石の衝突は急激な環境悪化をもたらし、鳥類以外の恐竜やアンモナイトなどの絶滅を引き起こした。隕石衝突による塵や森林火災に伴うススが太陽光を数ヶ月～数年遮断し、「**衝突の冬**」と呼ばれる急激な寒冷化が起きた。さらに同時期、衝突地点の真裏に当たるインドのデカン高原で、過去1億年間で最大規模の火山活動も発生した。火山活動により放出される火山灰やススも気候に同様の影響を与える。このような極端な自然災害が今後起こる可能性は極めて低いであろうが、想定外の実例の一つとして知識を蓄えておくことは有益かもしれない。

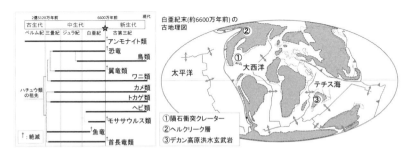

【左図】アンモナイトとハチュウ類の化石産出年代と系統樹。白亜紀／古第三紀境界でアンモナイトや恐竜をはじめ多くの系統が絶滅
【右図】白亜紀末（約6600万年前）の古地理図。隕石衝突地点（①）から約1800km離れたヘルクリーク層（②）で微小クレーターを含む推定静振イベント堆積物が報告された。①のほぼ真裏にあたるインドのデカン高原（③）では同時期に大規模火山活動が起きたことも報告されている

あとがき

　本書では、静岡県における海溝型地震・津波、内陸型地震、火山噴火、土砂災害の発生メカニズム・発生間隔・被害状況などを解説した。これらの中で、最大の被害をもたらす事象は海溝型地震であり、発生間隔が100〜150年と他の事象よりも短いので、発生時期をある程度予測できる。国は、南海トラフ全体を1つの領域として考えた場合、M8〜M9クラスの地震が30年以内に発生する確率は70〜80%としている。そこで、南海トラフ地震が発生しないまま30年後になったと仮定して、その際の状況を地球科学的観点から予想する。

　最も重要な点は、フィリピン海プレートの沈み込みにより、30年後の駿河湾西岸の地盤は今よりも約10〜25cm沈降していることである。この沈降で海水準は相対的に上昇することとなり、河川の排水能力は低下し、結果的に海浜への堆積物供給量の減少が起きる。海水準上昇で波浪の影響が強まるために、海浜は浸食作用が強まり、防潮堤の劣化が進む。

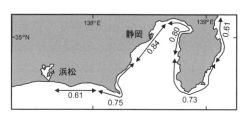

【図1】津波浸水予測計算に使用した初期潮位（m）

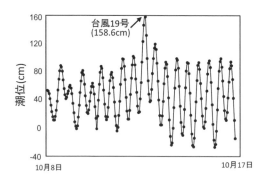

【図2】2019年10月8日から17日の焼津の潮位変化
東京湾平均海面からの海面の高さ

　さらに、地球温暖化は高潮・豪雨の発生頻度を増加させるので、それらと海溝型地震が複合発生する確率は現在より高くなる。静岡県がレベル1・2の津波浸水予測計算に用いた潮位は、静岡県沿岸の朔望平均満潮位であり、浜松周辺で61cm、御前崎周辺で75cm、静岡周辺で84cmである（図1）[1]。先に述べた沈降によって、この値は30年後に10〜25cm高くなる。一方、2019年10月12日に静岡県に高潮被害をもたらした台風19号(静岡大学防災総合センターの

津波実験棟も被害を受けた）では、満潮時に高潮が重なり、焼津における潮位は約160cmに達した（図2）²⁾。したがって、上記の地盤沈下量と合わせると、30年後の「強烈な台風」時の焼津付近の潮位は、(10〜25cm)+160cm=170〜185cmとなり、現時点での津波浸水予測で用いた潮位84cmより最大1m程度高くなる。運悪く台風と津波発生が重なった場合は、予測よりも1m高い津波浸水高となるのである。このように、時間の経過とともに南海トラフ巨大地震に伴う津波の規模は、ゆっくりだが大きくなっていくのである。

　環境白書によると、我が国は世界（100年当たり約0.73℃）より速いペース（100年当たり約1.21℃）で気温が上昇し、気象現象としても短時間強雨の増加と、その一方で、降水日の減少なども環境変化による懸念事項として述べられている。地球温暖化の進行がこれからの災害の発生や防災対策にどのように影響してくるかは、さらに難問である。加えて最近、世界的に重大な問題となっている新型コロナウイルス感染症に見るように、被災地における感染症対策にも十分な配慮が必要である。

　本書をまとめるにあたり、静岡大学の防災総合センターが中心となり、関係する多くの研究者に短期間に原稿をまとめていただいた。本センターは理学、工学、社会学など様々な分野の研究者が「防災」というキーワードで目的をひとつにし、研究・教育活動を行う文理融合型のセンターである。ただし、現在の静岡大学の研究者構成からは、防災研究に欠かせない土木、建築、都市計画、医学などの研究分野が少なく、この分野の多くは学外からの協力者によって成り立っている。さらに、研究を進めるためには人口知能（AI）やビッグデータの活用などにも、防災研究の間口を一層拡げていく必要がある。安全な社会、安心して暮らせる地域づくりのため防災研究という一つの分野ではあるが、課題はまだまだ山積みである。

　最後になりますが、短期間の間に原稿をまとめていただいた執筆者の皆さんに感謝するとともに、原稿の一部を確認いただいた菅原大助博士(東北大学災害科学国際研究所、元ふじのくに地球環境史ミュージアム)、企画から編集まで一貫して熱心に担当いただいた、静岡新聞社編集局出版部の岡本妙さん、出版を快諾いただいた静岡新聞社に感謝いたします。

2020年3月　岩田孝仁・北村晃寿・小山真人

文献

第I部　東北地方太平洋沖地震
第1章　2011年3月11日東北地方太平洋沖地震の概要(三井雄太)

1) 安芸敬一・P.G.リチャーズ, 2004, 地震学－定量的アプローチ. 上西幸司・亀 伸樹・青地秀雄 訳, 古今書院, 東京, 909p.

2) Aki K., 1966, Generation and propagation of G waves from the Niigata Earthquake of June 16, 1964: Part 2. Estimation of earthquake moment, released energy, and stress-strain drop from the G wave spectrum. *Bulletin of the Earthquake Research Institute, University of Tokyo*, **44**, 73-88.

3) Kanamori H., 1977, The energy release in great earthquakes. *Journal of Geophysical Research*, **82**, 2981-2987.

4) Hanks T.C. & Kanamori H., 1979, A moment magnitude scale. *Journal of Geophysical Research*, **84**, 2348-2350.

5) Yagi Y. & Fukahata Y., 2011, Rupture process of the 2011 Tohoku-oki earthquake and absolute elastic strain release. *Geophysical Research Letters*, **38**, L19307.

6) Ide S., Baltay A. & Beroza G.C., 2011, Shallow dynamic overshoot and energetic deep rupture in the 2011 Mw 9.0 Tohoku-Oki Earthquake. *Science*, **332**, 1426-1429.

7) El-Fiky G.S. & Kato T., 1999, Interplate coupling in the Tohoku district, Japan, deduced from geodetic data inversion. *Journal of Geophysical Research*, **104**, 20361-20377.

8) Nishimura T., Hirasawa T., Miyazaki S., Sagiya T., et al., 2004, Temporal change of interplate coupling in northeastern Japan during 1995–2002 estimated from continuous GPS observations. *Geophysical Journal International*, **157**, 901-916.

9) Simons M., Minson S.E., Sladen A., Ortega F., et al., 2011, The 2011 magnitude 9.0 Tohoku-Oki Earthquake: Mosaicking the megathrust from seconds to centuries. *Science*, **332**, 1421-1425.

10) Tanioka Y. & Satake K., 1996, Fault parameters of the 1896 Sanriku tsunami earthquake estimated from tsunami numerical modeling. *Geophysical Research Letters*, **23**, 1549-1552.

11) Kanamori H., Miyazawa M. & Mori J., 2006, Investigation of the earthquake sequence off Miyagi prefecture with historical seismograms. *Earth, Planets and Space*, **58**, 1533-1541.

12) Minoura K., Imamura F., Sugawara D., Kono Y., et al., 2001, The 869 Jogan tsunami deposit and recurrence interval of large-scale tsunami on the Pacific coast of northeast Japan. *Journal of Natural Disaster Science*, **23**, 83-88.

13) Uchida N., Kirby S.H., Umino N., Hino R., et al., 2016, The great 1933 Sanriku-oki earthquake: reappraisal of the main shock and its aftershocks and implications for its tsunami using regional tsunami and seismic data. *Geophysical Journal International*, **206**, 1619-1633.

14) Kato A., Obara K., Igarashi T., Tsuruoka H., et al., 2012, Propagation of slow slip leading up to the 2011 Mw 9.0 Tohoku-Oki Earthquake. *Science*, **335**, 705-708.

15) Mitsui Y., Iio Y. & Fukahata Y., 2012, A scenario for the generation process of the 2011 Tohoku earthquake based on dynamic rupture simulation: Role of stress concentration and thermal fluid pressurization. *Earth, Planets and Space*, **64**, 1177-1187.

16) Ikuta R., Mitsui Y., Kurokawa Y. & Ando M., 2015, Evaluation of strain accumulation in global subduction zones from seismicity data. *Earth, Planets and Space*, **67**:192.

17) Hasegawa A., Yoshida K. & Okada T., 2011, Nearly complete stress drop in the 2011 Mw 9.0 off the Pacific coast of Tohoku Earthquake. *Earth, Planets and Space*, **63**, 703-707.

18) Asano Y., Saito T., Ito Y., Shiomi K., et al., 2011, Spatial distribution and focal mechanisms of aftershocks of the 2011 off the Pacific coast of Tohoku Earthquake. *Earth, Planets and Space*, **63**, 669-673.

19) Hirose F., Miyaoka K., Hayashimoto N., Yamazaki T., et al., 2011, Outline of the 2011 off the Pacific coast of Tohoku Earthquake (Mw 9.0) -Seismicity: foreshocks, mainshock, aftershocks, and induced activity-. *Earth, Planets and Space*, **63**, 513-518.

20) Kanamori H., 1994, Mechanics of earthquakes. *Annual Review of Earth and Planetary Sciences*, **22**, 207-237.

21) Steinbrugge K.V. & Zacher E.G., 1960, Fault creep and property damage. *Bulletin of the Seismological Society of America*, **50**, 389-395.

22) Sacks I.S., Suyehiro S., Linde A.T. & Snoke J.A., 1978, Slow earthquakes and stress redistribution. *Nature*, **275**, 599-602.

23) Hirose H., Hirahara K., Kimata F., Fujii N., et al., 1999, A slow thrust slip event following the two 1996 Hyuganada earthquakes beneath the Bungo Channel southwest Japan. *Geophysical Research Letters*, **26**, 3237-3240.

24) Obara K., 2002, Nonvolcanic deep tremor associated with subduction in Southwest Japan. *Science*, **296**, 1679-1681.

25) Sassa, K., 1935, Volcanic micro-tremors and eruption-earthquakes (Part 1 of the geophysical studies on the Volcano Aso). *Memoirs of the College of Science, Kyoto Imperial University. Ser. A*, **18**, 254-293.

26) Kawasaki I., 2004, Silent earthquakes occurring in a stable-unstable transition zone and implications for earthquake prediction. *Earth, Planets and Space*, **56**, 813-821.

27) Peng Z. & Gomberg J., 2010, An integrated perspective of the continuum between earthquakes and slow-slip phenomena. *Nature Geoscience*, **3**, 599-607.

28) Obara K. & Kato A., 2016, Connecting slow earthquakes to huge earthquakes. *Science*, **353**, 253-257.

29) Ito Y., Hino R., Kido M., Fujimoto H., et al., 2013, Episodic slow slip events in the Japan subduction zone before the 2011 Tohoku-Oki earthquake. *Tectonophysics*, **600**, 14-26.

30) Nishikawa T., Matsuzawa T., Ohta K., Uchida N., et al., 2019, The slow earthquake spectrum in the Japan Trench illuminated by the S-net seafloor observatories. *Science*, **365**, 808-813.

31) Heki K., Miyazaki S. & Tsuji H., 1997, Silent fault slip following an interplate thrust earthquake at the Japan Trench. *Nature*, **386**, 595-598.

32) 西村卓也, 2012, 測地観測データに基づく東北日本の最近120年間の地殻変動. 地質学雑誌, **118**, 278-293.

33) Nishimura T., 2014, Pre-, co-, and post-seismic deformation of the 2011 Tohoku-oki earthquake and its implication to a paradox in short-term and long-term deformation. *Journal of Disaster Research*, **9**, 1-9.

34) Morikami S. & Mitsui Y., under review, Omori-like slow decay (p < 1) of postseismic displacement rates following the 2011 Tohoku megathrust earthquake.

35) Wang K., Hu Y. & He J., 2012, Deformation cycles of subduction earthquakes in a viscoelastic Earth. *Nature*, **484**, 327-332.

36) Matsuzawa T., Uchida N., Igarashi T., Okada T., et al., 2004, Repeating earthquakes and quasi-static slip on the plate boundary east off northern Honshu, Japan. *Earth, Planets and Space*, **56**, 803-811.

37) Iinuma T., Hino R., Uchida N., Nakamura W., et al., 2016, Seafloor observations indicate spatial separation of coseismic and postseismic slips in the 2011 Tohoku earthquake. *Nature Communications*, **7**:13506.

38) Agata R., Barbot S.D., Fujita K., Hyodo M., et al., 2019, Rapid mantle flow with power-law creep explains deformation after the 2011 Tohoku mega-quake. *Nature Communications*, **10**:1385.

39) Sato M., Ishikawa T., Ujihara N., Yoshida S., et al., 2011, Displacement above the hypocentre of the 2011 Tohoku-Oki Earthquake. *Science*, **332**, 1395.

40) Watanabe S., Sato M., Fujita M., Ishikawa T., et al., 2014, Evidence of viscoelastic deformation following the 2011 Tohoku-Oki earthquake revealed from seafloor geodetic observation. *Geophysical Research Letters*, **41**, 5789-5796.

41) Yokota Y., Ishikawa T., Watanabe S., Tashiro T., et al., 2016, Seafloor geodetic constraints on interplate coupling of the Nankai Trough megathrust zone. *Nature*, **534**, 374-377.

42) Yamaga N. & Mitsui Y., 2019, Machine learning approach to characterize the postseismic deformation of the 2011 Tohoku-oki earthquake based on recurrent neural network. *Geophysical Research Letters*, **46**, 11886-11892.

第2章　東北地方太平洋沖地震・貞観地震による津波堆積物（北村晃寿）

1) 藤原　治, 2015, 津波堆積物の科学. 262pp. 東京大学出版会.

2) 澤井祐紀, 2012, 地層中に存在する古津波堆積物の調査. 地質学雑誌, **118**, 535-558.

3) Goff J., Chagué-Goff C., Nichol S., Jaffe B. & Dominey-Howes D., 2012, Progress in palaeotsunami research. *Sedimentary Geology*, **243**, 70-88.

4) Atwater B.F., 1987, Evidence for great Holocene earthquakes along the outer coast of Washington

State. *Science*, **236**, 942-944.

5) Cisternas M., Atwater B.F., Torrjon F., Sawai Y., Machuca G., Lagos M., Eipert A., Youlton C., Salgado I., Kamataki T., Shishikura M., Rajendran C.P., Malik J.K., Rizal Y. & Husni M., 2005, Predecessors of the giant 1960 Chile earthquake. *Nature*, **437**, 404-407.

6) Shimazaki K., Kim H.Y., Chiba T. & Satake K., 2011, Geological evidence of recurrent great Kanto earthquakes at the Miura Peninsula, Japan. *Journal Geophysical Research, Solid Earth*, **116**, B12408.

7) 北村晃寿・若山典央, 2011, 宮城県仙台平野大沼周辺における遡上した津波堆積物の調査. 静岡大学地球科学研究報告, **38**, 1-2.

8) Szczuciński W., Kokociński M., Rzeszewski M., Chagué-Goff, C., Cachão M., Goto K. & Sugawara D., 2012, Sediment sources and sedimentation processes of 2011 Tohoku-oki tsunami deposits on the Sendai Plain, Japan. — Insights from diatoms, nannoliths and grain size distribution. *Sedimentary Geology*, **282**, 40-56.

9) Goto K., Sugawara D., Abe T., Haraguchi T. & Fujino S., 2012, Liquefaction as an important source of the A.D. 2011 Tohoku-oki tsunami deposits at Sendai Plain, Japan. *Geology*, **40**, 887-890.

10) Goto K., Chagué-Goff C., Fujino S. et al., 2011, New insights of tsunami hazard from the 2011 Tohoku-oki event. *Marine Geology*, **290**, 46-50.

11) Takashimizu Y., Urabe A., Suzuki K. & Sato Y., 2012, Deposition by the 2011 Tohoku-oki tsunami on coastal lowland controlled by beach ridges near Sendai, Japan. *Sedimentary Geology*, **282**, 124-141.

12) Abe T., Goto K. & Sugawara D., 2012, Relationship between the maximum extent of tsunami sand and the inundation limit of the 2011 Tohoku-oki tsunami on the Sendai Plain, Japan. *Sedimentary Geology*, **282**, 142-150.

13) 太田勝一・乾 哲也・嵯峨山 積, 2012, 北海道厚真川における3・11津波堆積物の特徴. 日本堆積学会 2012年札幌大会プログラム・講演要旨. 62-63.

14) Nakamura Y., Nishimura Y. & Putra P.S., 2012, Local variation of inundation, sedimentary characteristics, and mineral assemblages of the 2011 Tohoku-oki tsunami on the Misawa coast, Aomori, Japan. *Sedimentary Geology*, **282**, 216-227.

15) Koiwa N., Kasai M., Kataoka S. & Isono T., 2014, Examination of relation with tsunami behavior reconstructed from on-site sequence photographs, topography, and sedimentary deposits from the 2011 Tohoku-oki tsunami on the Kamikita Plain, Japan. *Marine Geology*, **358**, 107-119.

16) 瀬尾菜々美・大串健一, 2012, 岩手県代川河口域に遡上した津波堆積物の予察的調査報告. 神戸大学大学院人間発達環境学研究科研究紀要, **5**, 157-164.

17) Yamada M., Fujino S. & Goto K., 2014, Deposition of sediments of diverse sizes by the 2011 Tohoku-oki tsunami at Miyako City, Japan. *Marine Geology*, **358**, 67-78.

18) Naruse H., Arai K., Matsumoto D., Takahashi H., Yamashita S., Tanaka G. & Murayama M., 2012, Sedimentary features observed in the tsunami deposits at Rikuzentakata City. *Sedimentary Geology*, **282**, 199-215.

19) 山田昌樹・藤野滋弘, 2013, 2011年東北地方太平洋沖地震津波で形成された津波堆積物の堆積学的特徴. 堆積学研究, **72**, 13-25.

20) 藤原 治・澤井祐紀・宍倉正展・行谷佑一, 2012, 2011年東北地方太平洋沖地震に伴う津波により九十九里海岸中部に形成された堆積物. 第四紀研究, **51**, 117-126.

21) Sugawara D., Takahashi T. & Imamura F., 2014, Sediment transport due to the 2011 Tohoku-oki tsunami at Sendai: Results from numerical modeling. *Marine Geology*, **358**, 18-37.

22) Brill D., May S.M., Engel M., Reyes M., Pint A., Opitz S., Dierick M., Gonzalo L.A., Esser S. & Brückner H., 2016, Typhoon Haiyan's sedimentary record in coastal environments of the Philippines and its palaeotempestological implications. *Natural Hazards and Earth System Sciences*, **16**, 2799-2822.

23) Watanabe M., Bricker J.D., Goto K. & Imamura F., 2017, Factors responsible for the limited inland extent of sand deposits on Leyte Island during 2013 Typhoon Haiyan. *Journal of Geophysical Research, Oceans*, **122**, 2795-2812.

24) Soria J.L.A., Switzer A.D., Pilarczyk J.E., et al., 2017, Typhoon Haiyan overwash sediments from Leyte Gulf coastlines show local spatial variations with hybrid storm and tsunami signatures. *Sedimentary Geology*, **358**, 121-138.

25) Ando M., Kitamura A., Tu Y., Ohashi Y., Imai T., Nakamura M., Ikuta R., Miyairi Y., Yokoyama Y. & Shishikura M., 2018, Source of high tsunamis along the southernmost Ryukyu trench inferred from tsunami stratigraphy. *Tectonophysics*, **722**, 265-276.

26) 宍倉正展・澤井祐紀・行谷佑一，2010, 平安の人々が見た巨大地震を再現する—西暦896年貞観地震津波—. *AFREC News*, **16**, 1-10.

27) Ishimura D. & Miyauchi T., 2015, Historical and paleo-tsunami deposits during the last 4000 years and their correlations with historical tsunami events in Koyadori on the Sanriku Coast, northeastern Japan. *Progress in Earth and Planetary Science*, **2:16**.

28) Minoura K., Imamura F., Sugawara D., Kono Y. & Iwashita T., 2001, The 869 Jogan tsunami deposit and recurrence interval of large-scale tsunami on the Pacific coast of northeast Japan. *Journal of Natural Disaster Science*, **23**, 83-88.

29) Namegaya Y. & Satake K., 2014, Reexamination of the A.D. 869 Jogan earthquake size from tsunami deposit distribution, simulated flow depth, and velocity. *Geophysical Research Letters*, 10.1002/2013GL058678.

30) 菅原大助, 2019, 津波土砂移動数値解析の不確実性と地形復元について. 第四紀研究, **58**, 187-194.

31) 澤井祐紀, 2017, 東北地方太平洋側における古津波堆積物の研究. 地質学雑誌, **123**, 819-830.

32) Hjulstrom F., 1935, Studies of the morphological activity of rivers as illustrated by the River Fyris, *Bulletin Geological Institute Upsalsa*, **25**, 221-527.

コラム1　津波と高潮の波形の違い（北村晃寿）

1) 河合弘泰・佐藤　真・川口浩二・関　克己, 2011, GPS波浪計で捉えた平成23年東北地方太平洋沖地震津波. 土木学会論文集B2（海岸工学）, **67**, I_1291-I_1295.

2) 都司嘉宣, 2008, 津波とその災害, 「地震・津波と火山の事典」, 丸善, 61-86.

第Ⅱ部　静岡県の地震・津波
第1章　静岡県の地質（北村晃寿・小山真人）

1) Crameri F., Conrad C.P., Montési L. & Lithgow-Bertelloni C.R., 2019, The dynamic life of an oceanic plate. *Tectonophysics*, **760**, 107-135.

2) McElhinny M.W., 1973, Mantle plumes, paleomagnetism and polar wandering. *Nature*, **241**, 523-524.

3) Vine F.J. & Matthews D., 1963, Magnetic anomalies over oceanic ridges. *Nature*, **199** (4897), 947-949.

4) Pitman W.C., III & Hayes D.E., 1968, Seafloor spreading in the Gulf of Alaska. *Journal of Geophysical Research*, **73**, 6571-6580.

5) Vine F.J., 1968, Magnetic anomalies associated with mid-ocean ridges, in The History of the Earth Crust. *In*: Phinney R.A., ed. Princeton University Press, Princeton, N. J., 73-89.

6) 小山真人, 1991, 古地磁気から見たフィリピン海の構造発達史. 地学雑誌, **100**, 628-641.

7) Cox A., 1969, Geomagnetic reversals. *Science*, **163**, 237-245.

8) McKenzie D.P. & Parker R.L., 1967, The North Pacific: an example of tectonics on a sphere. *Nature*, **216**, 1276-1280.

9) Morgan W.J., 1968, Rises, trenches, great faults, and crustal blocks. *Journal of Geophysical Research*, **73**, 1959-1982.

10) Le Pichon X., 1968, Sea-floor spreading and continental drift. *Journal of Geophysical Research*, **73**, 3661-3697.

11) Wilson J.T., 1965, Transform faults, oceanic ridges, and magnetic anomalies southwest of Vancouver Island. *Science*, **150**, 482-485.

12) Dewey J.F. & Bird J.M., 1970, Mountain belts and the new global tectonics. *Journal of Geophysical Research*, **75**, 2625-2647.

13) Dewey J.W., 1972, Seismicity and tectonics of western Venezuela. *Bulletin of the Seismological Society of America*, **62**, 1711-1751.

14) Uyeda S. & Kanamori H., 1979, Back-arc opening and the mode of subduction. *Journal of Geophysical Research*, **84**, 1049-1061.

15) 杉村　新, 1972, 日本付近におけるプレートの境界. 科学, **42**, 192-202.

16) 磯﨑行雄, 2000, 日本列島の起源, 進化, そして未来. 科学, **70**, 133-145.

17) 勘米良亀齢, 1976, 過去と現在の地向斜堆積物の対応I, II. 科学, **46**, 284-291, 371-378.

18) 嶋田智恵子・齋藤めぐみ・山崎　誠・田中裕一郎, 2014, 中生代珪藻化石研究の諸相: 首長竜とともに生きた珪藻たち. 化石, **96**, 15-28.

19) Konishi K., 1989, Limestone of the Daiichi Kashima Seamount and the fate of a subducting guyot:

fact and speculation from the Kaiko "Nautile" dives. *Tectonophysics*, **16**, 1-4, 249-265

20) 北村有迅・小濱　賢・村里　晃・長谷川亮・笠原慎平・眞邉健人・川端訓代, 2015, 種子島に分布する四万十帯の頁岩の変形に伴う物質移動. 南太平洋海域調査研究報告, **56**, 3-6.

21) Clift P. & Vannucchi P., 2004, Controls on tectonic accretion versus erosion in subduction zones: Implications for the origin and recycling of the continental crust. *Reviews of Geophysics*, **42**, RG2001, doi:10.1029/2003RG000127.

22) 高橋雅紀, 2006, 日本海拡大時の東北日本弧と西南日本弧の境界. 地質学雑誌, **112**, 14-32.

23) 磯﨑行雄・丸山茂徳, 1991, 日本におけるプレート造山論の歴史と日本列島の新しい地体構造区分. 地学雑誌, **100**, 697-761.

24) Tada R., Zheng H. & Clift P.D., 2016, Evolution and variability of the Asian monsoon and its potential linkage with uplift of the Himalaya and Tibetan Plateau. *Progress in Earth and Planetary Science*, **3**:4.

25) Delescluse M., Chamot-Rooke N., Cattin R., Fleitout L., Trubienko O. & Vigny C., 2012, April 2012 intra-oceanic seismicity off Sumatra boosted by the Banda-Aceh megathrust. *Nature*, **490**, 240-244.

26) Müller R.D., Sdrolias M., Gaina C. & Roest W.R., 2008, Age, spreading rates, and spreading asymmetry of the world's ocean crust. *Geochemistry, Geophysics, Geosystems*, **9** (4). http://dx.doi.org/10.1029/2007GC001743.

27) Lallemand S., 2016, Philippine Sea Plate inception, evolution, and consumption with special emphasis on the early stages of Izu-Bonin-Mariana subduction. *Progress in Earth and Planetary Science* **3:15**

28) 瀬野徹三・丸山茂徳, 1985, フィリピン海のテクトニクス. 地学雑誌, **94**, 141-155.

29) 高橋雅紀, 2006, フィリピン海プレートが支配する日本列島のテクトニクス, 地学雑誌, **115**, 116-123.

30) Tamaki K., Suyehiro K., Allan J., Ingle J.C. & Pisciotto, K.A., 1992, Tectonic synthesis and implications of Japan Sea ODP drilling, in *Proc. ODP, Sci. Results*, 127/128, Pt. 2 (Tamaki K., Suyehiro K., Allan J., Mcwilliams M., et al., eds), 1333–1348, Ocean Drilling Program, College Station, TX.

31) 磯﨑行雄・丸山茂徳・青木一勝・中間隆晃・宮下　敦・大藤　茂, 2010, 日本列島の地体構造区分再訪―太平洋型(都城型)造山帯構成単元および境界の分類・定義―. 地学雑誌, **119**, 999-1053.

32) Wakita K.,1988, Origin of chaotically mixed rock bodies in the Early Jurassic to Early Cretaceous sedimentary complex of the Mino terrane, central Japan. *Bulletin of the Geological Survey of Japan*, **39**, 675-757.

33) 平　朝彦, 1981, 四万十帯の形成過程. 科学, **51**, 516-523.

34) 上田広和・三瓶良和・日浦祐樹・石橋正敏, 2007, 静岡県掛川―相良油田地域における古～新第三系前弧堆積盆地の根源岩と石油システム. 石油技術協会誌, **72**, 333-346.

35) 大塚謙一, 1982, 駿河湾石花海北堆西斜面の海底地すべり. 静岡大学地球科学研究報告, **7**, 87-95.

36) Kitamura A., Omura, A., Tominaga, E., Kameo, K. & Nara, M., 2005, U-Series ages for solitary coral species from the Middle Pleistocene Kunosan Formation in the Udo Hills, Shizuoka, Central Japan. *The Quaternary Research*, **44**, 177-182.

37) Niitsuma N. & Matsuda T., 1984, Collision in the south Fossa Magna area, central Japan. *Recent Progress of the Natural Science of Japan*, **10**, 41-50.

38) Amano K.,1991, Multiple collision tectonics of the South Fossa magna in central Japan. *Modern Geology*, **15**, 315-329.

39) 青池　寛, 1999, 伊豆衝突帯の構造発達. 神奈川県立博物館調査研究報告(自然科学), **9**, 111-151.

40) Kano K., Kosaka K., Murata A. & Yanai S., 1990, Intra-arc deformations with vertical rotation axes: the case of the pre-Middle Miocene terranes of Southwest Japan. *Tectonophysics*, **176**, 333-354.

41) 平田大二・山下浩之・鈴木和恵・平田岳史・李　毅兵・昆　慶明, 2010, プロト伊豆―マリアナ島弧の衝突付加テクトニクス― レビュー―. 地学雑誌, **119**, 1125-1160.

42) Huchon P. & Kitazato H., 1984, Collision of the Izu block with central Japan during the Quaternary and geological evolution of the Ashigara Area. *Tectonophysics*, **110**, 201-210.

43) Kitazato H., 1997, Paleogeographic changes in central Honshu, Japan, during the late Cenozoic in relation to the collision of the Izu-Ogasawara Arc with the Honshu Arc. *The Island Arc*, **6**, 144-157.

44) 末岡　茂・池田安隆・狩野謙一・堤　浩之・田上高広, 2011, 低温領域の熱年代学的手法に基づいた赤石山脈の隆起・削剥史の解明. 地学雑誌, **120**, 1003-1012.

45) Hashimoto M. & Jackson D.D., 1993, Plate tectonics and crustal deformation around the Japanese islands. *Journal of Geophysical Research*, **98**, 16149-16166.

46) Aoki Y., Tamano T. & Kato S., 1982, Detailed structure of the Nankai Trough from migrated seismic

sections. *Memoir of the American Association of Petroleum Geologists*, **34**, 309-322.

47) 高橋雅紀, 2016, 東西日本の地質学的境界【第二話】見えない不連続. GSJ 地質ニュース, **5**(8), 244-250.

48) 萬年一剛, 2014, 箱根火山群, 強羅付近の後カルデラ地質発達史. 地質学雑誌, **120**, 117-136.

49) 北村晃寿・三井雄太・滝川陽紀, 2016, 静岡県焼津平野の完新統の解析に基づく安政型地震の平均発生間隔の推定. 地質学雑誌, **122**, 523-531.

第2章　静岡県における海溝型地震の最新の地震学的知見（生田領野）

1) Goto, H. & Morikawa H., 2012 Ground motion characteristics during the 2011 off the Pacific Coast of Tohoku Earthquake. *Soils and Foundations*, **52**, 769-779.

2) 厚生省大臣官房統計情報部, 1995, 「人口動態統計からみた阪神・淡路大震災による死亡の状況」

3) 内閣府, 2012, 平成23年防災白書（第1部　東日本大震災）.

4) 警察庁, 2012, 平成23年警察白書（特集I：東日本大震災と警察活動）.

5) Ide S., Baltay A. & Beroza G.C., 2011, Shallow dynamic overshoot and energetic deep rupture in the 2011 Mw 9.0 Tohoku-Oki earthquake. *Science*, **332**, 1426-1429.

6) Lay T. & Kanamori H., 1981, An asperity model of large earthquake sequences. in "Earthquake prediction: an international review", ed. By Simpson D.W. & Richards P.G. Maurice Ewing Ser. 4, AGU, Washington, D. C., 579-592.

7) 地震調査研究推進本部地震調査委員会, 2011, 長期的な地震発生確率の評価手法について. pp1-46; https://www.jishin.go.jp/main/choukihyoka/01b/chouki020326.pdf

8) 寒川　旭, 1992, 地震考古学―遺跡が語る地震の歴史. 中央公論社. ISBN-10:4121010965

9) 瀬野徹三, 2012, 南海トラフ巨大地震 ―その破壊の様態とシリーズについての新たな考え―. 地震第2輯, **64**, 97-116.

10) 中川弘之ほか, 2009, GPS連続観測システム（GEONET）の新しい解析戦略（第4版）によるルーチン解析システムの構築について. 国土地理院時報, 118集, 1-8.

11) Spiess F.N., Chadwell C.D., Hildebrand J.A., Young L.E., Purcell G.H.Jr. & Dragert H., 1998, Precise GPS/acoustic positioning of seafloor reference points for tectonic studies. *Phys. Earth Planet. Inter.*, **108**, 101-112.

12) Yokota Y., et al., 2016, Seafloor geodetic constraints on interplate coupling of the Nankai Trough megathrust zone. *Nature*, **534**, 374-377.

13) Sagiya T. & Thatcher W., 1999, Coseismic slip resolution along a plate boundary megathrust: The Nankai Trough, southwest Japan. *Journal of Geophysical Research*, **104**, B1, 1111-1129.

14) Ito Y. & Obara K., 2006, Dynamic deformation of the accretionary prism excites very low frequency earthquakes. *Geophysical Research Letters*, **33**, L02311, doi:10.1029/2005GL025270

15) Obana K. & Kodaira S., 2009, Low-frequency tremors associated with reverse faults in a shallow accretionary prism. *Earth and Planetary Science Letters*, **287**, 168-174.

16) Kawasaki I., et al., 1995, The 1992 Sanriku-Oki, Japan, Ultra-Slow Earthquake. *Journal of Physics of the Earth*, **43**, 105-116.

17) Hirose H., et al., 1999, A slow thrust slip event following the two 1996 Hyuganada earthquakes beneath the Bungo Channel, southwest Japan. *Geophysical Research Letters*, **26**, 3237-3240.

18) Obara K., 2002, Nonvolcanic deep tremor associated with subduction in southwest Japan. *Science*, **296**, 1679–1681, doi:10.1126/science. 1070378

19) Obara K., et al., 2004, Episodic slow slip events accompanied by non-volcanic tremors in southwest Japan subduction zone. *Geophysical Research Letters*, **31**, L23602, doi:10.1029/2004GL020848.

20) Ito Y., et al., 2007, Slow earthquakes coincident with episodic tremors and slow slip event. *Science*, **315**, 503, DOI: 10.1126/science.1134454

21) Obara K. & Kato A., 2016, Connecting slow earthquakes to huge earthquakes. *Science*, **353** (6296), 253-257, doi:10.1126/science.aaf1512.

22) Weatherall P., et al., 2014, A new digital bathymetric model of the world's oceans. *Earth and Space Science*, **2**, https://doi.org/10.1002/2015EA000107

第3章　静岡県の地殻変動と地震（三井雄太）

1) 土屋　淳・辻　宏道, 2012, GNSS測量の基礎（改訂版）. 日本測量協会, 東京, 316p.

2) Fitch T.J. & Scholz C.H., 1971, Mechanism of underthrusting in southwest Japan: A model of convergent plate interactions. *Journal of Geophysical Research*, **76**, 7260-7292.

3) Ando M., 1974, Seismo-tectonics of the 1923 Kanto Earthquake. *Journal of Physics of the Earth*, **22**, 263-277.

4) Hashimoto M. & Jackson D.D., 1993, Plate tectonics and crustal deformation around the Japanese Islands. *Journal of Geophysical Research*, **98**, 16149-16166.

5) Sagiya T., 1999, Interplate coupling in the Tokai District, central Japan, deduced from continuous GPS data. *Geophysical Research Letters*, **26**, 2315-2318.

6) Heki K. & Miyazaki S., 2001, Plate convergence and long-term crustal deformation in central Japan. *Geophysical Research Letters*, **28**, 2313-2316.

7) Nishimura T., Ozawa S., Murakami M., Sagiya T., et al., 2001, Crustal deformation caused by magma migration in the northern Izu Islands, Japan. *Geophysical Research Letters*, **28**, 3745-3748.

8) Ozawa S., Murakami M., Kaidzu M., Tada T., et al., 2002, Detection and monitoring of ongoing aseismic slip in the Tokai region, central Japan. *Science*, **298**, 1009-1012.

9) Ochi T. & Kato T., 2013, Depth extent of the long-term slow slip event in the Tokai district, central Japan: A new insight. *Journal of Geophysical Research*, **118**, 4847-4860.

10) 水藤　尚・小沢慎三郎, 2009, 東海地方の非定常地殻変動―東海スロースリップと2004年紀伊半島南東沖の地震の余効変動―. 地震, **61**, 113-135.

11) Morita Y., Nakao S. & Hayashi Y., 2006, A quantitative approach to the dike intrusion process inferred from a joint analysis of geodetic and seismological data for the 1998 earthquake swarm off the east coast of Izu Peninsula, central Japan. *Journal of Geophysical Research*, **111**, B06208.

12) 原田昌武・細野耕司・小林昭夫・行竹洋平ほか, 2010, 富士山及び箱根火山の膨張歪と低周波地震活動. 火山, **55**, 193-199.

13) Mitsui Y. & Kato T., 2019, Magmatic inflation in 2008–2010 at Mt. Fuji, Japan, inferred from sparsity-promoting L1 inversion of GNSS data. *Journal of Volcanology and Geothermal Research*, **378**, 29-34.

14) 望月一磨・三井雄太, 2016, 伊豆半島基部における衝突起源の隆起現象をGNSSデータを用いて検出する試み. 静岡大学地球科学研究報告, **43**, 1-11.

15) 井潤陽平・石橋克彦, 2003, GEONETデータから求めた伊豆半島～富士山付近の地殻水平歪とテクトニックな考察. 地震, **56**, 231-243.

16) 三井雄太・渡邊　識, 投稿中, GNSSデータのソフトクラスタリングに基づく伊豆半島周辺の地表変位場の区分け.

17) Seno T., 2005, Izu detachment hypothesis: A proposal of a unified cause for the Miyake-Kozu event and the Tokai slow event. *Earth, Planets and Space*, **57**, 925-934.

18) 福和伸夫・飛田　潤・平井　敬, 2019, 耐震工学 教養から基礎・応用へ. 講談社, 東京, 304p.

19) Okada A. & Ikeda Y., 1991, Active faults and Neotectonics in Japan. *The Quaternary Research*, **30**, 161-174.

20) Kimura H., Ishikawa N. & Sato H., 2011, Estimation of total lateral displacement including strike–slip offset and broader drag deformation on an active fault: Tectonic geomorphic and paleomagnetic evidence on the Tanna fault zone in central Japan. *Tectonophysics*, **501**, 87-97.

21) 武尾　実・阿部勝征・辻　秀昭, 1979, 1935年7月11日静岡地震の発生機構. 地震, **32**, 423-434.

22) 村井　勇・金子史朗, 1974, 1974年伊豆半島沖地震の地震断層, とくに活断層および小構造との関係. 地震研究所研究速報, **14**, 159-203.

23) 茂木清夫, 1977, 伊豆・東海地域の最近の地殻活動の一解釈. 地震研究所彙報, **52**, 315-331.

24) 吉田明夫・岩田孝仁・里村幹夫・志知龍一, 1984, 駿河湾西岸における活構造線 (帯) 存在の可能性. 地震, **37**, 453-464.

25) Aoi S., Enescu B., Suzuki W., Asano Y., et al., 2010, Stress transfer in the Tokai subduction zone from the 2009 Suruga Bay earthquake in Japan. *Nature Geoscience*, **3**, 496-500.

26) Fujita E., Kozono T., Ueda H. & Kohno Y., et al., 2013, Stress field change around the Mount Fuji volcano magma system caused by the Tohoku megathrust earthquake, Japan. *Bulletin of Volcanology*, **75**:679.

27) Nakamichi H., Ukawa M. & Sakai S., 2004, Precise hypocenter locations of midcrustal low-frequency earthquakes beneath Mt. Fuji, Japan. *Earth, Planets and Space*, **56**, e37-e40.

28) Yukutake Y., Abe Y. & Doke R., 2019, Deep low-frequency earthquakes beneath the Hakone volcano, central Japan, and their relation to volcanic activity. *Geophysical Research Letters*, **46**, 11035-11043.

第4章 静岡周辺の直下型地震と断層運動（狩野謙一・北村晃寿）

1) 松田時彦, 1975, 活断層から発生する地震の規模と周期について. 地震, **28**, 269-283.

2) 内田淳一・儘田　豊・松浦旅人・藤田雅俊・菅谷勝則, 2018, 震源断層評価技術の整備. 原子力規制委員会長官官房技術基盤グループ, REEP-2028-4001, 42p.

3) 岩橋純子・佐藤　忠・内川講二・小野　康・下地恒明・星野　実, 2011, 航空レーザー測量のDEMから作成した余色立体図等を用いた変動地形の観察. 国土地理院時報, **121**, 143-156.

4) 石山達也・佐藤比呂志, 2006, 浅層反射法地震探査により明らかになった活断層の地下構造. 物理探査, **59**, 515-524.

5) 松田時彦, 1999, 古地震研究における自然資料と歴史資料との関わり－地震予知への貢献－. 地学雑誌, **108**, 370-377.

6) 政府・地震調査研究推進本部, 2020/02確認, 主要活断層の長期評価, https://www.jishin.go.jp/evaluation/long_term_evaluation/major_active_fault/

7) 産業技術総合研究所・地質調査総合センター, 2020/02確認, 活断層データベース. https://gbank.gsj.jp/activefault/

8) 飯田汲事, 1985, 昭和20年1月13日三河地震の震害と震度分布. 飯田汲事教授論文選集, 571-668.

9) 中村春香・竹村雅之, 2015, 1945年1月13日三河地震の広域震度分布の再評価とその特徴. 日本地震工学会論文集, **15**, 220-229.

10) 津屋弘達, 1946, 深溝断層（昭和20年1月13日三河地震の際に現れた地震断層）. 地震研究所彙報, **24**, 59-75.

11) 坂部和夫・飯田汲事, 1975, 三河地震時における深溝断層の副断層について. 地震, **28**, 373-378.

12) 曽根賢治・上田圭一, 1990, 沖積層下の断層調査- (1)深溝断層トレンチ調査-. 電力中央研究所研究報告, U90029, 32p.

13) 岡田篤正・鈴木康弘・堤　浩之・東郷正美, 2004, 都市圏活断層図「蒲郡」. 国土地理院・技術資料, D1-No. 435.

14) 坂本正夫, 1982, 赤石山地の中央構造線の右横ずれ変位地形の発見とその意義. 下伊那教育会自然研究紀要, **5**, 87-97.

15) 坂本正夫, 2014, 遠山地震(1718年)の災害調査. 伊那谷自然史論集, **15**, 1-18.

16) 今村明恒, 1943, 駿遠三地震考. 地震, **15**, 203-207.

17) 村松　武・寺岡義治・後藤（桜井）晶子, 2009, 西暦714年遠江地震に伴う長野県南部遠山地域の地変とその後の地形変化. 日本地質学会学術大会講演要旨, O257.

18) 加茂豊策, 2009, 遠江地震と天竜川の変遷. 静岡地学, **100**, 67-79.

19) 地震調査研究推進本部地震調査委員会, 2014, 糸魚川-静岡構造線断層帯の長期評価（第二版）. 地震調査研究推進本部, 60p.

20) Sato H., Iwasaki T., Kawasaki S., Ikeda Y., Matsuta N., Takeda T., Hirata M. & Kawanaka T. 2004, Formation and shortening deformation of back-arc rift basin revealed by deep seismic profiling, central Japan. *Tectonophysics*, **388**, 47-58.

21) 池田安隆・岡田真介, 2015, 糸魚川-静岡構造線とその周辺地域の浅部地殻構造と鮮新世-第四紀テクトニクス. 地球科学, **69**, 9-25.

22) 地震調査研究推進本部地震調査委員会, 2014, 2020/02確認, 2014年11月22日長野県北部の地震の評価. https://www.jishin.go.jp/main/chousa/14nov_nagano/index.htm

23) 杉戸信彦・古澤　明・澤　祥・田力正好・谷口　薫・渡辺満久・鈴木康弘, 2019, 山梨県南アルプス市築山における糸魚川－静岡構造線断層帯南部区間の平均変位速度. 地学雑誌, **128**, 453-464.

24) 水本匡起・後藤秀昭・中田　高・松田時彦・田力正好・松浦律子, 2016, 山梨県南部身延断層に沿う断層変位地形の発見とその意義（速報）. 活断層研究, **44**, 9-21.

25) 杉村　新, 1972, 日本付近におけるプレートの境界. 科学, **42**, 192-202.

26) Matsuda T., 1978, Collision of the Izu-Bonin arc with central Honshu：Cenozoic tectonics of the Fossa Magna, Japan. *Journal of Physics of Earth*, **26**, 409-421.

27) 活断層研究会・編, 1991, 新編日本の活断層—分布図と資料—. 東京大学出版会, 206-209.

28) 山崎晴雄, 1979, プレート境界部の活断層-駿河湾北岸内陸地域を例にして-. 月刊地球, **1**, 570-576.

29) 山崎晴雄, 1984, 活断層からみた南部フォッサマクナ地域のネオテクトニクス. 第四紀研究, **23**, 129-136.

30) Yamazaki H., 1992, Tectonics of a plate collision along the northern margin of Izu Peninsula, central Japan. *Bulletin of the Geological Survey of Japan*, **43**, 603-657.

31) 地震調査研究推進本部地震調査委員会, 2010, 塩沢断層帯・平山-松田北断層帯・国府津-松田断層帯（神縄・国府津-松田断層帯）の長期評価（第二版）. 地震調査研究推進本部, 55p.

32) 地震調査研究推進本部地震調査委員会, 1998, 2020/02確認, 富士川河口断層帯の調査結果と評価について. http://jishin.go.jp/main/chousa/fujikawa/

33) 地震調査研究推進本部地震調査委員会, 2010, 2020/02確認, 富士川河口断層帯の長期評価(一部改訂). http://jishin.go.jp/main/chousa/katsudansou_pdf/43_fujikawa.pdf,

34) 松橋克彦, 1984, 駿河湾地域の地震時地殻上下変動. 第四紀研究, **23**, 105-110.

35) 松本繁樹, 2014, 静岡の川―急流・暴れ川の大井川・安倍川・天竜川・富士川―. 静岡新聞社, 331p.

36) 藤原 治・澤井裕紀・守田益宗・小松原純子・阿部恒平, 2007, 静岡県中部浮島ヶ原の完新統に記録された環境変動と地震沈降. 活断層・古地震研究報告, **7**, 91-118.

37) Yamazaki H., Shimokawa K., Mizuno K. & Tanaka T., 2002, Off-fault paleoseismology in Japan with special reference to the Fujikawa-kako fault zone, central Japan. *Geographical Reports of Tokyo Metropolitan University*, **37**, 1-14.

38) 羽田野誠一, 1977, 大宮・入山瀬断層と蒲原地震山の読図と判読. 地図, **15**, 40-41.

39) 恒石幸正・塩坂邦雄, 1981, 富士川断層と東海地震. 応用地質, **31**, 52-66.

40) 石原武志・水野清秀, 2016, 駿河湾北部沿岸域における平野地下の浅部地質構造. 海陸シームレス地質情報集, 駿河湾北部沿岸域, 海陸シームレス地質図S-5, 1-24.

41) 田中 圭・中田 高・松浦律子・松田時彦, 2018, 古地図・空中写真の解析による安政東海地震前後の富士川下流域の地形変化と蒲原地震山. 地学雑誌, **127**, 305-323.

42) 下川浩一・山崎晴雄・水野清秀・井村隆介, 1996, 平成7年度活断層調査研究報告, **27**, 富士川断層系のトレンチ掘削等による活動履歴調査. 地質調査所研究資料集, **251**, 49p.

43) 尾崎正紀・水野清秀・佐藤 智, 2016, 5万分の1 富士川河口断層帯及び周辺地域地質編纂図説明書 海陸シームレス地質情報集, 駿河湾北部沿岸域, 海陸シームレス地質図S-5, 1-57.

44) 狩野謙一・小田原 啓・山本玄珠・伊藤谷生, 2019, 富士川河口断層帯, 星山丘陵周辺の1Ma以降のテクトニクス. 静岡大学地球科学研究報告, **46**, 19-49.

45) 津屋弘達, 1940, 富士火山の地質學的並びに岩石学的研究. 地学雑誌, **52**, 347-361.

46) 津屋弘達, 1940, 富士火山の地質學的並びに岩石学的研究(III) ― 3. 富士山の南西麓, 大宮町周辺の地質. 地震研究所彙報, **18**, 419-445.

47) 鈴木隆介, 1968, 火山体の荷重沈下. 火山, 第2集, **13**, 95-108.

48) 石橋克彦, 1977, 東海地方に予想される大地震の再検討―駿河湾地震の可能性―. 地震予知連絡会報, **17**, 126-132.

49) 杉山雄一・下川浩一, 1982, 静岡県庵原地域の地質構造と入山断層系. 地質調査所月報, **33**, 293-320.

50) 駿河湾団体研究グループ, 1982, 静岡県庵原地域の地質層序と地質構造. 地団研専報, **24**, 157-167,

51) 柴 正博・駿河湾団体研究グループ, 1986, 静岡県清水市北部, 興津川流域の地質. 地球科学, **40**, 147-165.

52) 柴 正博・大久保正寿・笠原 茂・山本玄珠・小林 滋・駿河湾団体研究グループ,1990, 静岡県富士川下流域の更新統, 庵原層群の層序と構造. 地球科学, **44**, 205-223.

53) 下川浩一・山崎晴雄・水野清秀・井村隆介, 1996, 富士川断層系の活動履歴及び活動性調査. 平成7年度活断層研究調査概要報告書, 工業技術院地質調査所, 地質調査所研究資料集, **259**, 73-80.

54) 丸山 正・齋藤 勝, 2007, 富士川河口断層帯の古地震調査. 活断層・古地震研究報告, **7**, 129-155.

55) 静岡県総務部地震対策課, 1996, 平成7年度静岡県地域活断層調査業務報告書, 284p.

56) Fujiwara O., Fujino S., Komatsubara J., Morita Y. & Namegaya Y., 2016, Paleoecological evidence for coastal subsidence during three great earthquakes in the past 1500 years along the northern onshore continuation of the Nankai subduction zone. *Quaternary International*, **397**, 523–540.

57) 今泉俊文・宮内崇裕・堤 浩之・中田 高 編, 2018, 活断層詳細デジタルマップ新編. 東京大学出版会, 154p.

58) 中田 高・東郷正美・池田安隆・今泉俊文・宇根 寛, 2000, 1:25,000都市圏活断層図「富士宮」, 国土地理院, 技術資料番号. D1, No. 375.

59) 荒井晃作・佐藤智之, 2014, 駿河湾静岡市及び富士市沖合の地形調査. 地質調査総合センター速報：平成25年度沿岸域の地質・活断層調査研究報告, **65**, 29-33.

60) 伊藤 忍・山口和雄, 2016, 富士川河口地域における反射法地震探査. 海陸シームレス地質情報集, 「駿河湾北部沿岸域」, 海陸シームレス地質図S-5, 産業技術総合研究所地質調査総合センター, 1-10

61) 伊藤谷生・狩野謙一・阿部信太郎・佐藤比呂志・藤原 明・阿部 進・東中基倫, 2019, 3次元高分解能反射法地震探査によって明らかとなった富士川河口断層帯東縁, 星山丘陵と大宮断層の浅部構造. 日本地質学会第126年学術大会講演要旨集.

62) Huchon P. & Kitazato H., 1984, Collision of the Izu Block with central Japan during the Quaternary

and geologic evolution of the Ashigara Area. *Tectonophysics*, **110**, 201-210.

63) 天野一男,1986, 足柄層群の地質—伊豆微小大陸の衝突テクトニクス. 北村信教授記念地質学論文集, 7-29.

64) Imanaga I., 1999, Stratigraphy and tectonics of the Ashigara Group in the Izu collision zone, central Japan. *Bulltin of the Kanagawa Prefectural Museum, Natural Science*, **28**, 73-106.

65) 狩野謙一・染野　誠・上杉　陽・伊藤谷生, 1988, 足柄地域北西部における中期更新世以降の断層活動 —"プレート力学境界"表層部での変形過程の例. 静岡大学地球科学研究報告, **14**, 57-83.

66) Ito T., Kano K., Uesugi Y., Kosaka K. & Chiba T., 1989, Tectonic evolution along the northernmost border of the Philippine Sea plate since 1 Ma. *Tectonophysics*, **160**, 305-326.

67) 小田原　啓・林　広樹・井崎雄介・染野　誠・伊藤谷生, 2011, 伊豆地塊北端部, 伊豆衝突帯の地質構造. 地質学雑誌, **117**, 補遺, 135-152.

68) 町田　洋・松島義章・今永　勇, 1975, 富士山東麓駿河小山付近の第四系-とくに古地理の変遷と神縄断 層の変動について. 第四紀研究, **14**, 77-89.

69) Ito T., Uesugi Y., Yonezawa H., Kano K., Someno M., Chiba T. & Kimura T., 1987, Analytical method for evaluating superficial fault displacement in volcanic air fall deposits: case of the Hirayama Fault, south of Tanzawa Mountains, central Japan, since about 21,500 years B.P. *Journal of Geophysical Research*, **B10**, 10683-10695.

70) 小山真人, 1993, 伊豆半島の火山とテクトニクス. 科学, **63**, 312-321.

71) 長井雅史・高橋正樹, 2008, 箱根火山の地質と形成史. 神奈川県博物館研究報告 (自然), **13**, 25-42.

72) 星野一男・橋本知昌・松田時彦, 1978, 伊豆半島活断層図および同説明書. 構造図4, 地質調査所, 9p.

73) 小山真人, 1994, 伊豆・小笠原火山弧北端部における現在および第四紀後期のテクトニクス. 地学雑誌, **103**, 576-590.

74) 小山真人, 2010, 伊豆の大地の物語. 静岡新聞社, 303p.

75) 松田時彦, 1972, 1930年北伊豆地震の地震断層. 星野通平・青木　斌編「伊豆半島」, 東海大学出版会, 73-93.

76) 久野　久, 1936, 最近の地質時代に於ける丹那断層の運動に就いて. 地理学評論, **12**, 19-32.

77) 櫻井　孝, 1999, 北伊豆地震 (1930年) による丹那トンネル内地震断層現状況記録. 応用地質, **39**, 540-544.

78) 東郷正美・今泉俊文・原口　強・市川仁夫, 1987, 静岡県函南町畑中地区に新設された丹那断層地下観察室. 活断層研究, **15**, 19-27.

79) 丹那断層発掘調査研究クループ, 1983, 丹那断層 (北伊豆・名賀地区) の発掘調査. 地震研究所彙報, **58**,797-830.

80) Tsuneishi Y., Ito T. & Kano, K., 1978, Surface faulting associated with the 1978 Izu-Oshima-Kinkai Earthquake. *Bulletin of Earthquake Research Institute*, **53**, 649-674.

81) 山崎晴雄・小出　仁・佃　栄吉, 1979,「1978年伊豆大島近海地震」の際に現れた地震断層. 地質調査所 特別報告, **7**, 7-46.

82) 松田時彦・山科健一郎, 1974, 1974年伊豆半島沖地震の地震断層. 地震研究所速報, **14**, 135-158.

83) 垣見俊弘・衣笠善博・鈴木尉元・小玉喜三郎・三梨　昂, 1977, 伊豆半島沖地震に関する地質学的調査. 地質調査所特別報告, **6**, 1-50.

84) 村井　勇・金子　史, 1973, 南関東のネオテクトニクス・ノート. 関東大地震50周年論文集, 東京大学地震 研究所, 125-145.

85) Kitamura A., Mitsui Y., Kawate S. & Kim H.Y., 2015, Examination of an active submarine fault off the southeast Izu Peninsular, central Japan, using field evidence for co-seismic uplift and a characteristic earthquake model. *Earth, Planets and Space*. **67**:197.

86) 宇佐美龍夫, 2003, 最新版日本被害地震総覧 [416-2001]. 645p, 東京大学出版会.

87) 気象庁地震課・静岡地方気象台・石廊崎測候所, 1975, 1974年伊豆半島沖地震調査報告. 験震時報, **39**, 89-120.

コラム1　静岡県内に見られる安政東海地震の地質学的証拠 (北村晃寿)

1) Kitamura A. & Kobayashi K., 2014, Geologic evidence for prehistoric tsunamis and coseismic uplift during the AD 1854 Ansei-Tokai earthquake in Holocene sediments on the Shimizu Plain, central Japan. *The Holocene*, **24**, 814-827.

2) 北村晃寿・大橋陽子・宮入陽介・横山祐典・山口寿之, 2014, 静岡県下田市海岸から発見された津波石. 第四紀研究, **53**, 259-264.

3) 北村晃寿, 2019, 静岡県下田市の海食台にある巨礫への2017年台風第21号(typhoon Lan)の高波の影響. 静岡大学地球科学研究報告, **46**, 1-4.
4) 羽鳥徳太郎, 1977, 静岡県沿岸における宝永・安政東海地震の津波調査. 地震研究所彙報, **52**, 407-439.

第5章　静岡県における南海・駿河トラフの巨大地震・津波の最新の地質学的知見 (北村晃寿)

1) 南海トラフの巨大地震モデル検討会. http://www.bousai.go.jp/jishin/nankai/model/index.html
2) Ando M., 1975, Source mechanisms and tectonic significance of historical earthquakes along the nankai trough, Japan. *Tectonophysics*, **27**, 119-140.
3) 気象庁HP「南海トラフ地震とは」https://www.data.jma.go.jp/svd/eqev/data/nteq/nteq.html
4) 瀬野徹三, 2012, 総合報告　南海トラフ巨大地震—その破壊の様態とシリーズについての新たな考え—. 地震 第2輯, **64**, 97-116.
5) 石橋克彦, 2014, 南海トラフ巨大地震—歴史・科学・社会. 205p, 岩波書店.
6) 羽鳥徳太郎, 1975, 明応7年・慶長9年の房総及び東南海道大津波の波源. 地震研究所彙報, **50**, 171-185.
7) 福富孝治, 1935, 文献及び民間伝承に残りたる伊豆半島の地形変動. 地震, I, 145-153.
8) 福富孝治, 1938, 伊豆-新島, 式根島附近の土地隆起の跡. 地震, I, 10, 1-4.
9) 石橋克彦, 1980, 東海地震の長期的予測に関するコメント. 地震予知研究シンポジウム, 123-125.
10) 浪川幹夫, 2014, 鎌倉における明応年間の「津波」について. 歴史地震, **29**, 209-219.
11) 石橋克彦・太田陽子・松田時彦, 1979, 南伊豆, 吉佐美・柿崎の隆起貝層の^{14}C年代. 地震, 第2輯 **32**, 105-107.
12) 太田陽子・石橋克彦・森脇　広, 1983, 完新世後期における伊豆諸島式根島の隆起. 地震, 第2輯, **36**, 587-595.
13) 中田　高・徳山英一・隈元　崇・室井翔太・渡辺満久・鈴木康弘・後藤秀昭・西澤あずさ・松浦律子, 2013, 南海トラフ南方の銭洲断層系活断層と歴史地震. 2013年度日本地理学会春季学術大会. https://doi.org/10.14866/ajg.2013s.0_240
14) 南海トラフの地震活動の長期評価の第二版. https://www.jishin.go.jp/main/chousa/13may_nankai/index.htm
15) Kitamura A., Koyama M., Itasaka K., Miyairi Y. & Mori H., 2014, Abrupt Late Holocene uplifts of the southern Izu Peninsula, central Japan: Evidence from emerged marine sessile assemblages. *Island Arc*, **23**, 51-61.
16) Kitamura A., Ohashi Y., Ishibashi H., Miyairi Y., Yokoyama Y., Ikuta R., Ito Y., Ikeda M. & Shimano T., 2015, Holocene geohazard events on the southern Izu Peninsula, central Japan. *Quaternary International*, **397**, 541-554.
17) Kitamura A., Mitsui Y., Kawate S. & Kim H.Y., 2015, Examination of an active submarine fault off the southeast Izu Peninsular, central Japan, using field evidence for co-seismic uplift and a characteristic earthquake model. *Earth, Planets and Space*, **67:197**.
18) Kitamura A., Imai T., Mitsui Y., Ito M., Miyairi Y., Yokoyama Y. & Tokuda Y., 2017, Late Holocene uplift of the Izu Islands on the northern Zenisu Ridge off Central Japan. *Progress in Earth and Planetary Science*, **4**, 30.
19) 阿部郁男, 2017, 駿河湾内の津波痕跡に着目した1498年の明応東海地震の津波波源の検討. 土木学会論文集B2(海岸工学), **73**(2), I_301-I_306.
20) 藤原　治・平川一臣・金子浩之他, 2007, 静岡県伊東市北部の宇佐美遺跡に見られる津波(?)イベント堆積物. 津波工学研究報告, **24**, 77-83.
21) 藤原　治・上本進二, 2018, 神奈川県白石洞穴遺跡の堆積物中の大波の記録. 日本第四紀学会講演要旨集, **48**, 99.
22) 羽鳥徳太郎, 1975, 元禄・大正関東地震津波の各地の石碑・言い伝え. 地震研究所彙報, **50**, 385-395.
23) 藤原　治, 2015, 津波堆積物の科学. 東京大学出版会, 東京, 283p.
24) Shimazaki K., Kim H.Y., Chiba T. & Satake K., 2011, Geological evidence of recurrent great Kanto earthquakes at the Miura Peninsula, Japan. *Journal of Geophysical Research -Solid Earth*, **116**, B12408.
25) 片桐昭彦, 2015, 『鎌倉大日記』にみる15世紀の関東地震と江の島の隆起・沈降. 新潟大学災害・復興科学研究所危機管理・災害復興分野. 災害・復興と資料, **6**, 1-6.
26) Kitamura A., Seki Y., Kitamura Y. & Haga T., 2018, The discovery of emerged boring bivalves at Cape Omaezaki, Shizuoka, Japan: evidence for the AD 1361 Tokai earthquake along the Nankai Trough. *Marine Geology*, **405**, 114–119.

27) Fujiwara O., Hirakawa K., Irizuki T., Hasegawa S., Hase Y., Uchida J. & Abe K., 2010, Millennium-scale recurrent uplift inferred from beach deposits bordering the eastern Nankai Trough, Omaezaki area, central Japan. *Island Arc*,**19**, 374–388.

28) Minoura K., Imamura F., Sugawara D., Kono Y. & Iwashita T., 2001, The 869 Jogan tsunami deposit and recurrence interval of large-scale tsunami on the Pacific coast of northeast Japan. *Journal of Natural Disaster Science*, **23**, 83–88.

29) Kitamura A., Fujiwara O., Shinohara K., Akaike S., Masuda T., Ogura K., Urano Y., Kobayashi K., Tamaki C. & Mori H., 2013, Identifying possible tsunami deposits on the Shizuoka Plain, Japan and their correlation with earthquake activity over the past 4000 years. *The Holocene*, **23**, 1682-1696.

30) Kitamura A. & Kobayashi K., 2014, Geologic evidence for prehistoric tsunamis and coseismic uplift during the AD 1854 Ansei-Tokai earthquake in Holocene sediments on the Shimizu Plain, central Japan. *The Holocene*, **24**, 814-827.

31) 都司嘉宣・岡村　真・松岡裕美・村上嘉謙, 1998 浜名湖の湖底堆積物中の津波痕跡調査. 歴史地震, **14**, 101-113.

32) 藤原　治・佐藤善輝・小野映介, 2013, 陸上掘削試料による津波堆積物の解析：―浜名湖東岸六間川低地にみられる3400年前の津波堆積物を例にして―. 地学雑誌, **122**, 308–322.

33) 北村晃寿・小林小夏, 2014, 静岡平野・伊豆半島南部の中・後期完新世の古津波と古地震の地質学的記録. 地学雑誌, **123**, 813-834.

34) Kitamura A., 2016, Examination of the largest-possible tsunamis (Level 2 tsunami) generated along the Nankai and Suruga troughs during the past 4000 years based on studies of tsunami deposits from the 2011 Tohoku-oki tsunami. *Progress in Earth and Planetary Science*, **3:12**.

35) 北村晃寿, 2016, 津波堆積物からの知見. 特集　防災学術連携体の設立と取組　東京圏の大地震にどう備えるか. 学術の動向, 34, 日本学術会議.

36) Tanigawa K., Shishikura M., Fujiwara O., Namegaya Y. & Matsumoto D., 2018, Mid- to late-Holocene marine inundations inferred from coastal deposits facing the Nankai Trough in Nankoku, Kochi Prefecture, southern Japan. *The Holocene*, **28**(6), 867-878.

37) 吾妻　崇・太田陽子・石川元彦・谷口　薫, 2005, 御前崎周辺の第四紀後期地殻変動に関する資料と考察. 第四紀研究, **44**, 169-176.

38) Baba T., Matsumoto H., Kashiwase K., Hyakudome T., Kaneda Y. & Sano M., 2012, Microbathymetric evidence for the effect of submarine mass movement on tsunami generation during the 2009 Suruga bay earthquake, Japan. In: Yamada et al. (eds.). Submarine mass movements and their consequences. Advances in Natural and Technological Hazards Research, 31. Springer: New York, 485-494.

39) 國生剛治・堤　千花・池原　研, 2002, 地震動による海底地滑りの発生メカニズムに関する地盤工学的検討. 中央大学理工学研究所年報, **9**, 18-24.

40) 大塚謙一, 1982, 駿河湾石花海北堆西斜面の海底地すべり. 静岡大学地球科学研究報告, **7**, 87-95.

41) 北村晃寿, 2016, 貝化石群集解析・堆積相解析に基づく静岡県焼津市浜当目低地の古津波・古地震の履歴. 日本古生物学会2016年年会講演予稿集, 22.

42) Cetin K.O., Isik N. & Unutmaz B., 2004, Seismically induced landslide at Degirmendere Nose, Izmit Bay during Kocaeli (Izmit)-Turkey earthquake. *Soil Dynamics and Earthquake Engineering*, **24**, 189-197.

43) Tappin D.R., et al., 2014, Did a submarine landslide contribute to the 2011 Tohoku tsunami? *Marine Geology*, **357**, 344-361.

44) Shishikura M., 2014, History of the paleo-earthquakes along the Sagami Trough, central Japan: Review of coastal paleoseismological studies in the Kanto region. *Episodes*, **37**, 246-257.

45) Nishimura T., Sagiya T. & Stein R.S., 2007, Crustal block kinematics and seismic potential of the northernmost Philippine Sea plate and Izu microplate, central Japan, inferred from GPS and leveling data. *Journal Geophysical Research Solid Earth*, 112(B5).

46) Heki K. & Miyazaki S., 2001, Plate convergence and long-term crustal deformation in central Japan. *Geophysical Research Letters*, **28**, 2313-2316.

47) Kitamura A., Ina T., Suzuki D., Tsutahara K., Sugawara D., Yamada K. & Aoshima A., 2019, Geologic evidence for coseismic uplift at ~AD 400 in coastal lowland deposits on the Shimizu Plain, central Japan. *Progress in Earth and Planetary Science*, **6**, 57.

48) 羽鳥徳太郎, 1977, 静岡県沿岸における宝永・安政東海地震の津波調査. 地震研究所彙報, **52**, 407-439.

49) 石橋克彦, 1984, 駿河湾地域の地震時地殻上下変動. 第四紀研究, **23**, 105-110.

50) 都司嘉宣・矢沼　隆・細川和弘・岡部隆宏・堀池泰三・小網汪世, 2013, 明応東海地震(1498)による静

岡県沿岸の津波被害，および浸水標高について．津波工学研究報告, **30**, 123-141.

51) 町田　洋・新井房夫, 1992, 火山灰アトラス [日本列島とその周辺]．東京大学出版会. 東京, 276p.

52) 西田史朗・高橋　豊・竹村恵二・石田志朗・前田保夫, 1993, 近畿地方へ東から飛んできた縄文時代後・晩期火山灰層の発見. 第四紀研究, **32**, 129-138.

53) 嶋田　繁, 2000, 伊豆半島, 天城カワゴ平火山の噴火と縄文時代後～晩期の古環境. 第四紀研究, **39**, 151-164.

54) 今村文彦・吉田　功・アンドリュー・ムーア, 2001, 沖縄県石垣島における1771年明和大津波と津波石移動の数値解析. 海岸工学論文集, **48**, 346-350.

55) Kawamura K., Sasaki T., Kanamatsu T., Sakaguchi A. & Ogawa Y., 2012, Large submarine landslides in the Japan Trench: a new scenario for additional tsunami generation. *Geophysical Research Letters*, **(5)**.

コラム2　太田川低地の津波堆積物 (藤原　治)

1) 石橋克彦, 2014, 南海トラフ巨大地震―歴史・科学・社会. 岩波書店, 東京, 205pp.

2) 寒川　旭, 2007, 地震の日本史. 中公新書, 東京, 268pp.

3) Fujiwara O., Aoshima A., Irizuki T., Ono E., Obrochta S.P., Sampei Y., Sato Y. & Takahashi A., 2020, Tsunami deposits refine great earthquake rupture extent and recurrence over the past 1300 years along the Nankai and Tokai fault segments of the Nankai Trough, Japan. *Quaternary Science Reviews*. **227**.

4) 藤原　治・北村晃寿・佐藤善輝・青島　晃・小野映介・小林小夏・小倉一輝・谷川晃一朗, 2015, 静岡県西部の太田川低地で見られる弥生時代中・後期の相対的海水準上昇. 第四紀研究, **54**, 11-20.

5) 矢田俊文, 2009, 中世の巨大地震. 吉川弘文館, 東京, 203pp.

第Ⅲ部　富士山・伊豆東部火山群の噴火
第1章　富士山・伊豆東部火山群の噴火史と防災対策 (小山真人)

1) 気象庁, 活火山とは.
http://www.data.jma.go.jp/svd/vois/data/tokyo/STOCK/kaisetsu/katsukazan_toha/katsukazan_toha.html#katsukazan, 2019年9月28日引用.

2) 町田　洋, 2007, 第四紀テフラからみた富士山の成り立ち：研究のあゆみ. 富士火山 (荒牧重雄・藤井敏嗣・中田節也・宮地直道編), 山梨県環境科学研究所, 29-44.

3) Yoshimoto M., Fujii T., Kaneko T., Yasuda A., Nakada S. & Matsumoto, A., 2010, Evolution of Mount Fuji, Japan: Inference from drilling into the subaerial oldest volcano, pre-Komitake. *Island Arc*, **19**, 470-488.

4) 小山真人, 2019, 富士山の山体崩壊―想定外の災害にしないために. 月刊地理, **64**, no. 7, 40-47.

5) 宮地直道・富樫茂子・千葉達朗, 2004, 富士火山東斜面で2900年前に発生した山体崩壊. 火山, **49**, 237-248.

6) 中村一明, 1969, 広域応力場を反映した火山体の構造―側火山の配列方向―. 火山, **14**, 8-20.

7) Ida Y., 2009, Dependence of volcanic systems on tectonic stress conditions as revealed by features of volcanoes near Izu peninsula, Japan. *Journal of Volcanology and Geothermal Research*, **181**, 35-46.

8) 宮地直道, 2007, 過去1万1000年間の富士火山の噴火史と噴出率, 噴火規模の推移. 富士火山 (荒牧重雄・藤井敏嗣・中田節也・宮地直道編), 山梨県環境科学研究所, 79-95.

9) 高田　亮・山元孝広・石塚吉浩・中野　俊, 2016, 富士火山地質図 (第2版) 及び説明書. 特殊地質図, **12**, 産業技術総合研究所地質調査総合センター.

10) 小山真人, 2007, 富士山の歴史噴火総覧. 富士火山 (荒牧重雄・藤井敏嗣・中田節也・宮地直道編), 山梨県環境科学研究所, 119-136.

11) 千葉達朗・鈴木雄介・荒井健一・冨田陽子・小泉市朗・中島幸信・小川紀一朗, 2010, 富士山青木ヶ原における貞観溶岩流の計測~航空レーザー計測と赤色立体地図による詳細地形調査とボーリング調査~, 砂防学会誌, **63**, 44-48.

12) 小山真人, 2009, 富士山噴火とハザードマップ―宝永噴火の16日間―. 古今書院, 東京, 174p.

13) 小山真人・石橋秀巳・鈴木雄介, 2016, 宝永火口で見る富士山の成り立ちと噴火. 日本火山学会2016年秋季大会予稿集, A1-02.

14) 小山真人, 2019, 1707年富士山宝永噴火の火口と推移についての新たな作業仮説. 日本地球惑星科学連合2019年大会予稿集, SVC35-01.

15) 馬場　章・藤井敏嗣・千葉達朗・吉本充宏・西澤文勝・渋谷秀敏, 2019, 富士火山、宝永山の形成過程の考察. 日本地球惑星科学連合2019年大会予稿集, SVC35-02.

16) 小山真人, 2002, 火山で生じる異常現象と近隣地域で起きる大地震の関連性―その事例とメカニズムにかん

するレビュー――. 地学雑誌, **111**, 222-232.

17) 小山真人, 2011, 1707富士山宝永噴火. 災害史に学ぶ(中央防災会議「災害教訓の継承に関する専門調査会」編), 火山編, 内閣府(防災担当), 1-14.

18) 宮地直道, 1990, 富士山の地質構造および地質時代の噴火史. 火山噴火災害危険区域予測図試作に関する作業報告書(資料編)(国土庁防災局震災対策課・編), 国土庁.

19) 鵜川元雄, 2007, 富士山の低周波地震. 富士火山(荒牧重雄・藤井敏嗣・中田節也・宮地直道編), 山梨県環境科学研究所, 161-172.

20) 富士山ハザードマップ検討委員会, 2004, 富士山ハザードマップ検討委員会報告書.
http://www.bousai.go.jp/kazan/fujisan-kyougikai/report/pdf/houkokusyo_hyoushi.pdf, 2019年9月28日引用.

21) 富士山火山広域防災検討会, 2005, 富士山火山広域防災検討会報告書. http://www.bousai.go.jp/kazan/fujisan/w_g/kentou/houkoku/index.html, 2019年9月28日引用.

22) 中央防災会議, 2006, 富士山火山広域防災対策基本方針.
http://www.bousai.go.jp/kazan/fujisan/pdf/fuji_kihonhoshin.pdf, 2019年9月28日引用.

23) 富士山火山防災対策協議会, 2015, 富士山火山広域避難計画
http://www.pref.shizuoka.jp/bousai/e-quakes/shiraberu/higai/fujisan/index.html, 2019年9月28日引用.

24) 国土交通省中部地方整備局富士砂防事務所・山梨県県土整備部砂防課・静岡県交通基盤部河川砂防局砂防課, 2018, 富士山火山噴火緊急減災対策砂防計画.
http://www.cbr.mlit.go.jp/fujisabo/bosai/bosaigaiyo/kinkyugensai/H30_kinkyugensai_all.pdf 2019年10月22日引用.

25) 気象庁, 2007, 噴火警報と噴火警戒レベル.
http://www.jma.go.jp/jma/kishou/books/funka/index.html, 2019年9月28日引用

26) 気象庁, 2013, 日本活火山総覧第4版Web掲載版(富士山)
https://www.data.jma.go.jp/svd/vois/data/tokyo/STOCK/souran/main/55_Fujisan.pdf, 2019年 9月 28日引用.

27) 静岡県地震防災センター, 富士山の火山防災対策.
http://www.pref.shizuoka.jp/bousai/e-quakes/shiraberu/higai/fujisan/index.html, 2019年10月29日引用

28) 小山真人, 2014, 富士山での突発的噴火の可能性と登山者対策. 科学, **84**, 1236-1242.

29) 山梨県防災局防災危機管理課・静岡県危機管理部危機情報課, 2016, 富士山噴火時避難ルートマップ.
http://www.pref.shizuoka.jp/bousai/e-quakes/shiraberu/higai/fujisan/index.html, 2019年10月28日引用

30) 小山真人, 2015, 火山がつくった伊東の風景(第2版)――伊豆半島のジオマップ1――. 静岡新聞社, 変形A2判.

31) 小山真人, 2019, 火山がつくった天城の風景(第2版)――伊豆半島のジオマップ2――. 伊豆半島ジオパーク推進協議会
https://izugeopark.org/enjoy/downloads/, 2019年9月28日引用.

32) 小山真人, 2010, 伊豆の大地の物語. 静岡新聞社, 静岡, 303p.

33) 気象庁, 2013, 日本活火山総覧第4版Web掲載版(伊豆東部火山群)
https://www.data.jma.go.jp/svd/vois/data/tokyo/STOCK/souran/main/57_Izu-Tobu_Volcanoes.pdf, 2019年9月28日引用.

34) 古谷野裕・早川由紀夫・町田 洋, 1996, およそ5000年前に東伊豆単成火山地域で起こった大室山噴火の推移と継続時間. 地学雑誌, **105**, 475-484.

35) 早川由紀夫・小山真人, 1992, 東伊豆単成火山地域の噴火史1:0〜32ka. 火山, **37**, 167-181.

36) 小山真人・早川由紀夫・新井房夫, 1995, 東伊豆単成火山地域の噴火史2:主として32ka以前の火山について. 火山, **40**, 191-209.

37) 小山真人・鈴木雄介, 2016, 伊豆東部火山群(東伊豆単成火山地域)の分布・噴火史の再検討. 土と岩, no. 64, 12-23.

38) Koyama M. & Umino S., 1991, Why does the Higashi-Izu monogenetic volcano group exist in the Izu Peninsula? Relationships between late Quaternary volcanism and tectonics in the northern tip of the Izu-Bonin arc. *Journal of Physics of the Earth*, **39**, 391-420.

39) 小山真人, 1993, 伊豆半島の火山とテクトニクス. 科学, **63**, 312-321.

40) 岡田義光, 2011, 伊豆半島東方沖の地震火山活動. 防災科学技術研究所研究報告, no. 78, 25-38.

41) 小山真人, 1999, 文献史料にもとづく歴史時代の伊豆半島東方沖群発地震史と東伊豆単成火山地域の火山活動史. 第四紀研究, **38**, 435-446.

42) 海上保安庁, 海域火山データベース, 伊豆東部火山群・手石海丘
https://www1.kaiho.mlit.go.jp/GIJUTSUKOKUSAI/kaiikiDB/kaiyo5-2.htm, 2019年9月28日引用.

43) 静岡県・伊豆東部火山群の火山防災対策検討会, 2011, 伊豆東部火山群の火山防災対策検討会報告書. http://vivaweb2.bosai.go.jp/v-hazard/L_read/57izu-tobu/57izu-tobu_1m01-L.pdf, 2019年9月28日引用.

44) 気象庁, 2016, 伊豆東部火山群の噴火警戒レベル. http://www.data.jma.go.jp/svd/vois/data/tokyo/STOCK/level/PDF/level_316.pdf, 2019年9月28日引用.

45) 伊東市, 2019, 伊豆東部火山群防災協議会の設立について. https://www.city.ito.shizuoka.jp/gyosei/bosai_anzen/bosaijoho/4445.html, 2019年9月28日引用.

46) 伊東市, 2015, 伊豆東部火山群の伊東市避難計画. https://www.city.ito.shizuoka.jp/gyosei/shiseijoho/itoshinotorikumi/keikaku_shisaku/3/4461.html, 2019年9月28日引用.

47) 地震調査研究推進本部地震調査委員会, 2010, 「伊豆東部の地震活動の予測手法」報告書. https://www.jishin.go.jp/main/yosoku/izu/izu_honpen.pdf, 2019年9月28日引用.

48) 気象庁, 伊豆東部の地震活動の見通しに関する情報について. https://www.data.jma.go.jp/svd/eew/data/izu/izu_eq_index.html, 2019年9月28日引用.

49) 国土交通省中部地方整備局沼津河川国道事務所・静岡県交通基盤部河川砂防局砂防課, 2019, 伊豆東部火山群火山噴火緊急減災対策砂防計画. https://www.cbr.mlit.go.jp/numazu/sabou/pdf/izutoubukazangun_kihonhen.pdf https://www.cbr.mlit.go.jp/numazu/sabou/pdf/izutoubukazangun_keikakuhen.pdf, 2019年9月28日引用.

50) 小山真人, 2019, 伊豆東部火山群の防災対策の現状と課題—特にハザード評価の見直しについて—. 日本火山学会2019年秋季大会予稿集, B2-14.

51) Williams R., Rowley P. & Garthwaite, M.C., 2019, Reconstructing the Anak Krakatau flank collapse that caused the December 2018 Indonesian tsunami. *Geology*, **47**, 973-976.

52) 鹿児島市, 2014, 鹿児島市津波ハザードマップ. https://www.city.kagoshima.lg.jp/kikikanri/kurashi/bosai/bosai/map/documents/tsunamihm.pdf, 2019年9月28日引用.

53) 地震計の設置作業中に手石海丘噴火を直近の海岸で目撃した山岡耕春(名古屋大学)からの私信.

54) UNESCO, 2015, UNESCO Global Geoparks. http://www.unesco.org/new/en/natural-sciences/environment/earth-sciences/unesco-global-geoparks/, 2019年9月28日引用.

55) 日本ジオパークネットワークWebサイト. https://geopark.jp, 2019年9月28日引用.

56) 伊豆半島ジオパークWebサイト. https://izugeopark.org, 2019年9月28日引用.

57) UNESCO, 2015, Earth Sciences and Geo-Hazards Risk Reduction. http://www.unesco.org/new/en/natural-sciences/environment/earth-sciences/, 2019年9月28日引用.

58) 静岡県危機管理部危機政策課, 静岡県地域防災計画. http://www.pref.shizuoka.jp/bousai/seisaku/keikaku.html, 2019年9月28日引用.

59) 内閣府防災担当, 活動火山対策の総合的な推進に関する基本的な指針. http://www.bousai.go.jp/kazan/kazan_houritsu/pdf/kihonhoushin.pdf, 2019年10月29日引用.

コラム1　沈み込んだ海水が火山を作る(川本竜彦)

1) 気象庁気象研究所ホームページ http://www.mri-jma.go.jp/Dep/sv/2ken/fhirose/ja/PHS.html

2) 巽 好幸, 1995, 沈み込み帯のマグマ学—全マントルダイナミクスに向けて. 東京大学出版会, pp186.

3) 川本竜彦, 2017, 火山はなぜ海にあるのか. 理科教室12月号(本の泉社), 62-67.

4) 川本竜彦, 2015, マントルウェッジ流体の化学組成. 地学雑誌, **124**, 473-501.

5) 川本竜彦, 2013, 海と火山をつなぐマントルウェッジ流体. 科学(岩波書店), **83**, 1366-1372.

第2章　富士山と伊豆東部火山群のマグマ供給系(石橋秀巳)

1) Takeuchi S., 2011, Preeruptive magma viscosity: An important measure of magma eruptibility. *Jour. Geophys. Res.*, **116**, B10201.

2) Mader H.M., Llewellin E.W. & Mueller S.P., 2013, The rheology of two-phase magmas: A review and analysis. *Jour. Volcanol. Geotherm. Res.*, **257**, 135-158.

3) Giordano D., Russell J.K. & Dingwell D.B., 2008, Viscosity of magmatic liquids: A model. *Earth Planet. Sci. Lett.*, **271**, 123-134.

4) Takeuchi S., 2015, A melt viscosity scale for preeruptive magmas. *Bull. Volcanol.*, **77**, 41.

5) Caricchi L., Burlini L., Ulmer P., Gerya T., Vassalli M. & Papale P., 2007, Non-Newtonian ehology of crystal-bearing magmas and implications for magma ascent dynamics. *Earth Planet. Sci. Lett.*, **264**, 402-

419.

6) Ishibashi H. & Sato H., 2007, Viscosity measurements of subliquidus magmas: Alkali olivine basalt from the Higashi-Matsuura district, Southwest Japan. *Jour. Volcanol. Geotherm. Res.*, **160**, 223-238.

7) Ishibashi H., 2009, Non-Newtonian behavior of plagioclase-bearing basaltic magma: Subliquidus viscosity measurement of the 1707 basalt of Fuji volcano, Japan. *Jour. Volcanol. Geotherm. Res.*, **181**, 78-88.

8) Rust A. & Manga M., 2002, Effects of bubble deformation on the viscosity of dilute suspensions. *Jour. Non-Newtonian Fluid Mech.*, **104**, 53-63.

9) 小屋口剛博・鈴木雄治郎・小園誠史, 2011, 火山噴火のダイナミクス. ながれ, **30**, 317-324.

10) Kushiro I., 2001, Partial melting experiments on peridotite and origin of mid-ocean ridge basalt. *Ann. Rev. Earth Planet. Sci.*, **29**, 71-107.

11) Kushiro I., 2007, Origin of magmas in subduction zones: a review of experimental studies. *Proc. Jpn. Acad. Ser B*, **83**, 1-15.

12) Cashman K.V., Sparks R.S.J. & Blundy J.D., 2017, Vertically extensive and unstable magmatic systems: A unified view of igneous processes. *Science*, **355**, 1280.

13) シュミンケ, H.U. (隅田まり・西村祐一訳), 2010, 火山学. 古今書院.

14) 安井真也・富樫茂子・下村泰裕・坂本晋介・宮地直道・遠藤邦彦, 1998, 富士火山・1707年降下火砕堆積物中の斑れい岩質岩片の岩石学的性質とその起源. 火山, **43**, 43-59.

15) 安田　敦・馬場　章・藤井敏嗣・外西奈津美, 2019, 富士火山焼野溶岩に捕獲された斑れい岩について：その起源とマグマ供給系についての考察. 火山, **64**, 83-101.

16) Namiki A. & Manga M., 2008, Transition between fragmentation and permeable outgassing of low viscosity magmas. *Jour. Volcanol. Geotherm. Res.*, **169**, 48-60.

17) Okumura S., Nakamura M., Uesugi K., Nakano T. & Fujioka T., 2013, Coupled effect of magma degassing and rheology on silicic volcanism. *Earth Planet. Sci. Lett.*, **362**, 163-170.

18) Kameda M., Ichihara M., Maruyama S., Kurokawa N., Okumura S. & Uesugi K., 2017, Advancement of magma fragmentation by inhomogeneous bububle distribution. *Sci. Rep.*, **7**, 16755.

19) Kozono T., Ueda H., Ozawa T., Koyaguchi T., Fujita E., Tomiya A. & Suzuki Y., 2013, Magma discharge variations during the 2011 eruptions of Shinmoe-dake volcano, Japan, revealed by geodetic and satellite observations. *Bull. Volcano.*, **75**, 695.

20) 津屋弘達, 1968, 富士火山地質図. 特殊地質図12, 地質調査所.

21) 高橋正樹・小見波正修・根本靖彦・長谷川有希絵・永井　匡・田中英正・西　直人・安井真也, 2003, 富士火山噴出物の全岩化学組成 - 分析データ847個の総括 -. 日本大学文理学部自然科学研究所研究紀要, **38**, 117-166.

22) 荒井健一・小山真人, 1996, 富士火山砂沢スコリア噴火の堆積物の特徴. 日本火山学会1996年秋季大会講演予稿集, 25.

23) Miyaji N., Kan'no A., Kanamaru T. & Mannen K., 2011, High-resolution reconstruction of the Hoei eruption (AD 1707) of Fuji volcano, Japan. *Jour. Volcanol. Geotherm. Res.*, **207**, 113-129.

24) 山田早記・石橋秀巳, 2015, 富士火山で過去2200年間に噴出したマグマの分化メカニズム：熱力学的相平衡シミュレーター "PELE" を用いた検討. 静岡大学地球科学研究報告, **42**, 37-49.

25) 石橋秀巳・天野大和, 2017, 玄武岩質マグマの減圧結晶作用と噴火ダイナミクスに及ぼすプレ噴火条件の影響：富士山1707年噴火玄武岩質マグマの例. 静岡大学地球科学研究報告, **44**, 17-29.

26) 金子隆之・安田　敦・嶋野岳人・吉本充宏・藤井敏嗣, 2014, 富士火山, 太郎坊に露出する新規スコリア層の全岩化学組成－富士黒土層形成期付近を境とするマグマ供給系の変化－. 火山, **59**, 41-54.

27) Kaneko T., Yasuda A., Fujii T. & Yoshimoto M., 2010, Crypt-magma chambers beneath Mt. Fuji. *Jour. Volcanol. Geotherm. Res.*, **193**, 161-170.

28) Yoshimoto M., Fujii T., Kaneko T., Yasuda A. & Nakada S., 2004, Multiple magma reservoirs for the 1707 eruption of Fuji volcano, Japan. *Proc. Japan Acad, Ser B*, **80**, 103-106.

29) Watanabe S., Widom E., Ui T., Miyaji N. & Roberts A.M. et al., 2006, The evolution of a chemically zoned magma chamber: The 1707 eruption of Fuji volcano, Japan. *Jour. Volcanol. Geotherm. Res.*, **152**, 1-19.

30) Fujii T., Yasuda A. & Yasuda A., 2013, Depths of two magma chamber of the Fuji 1707 eruption. Abstracts of IAVCEI 2013 Scientific Assembly, 189.

31) Lees J.M. & Ukawa M., 1992, The South Fossa Magna, Japan, revealed by high-resolution P- and S-wave travel time tomography. *Tectonophysics*, **207**, 377-396.

32) 鵜川元雄, 2007, 富士山の低周波地震. 富士火山 (荒牧重雄・藤井敏嗣・中田節也・宮地直道編). 山梨県環境科学研究所, 161-172.

33) Aizawa K., Yoshimura R. & Oshima N., 2004, Splitting of the Philipine Sea Plate and a magma chamber beneath Mt. Fuji. *Geophys. Res. Lett.*, **31**, L09603.

34) Kinoshita S.M., Igarashi T. & Takeo M., 2015, Imaging crust and upper mantle beneath Mount Fuji, Japan, by receiver functions. *Jour. Geophys. Res.*, **120**, 3240-3254.

35) Ukawa M., 2005, Deep low-frequency earthquake swarm in the mid crust beneath Mount Fuji (Japan) in 2000 and 2001. *Bull. Volcano.*, **68**, 47-56.

36) Nakamichi H., Watanabe H. & Ohminato T., 2007, Three-dimensional velocity structures of Mount Fuji and the South Fossa Magna, central Japan. *Jour. Geophys. Res.*, **112**, B03310.

37) Mitsui Y. & Kato T., 2019, Magmatic inflation in 2008-2010 at Mt. Fuji, Japan, inferred from sparsity-promoting L1 inversion of GNSS data. *Jour. Volcanol. Geotherm. Res.*, **378**, 29-34.

38) Fujita E., Kozono T., Ueda H., Kohno Y., Yoshioka S., Toda N., Kikuchi A. & Ida Y., 2013, Stress field change around the Mount Fuji volcano magma system caused by the Tohoku megathrust earthquake, Japan. *Bull. Volcanol.*, **75**, 679.

39) 髙田　亮・石塚吉浩・中野　俊・山元孝広・小林　淳・鈴木雄介, 2007, 噴火割れ目が語る富士火山の特徴と進化. 富士火山 (荒牧重雄・藤井敏嗣・中田節也・宮地直道編). 山梨県環境科学研究所, 183-202.

40) Ida Y., 2009, Dependence of volcanic systems on tectonic stress conditions as revealed by features of volcanoes near Izu peninsula, Japan. *Jour. Volcanol. Geotherm. Res.*, **381**, 35-46.

41) Hosono M., Mitsui Y., Ishibashi H. & Kataoka J., 2016, Elastic effects around a magma reservoir and pathway due to historic earthquakes: a case study of Mt. Fuji, Japan. *Prog. Earth Planet. Sci.*, **3**, 33.

42) 小山真人, 2010, 伊豆の大地の物語. 静岡新聞社.

43) 宮島　宏, 1990, 東伊豆単成火山群の岩石学－捕獲結晶の意義と噴出物の時間的変化－. 岩鉱, **85**, 315-336.

44) 鈴木由希, 2000, 東伊豆単成火山群における珪長質マグマの成因. 火山, **45**, 149-171.

45) 高橋正樹・菊池康次・漆畑忠之・荒牧重雄・葉室和親, 2002, 東伊豆単成火山群玄武岩類の液相濃集元素組成. 日本大学文理学部自然科学研究所研究紀要, **37**, 119-134.

46) Koyama M. & Umino S., 1991, Why does the Higashi-Izu Monogenetic Volcano Group exist in the Izu Peninsula?: Relationships between late Quaternary volcanism and tectonics in the northern tip of the Izu-Bonin arc. *Jour. Phys. Earth*, **39**, 391-420.

47) Hatada R., Ishibashi H., Suwa Y., Suzuki Y., Hokanishi N. & Yasuda A., 2019, Plagioclase-hosted melt inclusions as indicators of inhibited rhyolitic melt beneath a mafic volcano: a case study of the Izu-Omuroyama monogenetic volcano, Japan. *Jour. Mineral. Petrol. Sci.,* under review.

48) Ohno M., Sumino H., Hernandez P.A., Sato T. & Nagao K., 2011, Helium isotopes in the Izu Peninsula, Japan: Relation of magma and crustal activity. *Jour. Volcanol. Geotherm. Res.*, **199**, 118-126.

49) Hagiwara Y., 1977, The Mogi model as a possible cause of the crustal uplift in the Eastern part of Izu Peninsula and the related gravity change. *Bull. Earthq. Res. Inst.*, **52**, 301-309.

50) Tada T. & Hashimoto M., 1991, Anomalous crustal deformation in the Northeastern Izu Peninsula and its tectonic significance － Tension crack model － . *Jour. Phys. Earth*, **39**, 197-218.

51) Okada Y. & Yamamoto E., 1991, Dyke intrusion model for the 1989 seismovolcanic activity off Ito, central Japan. *Jour. Geophys. Res.*, **96**, 10361-10376.

52) Yamamoto T., Soya T., Suto S., Uto K., Takada A., Sakaguchi K. & Ono K., 1991, The 1989 submarine eruption off eastern Izu Peninsula, Japan: ejecta and eruption mechanisms. *Bull. Volcano.*, **53**, 301-308.

53) Notsu K., Sohrin R., Wada H., Tsuboi T., Sumino H., Mori T., Tsunogai U., Hernandez P. A., Suzuki Y., Ikuta R., Oorui K., Koyama M., Masuda T. & Fujii N., 2014, Leakage of magmatic-hydrothermal volatiles from a crater bottom formed by a submarine eruption in 1989 at Teishi Knoll, Japan. *Jour. Volcanol. Geotherm. Res.*, **270**, 90-98.

54) 巽　好幸, 1995, 沈み込み帯のマグマ学 全マントルダイナミクスに向けて. 東京大学出版会.

55) England P.C. & Katz R.F., 2010, Melting above the anhydrous solidus controls the location of volcanic arcs. *Nature*, **467**, 700-704.

56) Yoshimoto M., Fujii T., Kaneko T., Yasuda A., Nakada S. & Matsumoto A., 2010, Evolution of Mount Fuji, Japan: Inference from drilling into the subaerial oldest volcano, pre-Komitake. *Island Arc*, **19**, 470-488.

57) Suzuki Y. & Fujii T., 2013, Effect of syneruptive decompression path on shifting intensity in basaltic

sub-Plinian eruption: Implication of microlites in Yufune-2 scoria from Fuji volcano, Japan. *Jour. Volcanol. Geotherm. Res.*, **198**, 158-176.

58) Le Maitre R.W. & International Union of Geological Sciences, 2002, Igneous Rocks. A Classification and Glossary of Terms (2nd. Ed.). Cambridge University Press.

59) Hayes G.P., Wald D.J. & Johnson R.L., 2012, Slab1.0: A three-dimensional model of global subduction zone geometries. *J. Geophys. Res.*, **117**, B01302.

60) 産業技術総合研究所, 2013, 日本の火山 (第3版). 200万分の1地質編集図11.

コラム2　巨大地震と火山噴火 (三井雄太・石橋秀巳)

1) 横山　泉, 1971, 大地震によって誘発された噴火. 北海道大学地球物理学研究報告, **25**, 129-139.

2) Linde A.T. & Sacks I.S., 1998, Triggering of volcanic eruptions. *Nature*, **395**, 888-890.

3) Sawi T.M. & Manga M., 2018, Revisiting short-term earthquake triggered volcanism. *Bulletin of Volcanology*, **80**:57.

4) Watt S.F.L., Pyle D.M. & Mather T.A., 2009, The influence of great earthquakes on volcanic eruption rate along the Chilean subduction zone. *Earth and Planetary Science Letters*, **277**, 399-407.

5) Walter T.R. & Amelung F., 2007, Volcanic eruptions following M≥9 megathrust earthquakes: Implications for the Sumatra-Andaman volcanoes. *Geology*, **35**, 539-542.

6) 小山真人, 2002, 火山で生じる異常現象と近隣地域で起きる大地震の関連性　－その事例とメカニズムにかんするレビュー－. 地学雑誌, **111**, 222-232.

7) Manga M. & Brodsky E., 2006, Seismic triggering of eruptions in the far field: Volcanoes and geysers. *Annual Review of Earth and Planetary Sciences*, **34**, 263-291.

8) Rikitake T. & Sato R., 1989, Up-squeezing of magma under tectonic stress. *Journal of Physics of the Earth*, **37**, 303-311.

9) Nostro C., Stein R.S., Cocco M., Belardinelli M.E., et al., 1998, Two-way coupling between Vesuvius eruptions and southern Apennine earthquakes, Italy, by elastic stress transfer. *Journal of Geophysical Research*, **103**, 24487-24504.

10) Chesley C., LaFemina P.C., Puskas C. & Kobayashi D., 2012, The 1707 Mw8.7 Hoei earthquake triggered the largest historical eruption of Mt. Fuji. *Geophysical Research Letters*, **39**, L24309.

11) 小山真人, 2009, 富士山噴火とハザードマップ－宝永噴火の16日間－(シリーズ繰り返す自然災害を知る・防ぐ 第4巻). 古今書院, 174p.

12) Hosono M., Mitsui Y., Ishibashi H. & Kataoka J., 2016, Elastostatic effects around a magma reservoir and pathway due to historic earthquakes: a case study of Mt. Fuji, Japan. *Progress in Earth and Planetary Science*, **3**:33.

第IV部　静岡県の自然災害と防災

第1章　東海地震説から東日本大震災そして現在 (岩田孝仁)

1) 建設省国土地理院, 1974, 地震予知連絡会10年の歩み, 234-239.

2) 石橋克彦, 1976, 東海地方に予想される大地震の再検討 - 駿河湾大地震について - 地震学会予稿集, No.2, 30-34.

3) 国会議事録, 1978, 第84回国会.

4) 静岡県建築士事務所協会, 2012, 静岡県における建築物の東海地震対策のあゆみ, 5-17.

5) 静岡県防災会議, 1980, 静岡県地域防災計画東海地震対策編, 16-18.

コラム1　安政型地震の発生間隔「東海地震はいつ起きるのか」 (北村晃寿)

1) Heki K. & Miyazaki S., 2001, Plate convergence and long-term crustal deformation in central Japan. *Geophysical Research Letters*, **28**, 2313-2316.

2) Kitamura A., Seki Y., Kitamura Y. & Haga T., 2018, The discovery of emerged boring bivalves at Cape Omaezaki, Shizuoka, Japan: evidence for the AD 1361 Tokai earthquake along the Nankai Trough. *Marine Geology*, **405**, 114-119.

3) Kitamura A., Ina T., Suzuki D., Tsutahara K., Sugawara D., Yamada K. & Aoshima A., 2019, Geologic evidence for coseismic uplift at ~AD 400 in coastal lowland deposits on the Shimizu Plain, central Japan. *Progress in Earth and Planetary Science*, **6**, 57.

4) 寒川　旭, 2013, 地震考古学から見た南海トラフの巨大地震. GSJ地質ニュース, **2**, 205-207.

5) 石橋克彦, 1994, 大地動乱の時代—地震学者は警告する—. 岩波書店, 234p.

6)1-3日本全国の地殻変動. 国土地理院. 地震予知連絡会会報, 99巻 https://cais.gsi.go.jp/YOCHIREN/report/kaihou99/01_03.pdf
7) 気象庁HP「南海トラフ地震とは」https://www.data.jma.go.jp/svd/eqev/data/nteq/nteq.html
8) 石橋克彦, 2014, 南海トラフ巨大地震―歴史・科学・社会. 205p, 岩波書店.

第2章　静岡県における津波災害とその対策 (原田賢治)

1) 災害対策基本法, https://elaws.e-gov.go.jp/search/elawsSearch/elaws_search/lsg0500/detail?lawId=336AC0000000223, 2019年10月31日引用.
2) 今本博健, 2001, 災害と防災, 防災学ハンドブック, 京都大学防災研究所編, 朝倉書店, 6-11.
3) 牛山素行, 2008, 1.1自然災害の構造, 豪雨の災害情報学, 古今書院, 2-8.
4) Wisner B., Blaikie P., Cannon T. & Davis I., 2003, At Risk: Natural hazards, people's vulnerability and disasters, Routledge, 496p.
5) UNISDR (United Nations International Strategy for Disaster Reduction), 2015, Global assessment report on disaster risk reduction 2015, https://www.preventionweb.net/english/hyogo/gar/2015/en/gar-pdf/GAR2015_EN.pdf, 316p, 2019年10月31日引用.
6) UN (United Nations), 2015, Sendai Framework for Disaster Risk Reduction 2015-2030, https://www.preventionweb.net/files/43291_sendaiframeworkfordrren.pdf, 32p, 2019年10月31日引用.
7) UN (united Nations), 2015, Transforming our world: The 2030 Agenda for Sustainable Development, https://sustainabledevelopment.un.org/content/documents/21252030%20Agenda%20for%20Sustainable%20Development%20web.pdf, 2019年10月31日引用.
8) UNDRR (United Nations Office for Disaster Risk Reduction), The Sendai Framework and the SDGs, https://www.unisdr.org/we/monitor/indicators/sendai-framework-sdg, 2019年10月31日引用.
9) 大規模地震対策特別措置法, 1978, https://elaws.e-gov.go.jp/search/elawsSearch/elaws_search/lsg0500/detail?lawId=353AC0000000073, 2019年10月31日引用.
10) 地震調査研究推進本部地震調査委員会, 2019, 活断層及び海溝型地震の長期評価結果一覧(2019年1月1日での算定), https://www.jishin.go.jp/main/choukihyoka/ichiran.pdf, 2019年10月31日引用.
11) 内閣府(防災担当), 2019, 南海トラフ地震の多様な発生形態に備えた防災対応検討ガイドライン【第1版】, 139p.
12) 河田惠昭, 1995, 都市大災害, 近未来社, 233p.
13) 大規模地震防災・減災対策大綱, http://www.bousai.go.jp/jishin/pdf/daikibo.pdf.
14) 大規模災害からの復興に関する法律, https://elaws.e-gov.go.jp/search/elawsSearch/elaws_search/lsg0500/detail?lawId=425AC0000000055, 2019年10月31日引用.
15) 津波防災地域づくりに関する法律, https://elaws.e-gov.go.jp/search/elawsSearch/elaws_search/lsg0500/detail?lawId=423AC0000000123, 2019年10月31日引用.
16) 静岡県第4次地震被害想定(第一次報告)第2篇, http://www.pref.shizuoka.jp/bousai/4higaisoutei/documents/honnpendai2henn.pdf, 2019年10月31日引用.
17) 中央防災会議防災対策推進検討会議南海トラフ巨大地震対策検討ワーキンググループ, 2012, 南海トラフ巨大地震の被害想定について(第一次報告), http://www.bousai.go.jp/jishin/nankai/taisaku/pdf/20120829_higai.pdf, 2019年10月31日引用.
18) 国土交通省, 2011, 東日本大震災からの津波被災市街地復興手法検討調査の取りまとめについて, http://www.mlit.go.jp/toshi/toshi-hukkou-arkaibu.html, 2019年10月31日引用.
19) 伊豆市"海と共に生きる"観光防災まちづくり推進計画～伊豆市津波防災地域づくり推進計画～＜第3版＞, http://www.city.izu.shizuoka.jp/media/01020501_pdf_2019523_rad9FD2E.pdf, 2019年10月31日引用.
*1) 地震調査推進本部地震調査委員会, 南海トラフ沿いで発生する大地震の確率論的津波評価, 2020, https://www.jishin.go.jp/main/chousa/20jan_tsunami/nankai_tsunami.pdf, 2020年2月21日引用.
*2) 地震調査推進本部地震調査委員会, 波源断層を特性化した津波の予測手法（津波レシピ）, 2017, https://www.jishin.go.jp/main/tsunami/17jan_tsunami-recipe.pdf, 2020年2月21日引用.

第3章　静岡県の土砂災害 (今泉文寿)

1) 安間 荘, 2007, 富士山で発生するラハールとスラッシュ・ラハール. 富士火山, 285-230.
2) 中川達也・荒木孝宏・三輪賢志・石井靖雄・小川紀一朗・千葉達朗・佐野寿聰, 2009, 富士山周辺で発生するスラッシュ雪崩の発生条件の検討. 砂防学会誌, **62**, 2, 56-59.
3) 井上公夫, 2018 歴史的大規模土砂災害地点を歩く, 丸源書店. 263p.
4) 静岡県, 1996, 静岡県史. 別編2自然災害誌. 808p.

5) 岩橋　徹, 1967, 安倍川上流梅ヶ島温泉の地質と災害について. 静岡大学地学研究報告, **1**, 1, 17-84.

6) 武内達夫・堤　博志, 1985, 大谷崩. 砂防学会誌, **38**, 3, 20-22.

7) 芦澤尚達・西口尚希・土屋　智, 2017, 明治40年(1907)8月の台風による静岡市葵区梅ヶ島藤代地区の土砂災害. 平成29年砂防学会研究発表会概要集, 800-801.

8) 金原壽郎・竹村千幹, 1935, 昭和10年7月11日静岡地震震害調査報告. 東京大学地震研究所彙報, **13**, 4, 966-984.

9) 木宮一邦・長島　昭, 1976, 七夕豪雨による静岡市周辺の崩壊個所と崩壊発生時までの積算雨量. 静岡大学地球科学研究報告, **2**, 41-50.

10) 井上敬資・中里裕臣・中西憲雄・菊池茂史・大塚文哉, 2006, 地すべり地における地下水流動調査のための比抵抗モニタリング. 農業工学研究所技報, **204**, 287-294.

11) 藤田佳久・北野信彦, 1981, 静岡県竜山村における歴史的山地災害とその発生環境. 歴史地理学, **114**, 1-12.

12) Tsuchiya S. & Imaizumi F., 2010, Large sediment movement caused by the catastrophic Ohya-Kuzure landslide. *Journal of Disaster Research*, **5**, 257-263.

13) Imaizumi F., Masui T., Yokota Y., Tsunetaka H., Hayakawa Y.S. & Hotta N., 2019, Initiation and runout characteristics of debris flow surges in Ohya landslide scar, Japan. *Geomorphology*, **339**, 58-69.

14) 西川友幸・高橋正行・加藤善明・安田勇次, 2005, 安倍川流砂系. 砂防学会誌, **58**, 3, 67-74.

15) 土屋　智, 1998, 静岡県の周辺域で発生した地震による大規模崩壊. 平成10年度砂防学会研究発表会概要集, 14-15.

16) 田方郡町村会・教育長会・校長会・教育研究会, 1981, 昭和5年の北伊豆地震に学ぶ, 165p., 田方郡町村会.

17) 君塚康治郎, 1931, 北伊豆地震地踏査, 地球, **15**, 1, 11-25.

18) 大八木規夫, 1974, 伊豆半島沖地震による崩壊について, 主要災害調査. 1974年伊豆半島沖地震現地調査及び観測報告, **5**, 87-93, 国立防災科学技術センター.

19) 大塚謙一・木宮一邦, 1975, 南伊豆地域の基盤岩石の変質と地震による斜面崩壊. 静岡大学地球科学研究報告, **1**, 35-37.

20) 土　隆一・宇津徳治, 1975, 1974年伊豆半島沖地震について—地震と災害の特徴—. 静岡大学地球科学研究報告, **1**, 11-21.

21) 大八木規夫・熊谷貞治・清水文健・田中耕平, 1979, 斜面崩壊及び地盤災害の研究,「1978伊豆大島近海地震」に関する特別研究, 科学技術庁研究調整局.

22) 芥川真知・吉中龍之進・安江朝光, 1980, 地震災害と地形・地質 4. 山地における事例を中心にして. 土と基礎, **28**, 6, 95-102.

23) 桑原啓三, 1978, 伊豆大島近海地震による斜面崩壊の実態. 応用地質, **20**, 1, 21-28.

24) 本山　満・鈴木勝義・市川清次・丹羽俊二, 1979, 土地条件と災害の広域的研究,「1978伊豆大島近海地震」に関する特別研究, 科学技術庁研究調整局.

25) 時田和廣・程谷浩成・臼杵伸浩, 2009, 狩野川台風50年目の検証. 平成21年度砂防学会研究発表会概要集, P-217.

26) 河村　武, 1960, 狩野川台風による伊豆半島付近の降水量分布. 地理学評論, **33**, 3, 105-112.

27) 市川正巳, 1960, 狩野川上流域における山地崩壊と水害. 地理学評論, **33**, 3, 112-121.

28) 静岡県砂防誌編集委員会, 1996, 静岡県砂防誌, 431p, 静岡県砂防誌編集委員会.

第4章　南海トラフの巨大地震への備え(岩田孝仁)

1) 中央防災会議, 2012, 南海トラフ巨大地震の被害想定について(第一次報告)(平成24年8月29日発表), 15-21.

2) 中央防災会議, 2013, 南海トラフ巨大地震の被害想定について(第二次報告) 〜 経済的な被害〜 (平成25年3月18日発表), 14-17.

3) 静岡県防災会議, 1980, 静岡県地域防災計画東海地震対策編, 昭和55年1月, 19-18.

4) 静岡県危機管理部, 2019, 静岡県の地震・津波対策、地震対策資料No. 304-2019, 1-2.

5) 静岡県危機管理部, 2016, 平成28年度自主防災組織実態調査結果報告書, 3, 35, 53.

6) 内閣府(防災担当), 2017, 地区防災計画モデル事業報告 - 平成26 〜 28年度の成果と課題 - 平成29年3月.

7) 静岡県危機管理部, 2019, 平成30年度静岡県地域防災活動推進委員会活動報告.

8) 社団法人静岡県建築士事務所協会, 2013, 静岡県における建築物の東海地震対策のあゆみ2013年3月, 7.

9) 総務省統計局, 2019, 平成30年住宅・土地統計調査 住宅及び世帯に関する基本集計結果, 第7-1表.

10) 内閣府(防災担当), 2018, 南海トラフ沿いの異常な現象への防災対応のあり方について(報告)2018年12月, 19-22.

11) 内閣府 (防災担当), 2019, 南海トラフ地震の多様な発生形態に備えた防災対応検討ガイドライン【第1版】(令和元年5月一部改訂), 27-37.

12) 和歌山県串本町/和歌山県すさみ町, 自治体・企業の防災担当者のための防災ハンドブック2018年度保存版, 日刊工業新聞社, 12-19, 20-24.

第5章　ライフラインを自家供給する地域防災拠点の創成 (木村浩之)

1) Kano K., Nakaji M. & Takeuchi S., 1991, Asymmetrical melange fabrics as possible indicators of the convergent direction of plates: a case study from the Shimanto Belt of the Akaishi Mountains, central Japan. *Tectonophysics*, **185**, 375-388.

2) Taira A., Byrne T. & Ashi J., 1992, Photographic atlas of an accretionary prism: geologic structures of the Shimanto Belt, Japan. University of Tokyo Press, Tokyo.

3) Kimura H., Nashimoto H., Shimizu M., Hattori S., Yamada K., Koba K., Yoshida N. & Kato K., 2010, Microbial methane production in deep aquifer associated with the accretionary prism in Southwest Japan. *ISME Journal*, **4**, 531-541.

4) Sakata S., Maekawa T., Igari S. & Sano Y., 2012, Geochemistry and origin of natural gases dissolved in brines from gas fields in southwest Japan. *Geofluids*, **12**, 327-335.

5) Matsushita M., Ishikawa S., Nagai K., Hirata Y., Ozawa K., Mitsunobu S. & Kimura H., 2016, Regional variation of CH_4 and N_2 production processes in the deep aquifers of an accretionary prism. *Microbes and Environments*, **31**, 329-338.

6) Matsushita M., Magara K., Sato Y., Shinzato N. & Kimura H., 2018, Geochemical and microbiological evidence for microbial methane production in deep aquifers of the Cretaceous accretionary prism. *Microbes and Environments*, **33**, 205-213.

7) Matsushita M., Ishikawa S., Magara K., Sato Y. & Kimura H., 2020, The potential of CH_4 production by syntrophic microbial communities in diverse deep aquifers associated with an accretionary prism and its overlaying sedimentary layers. *Microbes and Environments*, **35**.

8) 牧　真一・永田松三・福田　理・古川俊太郎, 1980, 宮崎県下の宮崎層群及び四万十累層群堆積岩の有機物について. 地質調査所月報, **31**, 1-24.

9) Craig, H., 1961, Isotopic variations in meteoric waters. *Science*, **133**, 1702-1703.

10) 加藤　進・早稲田周・岩野裕継, 2011, 宮崎県の水溶性天然ガス田における地球化学. 石油技術協会誌, **76**, 224-253.

11) Maekawa T., Igari S. & Kaneko N., 2006, Chemical and isotopic compositions of brines from dissolved-in-water type natural gas fields in Chiba, Japan. *Geochemistry Journal*, **40**, 475-484.

12) Connolly C.A., Walter L.M. & Baadsgaard H., 1990, Origin and evolution of formation waters, Alberta Basin, Western Canada Sedimentary Basin. II. Isotope systematics and water mixing. *Applied Geochemistry*, **5**, 397-413.

13) Giggenbach W.F., 1992, Isotopic shifts in waters from geothermal and volcanic systems along convergent plate boundaries and their origin. *Earth and Planetary Science Letters*, **113**, 495-510.

14) 益田晴恵, 2011, 地球深部の窓—有馬温泉. 温泉科学, **61**, 203-221.

15) Smith J.W. & Pallasser R.J., 1996, Microbial origin of Australian coalbed methane. *AAPG Bulletin*, **80**, 891-897.

16) Baito K., Imai S., Matsushita M., Otani M., Sato Y. & Kimura H., 2015, Biogas production using anaerobic groundwater containing a subterranean microbial community associated with the accretionary prism. *Microbial Biotechnology*, **8**, 837-845.

17) 木村浩之・増田俊明, 2018, バイオリアクター, それを用いたメタン生成方法及び水素ガス生成方法, 並びに水/ガス/電気の自家的供給システム. 特許第6453386号.

18) Kimura H. & Masuda T., 2013, Bioreactor, methane generation method and hydrogen gas generation method using same and self-provision system for water/gas/electricity. PCT/JP2012/075535.

19) 木村浩之, 2023, 水素ガス生成方法, 水素ガス生成システム, 並びに, 水素ガス及びメタン生成システム. 特許7219977号.

20) Kimura H., 2019, Hydrogen gas generation method, hydrogen gas generation system, and hydrogen gas and methane generation system. PCT/JP2019/007354.

21) Fagereng Å., 2011, Fractal vein distributions within a fault-fracture mesh in an exhumed accretionary mélange, Chrystalls Beach Complex, New Zealand. *Journal of Structural Geology*, **33**, 918-927.

22) Hervé F., Calderón M., Fanning C.M., Pankhurst R.J. & Godoy E., 2013, Provenance variations in

the Late Paleozoic accretionary complex of central Chile as indicated by detrital zircons. *Gondwana Research*, **23**, 1122-1135.

23) Kemkin I.V. & Filippov A.N., 2001, Structure and genesis of the lower structural unit of the Samarka Jurassic accretionary prism (Sikhote-Alin, Russia). *Geodiversitas*, **23**, 323-339.

24) Lee H., Fischer T.P., de Moor J.M., Sharp Z.D., Takahata N. & Sano Y., 2017, Nitrogen recycling at the Costa Rican subduction zone: the role of incoming plate structure. *Scientific Reports*, **7**, 13933.

コラム2　海水準変動(北村晃寿)

1) 土　隆一・高橋　豊, 1972, 東海地方の沖積海岸平野とその形成過程. 地質学論集, **7**, 27-37.

2) 北村晃寿・小林小夏, 2014, 静岡平野・伊豆半島南部の中・後期完新世の古津波と古地震の地質学的記録. 地学雑誌, **123**, 813-834.

3) 気象庁HP https://www.data.jma.go.jp/cpdinfo/temp/an_wld.html

4) 気象庁HP https://www.data.jma.go.jp/gmd/kaiyou/shindan/sougou/html_vol2/1_2_vol2.html#fig1_2-2.png

5) Liu Z., Zhu J., Rosenthal Y., Zhang X., Otto-Bliesner B.L., Timmermann A., Smith R.S., Lohmann G., Zheng W. & Timm O.E., 2014, The Holocene temperature conundrum. *Proceedings of the National Academy of Sciences*, E3501–E3505.

6) Kitamura A., Ikehara K., Katayama H. & Koshino A., 2011, Changes in molluscan assemblages and sediment type in the outer shelf of the Japan Sea since 13,000 years BP. *Paleontological Research*, **15**, 37-42.

7) Berger, A., 1992, Orbital Variations and Insolation Database. IGBP PAGES/World Data Center-A for Paleoclimatology Data Contribution Series 92-007. NOAA/NGDC Paleoclimatology Program, Boulder, CO.

8) Clark P.U. & Mix A.C., 2002, Ice sheets and sea level of the Last Glacial Maximum. *Quaternary Science Reviews*, **21**, 1-7.

コラム3　過去1億年間で最悪のハザード(池田昌之)

1) DePalma R.A., Smit J., Burnham D.A., Kuiper K., Manning P.L., Oleinik A., Larsong P., Maurrasseh F.J., Vellekoopi J., Richardsk M.A., Gurcheb L. & Alvarez W., 2019, A seismically induced onshore surge deposit at the K-Pg boundary, North Dakota. *Proceedings of the National Academy of Sciences*, **116**, 8190-8199.

あとがき

1) 静岡県第4次地震被害想定（追加資料）駿河トラフ・南海トラフ沿いで発生するレベル1地震の津波の想定報告書 http://www.pref.shizuoka.jp/bousai/4higaisoutei/documents/201703shuusei_honhen.pdf, 2020年2月7日引用.

2) 国土交通省国土地理院潮位データ提供　国土地理院験潮場一覧 https://www.gsi.go.jp/kanshi/tide_furnish.html, 2020年2月7日引用.

補遺

以下の論文を追記する。

カワゴ平降下軽石の降下年代に関する論文

Tani S., Kitagawa H., Hong W., Park J.H., Sung K.S. & Park G., 2013, Age determination of the Kawagodaira volcanic eruption in Japan by ^{14}C wiggle-matching. *Radiocarbon*, **55** (Nr 2–3), 748-752.

鬼界アカホヤ火山灰の降下年代に関する論文

Smith V.C., Staff R.A., Blockley S.P.E., Ramsey C.B., Nakagawa T., Mark D.F., Takemura K. & Danhara T., 2013, Identification and correlation of visible tephras in the Lake Suigetsu SG06 sedimentary archive, Japan: chronostratigraphic markers for synchronizing of east Asian/west Pacific palaeoclimatic records across the last 150 ka. *Quaternary Science Reviews*, **67**, 121-137.

索引

執筆者一覧

岩田 孝仁
（いわた たかよし）

静岡大学防災総合センター長・地域創造学環教授。専門は防災学・防災行政学。静岡大学理学部地球科学科卒業、静岡県庁に入庁し一貫して防災・危機管理行政を担当。危機管理監兼危機管理部長を最後に退職し2015年から静岡大学に、2017年から現職。日本災害情報学会理事、日本災害復興学会理事、中央防災会議の専門調査会や内閣府の火山防災エキスパート、内閣府、文部科学省、消防庁、気象庁など政府の各種委員、静岡県防災会議委員などを務める。2018年9月に防災功労者防災担当大臣表彰を受賞。

三井 雄太
（みつい ゆうた）

静岡大学理学部地球科学教室講師（防災総合センター兼担）。2011年、博士課程修了（理学）。専門は固体地球物理学。日本地震学会代議員、日本測地学会評議員などを務める。地下で急激に発生する現象の実体を、限られた情報から少しでも定量的に理解することを目標としている。近年は、富士山や伊豆半島など、静岡県の特徴的な表層事象と地下の現象との関係解明に力を入れている。

生田 領野
（いくた りょうや）

静岡大学理学部地球科学教室・防災総合センター准教授、博士（理学）。専門は地震学・測地学。日本地震学会広報委員、日本地球惑星科学連合代議員などを務める。精密制御された人工震源装置を用いた地殻内の地震波伝搬特性の変化の調査や、GNSS／音響結合方式の海底地殻変動観測技術の開発などを行っている。

北村 晃寿
（きたむら あきひさ）

静岡大学理学部地球科学教室・防災総合センター教授、学術博士。専門は第四紀環境学・古生物学。日本古生物学会評議員、日本第四紀学会評議員、国際誌 Paleontological Research 編集委員、第四紀研究編集委員長、ふじのくに地球環境史ミュージアムアドバイザーなどを務める。東北地方太平洋沖地震の発生前は、地球温暖化に伴う沿岸生態系の変動に関する古生物学的研究を行っていた。地震発生後は、静岡県内における過去4000年間の地震と津波の履歴調査を行っている。

小山 真人
（こやま まさと）

静岡大学地域創造学環・防災総合センター教授、理学博士。専門は火山学、地震・火山防災など。火山噴火予知連絡会伊豆部会委員、富士山火山防災対策協議会委員、富士東部火山群防災協議会委員、伊豆半島ジオパーク推進協議会顧問・学術部会長などを務める。主な著書は「富士山 大自然への道案内」（岩波書店）、「伊豆の大地の物語」（静岡新聞社）など。富士山・伊豆東部火山群を始めとする静岡県周辺火山の噴火史や噴火メカニズムを、地質学・歴史学・防災学の視点から長年研究するとともに、防災協議会などの学識者委員としての助言や、一般市民への普及活動を続けている。

狩野 謙一
（かの けんいち）

静岡大学名誉教授、同防災総合センター客員教授、理学博士。東京地学協会総務委員、日本地質学会会員、伊豆半島ジオパーク学術委員など。専門は構造地質学・テクトニクス、特に付加体形成論、活断層の起源の研究。最近は富士川河口断層帯の地下構造、糸魚川−静岡構造線の活動と関連した諏訪盆地の形成史などを研究中。本書では静岡周辺の直下型地震と地震断層・活断層との関係、主要活断層の概要をまとめた。

藤原 治
（ふじわら おさむ）

国立研究開発法人 産業技術総合研究所 地質調査総合センター 活断層・火山研究部門 副研究部門長、博士（理学）。専門は古地震・津波研究・古生物学。日本第四紀学会評議員、同学会行事委員長、地震調査研究推進本部専門委員、日本地球掘削科学コンソーシアムICDP部会長補佐などを務める。津波堆積物や海岸低地環境変化を指標に、南海トラフや相模トラフを中心とした巨大地震の履歴調査などを行っている。

石橋 秀巳
（いしばし ひでみ）

静岡大学理学部地球科学教室・防災総合センター准教授、博士（理学）。2005年、博士号取得（九州大学）。専門はマグマ学。火山噴出物を構成する鉱物・ガラスの化学分析・組織解析や実験岩石学に基づき、マグマの物性やその形成・噴火のプロセスについて研究している。

今泉 文寿
（いまいずみ ふみとし）

静岡大学農学部生物資源科学科・防災総合センター准教授、博士（農学）。専門は砂防学、地形学。砂防学会総務幹事、日本地形学連合総務幹事のほか、国土交通省や林野庁、静岡県などの土砂災害や森林・環境に関する委員会の委員を歴任。土砂災害の予測精度の向上を目指し、土石流の発生機構や、森林管理と土砂災害の関係についての研究を行っている。南アルプスや富士山など静岡県内各地のフィールドやスイスなど海外のフィールドにおいて、現地観測や地形計測、衛星画像の解析などを行っている。

池田 昌之
（いけだ まさゆき）

東京大学大学院理学系研究科地球惑星科学専攻准教授（元静岡大学理学部地球科学科・防災総合センター副担当教員）、博士（理学）。専門は堆積学・古環境学・層序学。地球史を通じた環境変化のダイナミクス、特に中生代の日射変化や火山活動に伴う気候変化や、その生物の絶滅‐適応‐進化との関係について研究を行っている。

川本 竜彦
（かわもと たつひこ）

1964年焼津市生まれ。京都大学理学部卒業。卒論は神鍋単成火山群の層序。修論は東伊豆単成火山群の斜長石の記載岩石学。博士（理学）。東京、アリゾナ、バイロイトなどで「マグマと水の関係」と「地球内部の水の循環」の研究を開始。1998年より京都大学理学研究科地球熱学研究施設助手。この間、パリ第7大学客員教授、ブレーズパスカル大学客員教授を経て、2018年より静岡大学理学部地球科学科教授。6年前より宝塚歌劇団のファン。

原田 賢治
（はらだ けんじ）

東北大学大学院工学研究科博士後期課程（土木工学）修了、博士（工学）。日本学術振興会特別研究員、京都大学防災研究所巨大災害研究センターCOE研究員、人と防災未来センター主任研究員、埼玉大学大学院理工学研究科（環境科学研究センター兼任）助教を経て2011年4月より静岡大学防災総合センター准教授。静岡県防災・原子力学術会議津波対策分科会委員。専門は津波工学、津波防災、海岸工学、水工水理学。津波災害の解明および津波防災対策について研究。

木村 浩之
（きむら ひろゆき）

静岡大学学術院理学領域地球科学系列教授（主担当：グリーン科学技術研究所/副担当：理学部地球科学科・防災総合センター）、博士（農学）。専門は地球微生物学・微生物生態学。日本微生物生態学会評議員、国際誌Microbes and Environments編集委員、静岡県環境審議会委員、静岡市水素エネルギー利活用促進協議会委員、牧之原市環境審議会委員などを務める。これまで、深海、温泉、地下圏といった極限環境に生息する微生物の生理生態について研究を行ってきた。また、自治体や企業と連携して、温泉メタンガス発電システムの構築も進めている。

静岡大学防災総合センター

大学における防災教育・防災科学研究を担うとともに、地域と連携して地域防災体制の向上に資することを目的に2008年4月1日に設立された。教育、研究、地域連携の3部門から成る。教育部門は防災教育の充実、普及を図り、研究部門は研究の推進や、関連知識と研究情報を収集・発信し、地域連携部門は本学及び地域の危機管理能力の向上を目指して学内外の関係諸機関と連携している。
初代センター長は里村幹夫(2008年7月～2010年3月)。増田俊明(2010年4月～2017年3月)、岩田孝仁(2017年4月～2020年3月)が引き継いできた。教員内訳は、主担当教員4名、副担当教員21名、特任・客員教員46名(2020年3月21日時点)。2020年4月、静岡大学未来社会デザイン機構下の1機関として位置づけられ、北村晃寿がセンター長に就任。
〒422-8529 静岡市駿河区大谷836
URL: http://www.cnh.shizuoka.ac.jp/

静岡の大規模自然災害の科学

2020年3月21日　初版発行
2024年9月1日　第2刷発行

編者	静岡大学防災総合センター 岩田孝仁・北村晃寿・小山真人 編
発行者	大須賀 紳晃
発行所	静岡新聞社 〒422-8033　静岡市駿河区登呂3-1-1 電話054(284)1666
装丁・デザイン	塚田雄太
印刷・製本	三松堂株式会社

© Center for Integrated Research and Education of Natural Hazards, Shizuoka University
ISBN978-4-7838-0555-7 C0044

定価はカバーに表示しています。
落丁・乱丁本はお取り換えいたします。